中国古代文化
生动百科全书

崔蕊霞 等-编著
蓝 芬-绘

北京理工大学出版社
BEIJING INSTITUTE OF TECHNOLOGY PRESS

版权专有 侵权必究

图书在版编目（CIP）数据

中国古代文化生动百科全书 / 崔蕊霞等编著 ; 蓝芬绘. -- 北京 : 北京理工大学出版社, 2023.6
　　ISBN 978-7-5763-2231-6

Ⅰ. ①中… Ⅱ. ①崔… ②蓝… Ⅲ. ①中华文化—文化史—古代—少儿读物 Ⅳ. ①K220.3-49

中国国家版本馆CIP数据核字(2023)第056075号

出版发行 /	北京理工大学出版社有限责任公司
社　　址 /	北京市海淀区中关村南大街5号
邮　　编 /	100081
电　　话 /	（010）68914775（总编室）
	（010）82562903（教材售后服务热线）
	（010）68944723（其他图书服务热线）
网　　址 /	http://www.bitpress.com.cn
经　　销 /	全国各地新华书店
印　　刷 /	三河市九洲财鑫印刷有限公司
开　　本 /	787毫米×1092毫米　1/16
印　　张 /	27
字　　数 /	480千字
版　　次 /	2023年6月第1版　2023年6月第1次印刷
定　　价 /	149.00元

责任编辑 / 李慧智
文案编辑 / 李慧智
责任校对 / 王雅静
责任印制 / 施胜娟

图书出现印装质量问题，请拨打售后服务热线，本社负责调换

序　章　001

得天独厚的中华文化圈	002
远古：惊天奇想	004
夏商：文明奠基	007
西周：礼仪大邦	011
东周：百家争鸣	013
秦汉：天下一统	016
魏晋：尽显风流	019
隋唐：有容乃大	022
宋元：雅俗成趣	025
明清：孕育生机	029

第一章 神话	033	
第二章 图腾	053	
第三章 汉字	089	
第四章 时令	099	
第五章 书籍	111	
	125	第六章 艺术
	211	第七章 职官
	243	第八章 礼制
	273	第九章 风俗
	315	第十章 衣食住行
	412	索引

序章

得天独厚的中华文化圈

我们的祖国幅员辽阔,地大物博,有着悠久的历史,以及辉煌灿烂的古代文明。中华文化圈,有料有品,有看头。

> 《全球通史》的作者斯塔夫·里阿诺斯认为:"中东、印度、中国和欧洲这四块地区的肥沃的大河流域和平原,孕育了历史上最伟大的文明。"

历经几千年的风云变幻,那些一起荣耀过的小伙伴早已火尽灰冷,只剩一个个模糊的符号,唯有中华文明绵延不绝地传承了下来。

中华文明起源于我们的母亲河长江、黄河,早在七千多年前,河姆渡文化、仰韶文化就在她们的怀抱中孕育成型。四千多年前,传说中的三皇五帝已轮番出场,完成了各自的使命。纵有千古,横有八荒,刀耕火种的远古文明在大江南北遍地开花。

> 迄今为止,我国已经发现新石器时代遗址七八千处,最著名的有仰韶文化遗址、大汶口文化遗址、红山文化遗址、良渚文化遗址等。

我们有世界最早的铜冶炼技术,陕西西安姜寨遗址出土的冶炼黄铜,距今约6 700年。我们有世界上最早的农业,江西万年县万年仙人洞遗址发现的驯化水稻已经有1.2万岁。我们有世界上最早的造船技术,浙江萧山跨湖桥遗址的独木舟,已停泊了8 000年。我们有世界上最早的乐器,最早的美酒。河南舞阳贾湖遗址埋藏的骨笛、果酒沉淀物,再现了9 000年前的歌舞升平。

中国历史上出现了第一个世袭制的朝代——夏朝,有了表情达意的汉字,有了让大周王朝可以屹立八百年的"礼乐制度"。中华文明有了指导思想,有了灵魂。

接下来是诸侯割据、诸侯争霸的民族大融合,文化圈热闹非凡,百家争鸣,各领风骚。

> 孔丘驾一辆吱扭吱扭的私家车，周游列国，想寻一方乐土，种下自己匡世济民的伟大梦想。结果乐土没找到，却把自己修炼成了"中华文明的思想课代表"，不小心成了史上最具影响力的伟大人物。这一时期还产生了世界最早的哲学著作《道德经》，最早的军事学著作《孙子兵法》……

随着"千古一帝"秦始皇闪亮出场，以绝对实力结束了群雄逐鹿的局面，终于在两千多年前组建起了"书同文""车同轨"的中华大家庭，完成了中华民族第一次真正意义上的大一统。

而后分分合合，各路豪杰你方唱罢我登场。不过，"流水的朝代，铁打的中华"。不管朝代如何更替，国还是那个国，家还是那个家，中华文明依然薪火相传。

> 有人说内有沃土平原，外有天然屏障，正是得天独厚的地理条件，创造了中华文明屹立不倒的传奇。其实纵观历史，彪悍的北方游牧民族虎视眈眈，时不时地入侵中原，斗争从未停止。蒙古族和女真族还曾经完全统治过中国，建立了元朝和清朝。但是他们入主中原后，都会不自觉地融入中原文化中来，承认自己是华夏子孙，是中华文明的一部分。

"五十六个民族，五十六朵花，五十六个兄弟姐妹是一家。"虽然汉族开创了中华文化的起源，但中华文化还包含满、藏、蒙等不同民族的文化。中华文明以其独特的魅力，无比强大的感召力和亲和力，让北方少数民族主动融入，成为这个大家庭的一分子。同时，中华文化向外辐射，对周边的地区、国家也产生了深远的影响，形成了大中华文化圈。

> "大中华文化圈"里除了中国外，还包括日本、朝鲜、韩国、越南、新加坡等地。

这大概就是中华文明绵延不绝的根本原因吧！所以中华文化的凝聚力是当之无愧的世界第一。偶有起伏，终将复兴。

远古：惊天奇想

我们是炎黄子孙。大家都知道，黄帝、炎帝是中华民族的老祖宗，开创了五千年光辉灿烂的中华文明。其实五千年在历史长河中只是弹指一挥间，炎、黄时代也并非横空出世，这片土地上还生活过一些辈分更高的原始人类，如"元谋人""蓝田人""北京猿人""山顶洞人"……

民国时期，一支美国科考队在我国云南元谋县发现了大批史前动物化石。他们断言那里肯定还隐藏着一些远古人类的遗物，比如牙齿、骨骼。这则消息不胫而走，轰动了整个考古界，于是各路人马纷至沓来，开启了"满地找牙"的寻宝模式。但他们都无功而返。

■20世纪60年代初，我国的地质工作者们在云南省元谋县的一次考察任务中发现了两枚古老的牙齿化石。经确认，失主是一位和我们相距170多万年的远古成年男性。就这样，"元谋人"穿过重重迷雾来到了大家的面前，凭借一对大板牙和一些炭灰痕迹、几件简易石器，向全世界郑重声明——他们曾经是这片土地上的主人。他们已经脱离了动物的低级趣味，是会使用火，会制作工具的人类先祖。

在自然界中，人类既不是力量型选手，也不是速度型选手，身体素质很一般，遇上豺狼虎豹等狠角色，只有被秒杀的份儿。

■早在50万年前，"北京猿人"就意识到了这一点，本着"团结就是力量"的原则，"拉帮结伙"过上了抱团取暖的生活。白天大家出去采集食物，晚上回到山洞，围着火堆，开始咿咿呀呀、比比画画地"聊天"——交流交流经验，联络联络感情，讲讲一天的所见所闻。有时候因为意见不合，他们也会吵架。"嗷嗷嗷——你说得不对，红果子好吃！""嗷嗷嗷——你说得不对，黄果子才好吃！"就这样，"聊"着"聊"着，"吵"着"吵"着，产生了语言，人类变得"有文化"起来。

远古时候，人们没有什么科学常识，对风雨雷电等自然现象，既恐惧又好奇，对大自然充满了敬畏。太阳、月亮、水、火、星辰，甚至一些动物、植物都是他们崇拜的对象。为了得到它们的保护和庇佑，人们还根据这些事物的样子，"设计"出了自己族群专属的吉祥物，刻在石头上、玉器上，画在脸上、身上、陶罐上……这就是图腾。

■有时候，他们还会脑洞大开，创造出一些神奇新物种，比如能上天入海、呼风唤雨的龙。龙这个形象神秘又神气，威风凛凛，气宇轩昂，很受人们尊崇，逐渐成了我们中华民族的象征。我们都是龙的子孙、龙的传人。

后来他们开始思考一些更深奥的"哲学问题"。比如：天是什么？地是什么？这个世界是怎么来的？他们觉得一定是某位神通广大的"大能"整出来的，于是有了盘古开天、伏羲开天等神话传说。

■长沙楚墓出土的帛书上记录了伏羲开天的故事。这是目前我国关于创世神话最早、最完整的文字记载。宋代大诗人陆游有诗云："无端凿破乾坤秘，始自羲皇一画时。"

他们对自己的"身世"也十分好奇。世界上第一个人是怎么来的？花草树木都是从地里长出来的，难道人也是？于是他们心中又幻想出了一位大地之母——女娲娘娘。她捏土为人，炼石补天，给了人类生命和安宁。

　　这些远古神话不但神奇有趣，脑洞大开，而且寓意深刻，对后世的文学、艺术也有着极其深远的影响，是历代诗人、画家、艺术家们的灵感源泉。比如中国人引以为傲的经典名著《红楼梦》，就以女娲补天剩下的一块石头为线索；"精卫填海""大禹治水"等故事也是玉雕、壁画等民间工艺常见的题材。

　　想象是发明创造的动力，是人类进步的引擎。正是因为有了远古先民们的这些惊天奇想，才有了我们光辉灿烂的中华文明。

■除了这些创世之神，祖先们还给我们留下了很多英雄神话。后羿射日、夸父追日、精卫填海、刑天争神……他们把坚强、勇敢、敢想、敢拼、不畏强权的精神刻在了我们的文化基因里。另外还有一些"发明"神话、传奇神话、战争神话，如神农尝百草、燧人氏钻木取火、仓颉造字、炎帝耕播、嫘祖始蚕、黄帝大战蚩尤……

夏商：文明奠基

夏是中华第一王朝，它把中国历史向前猛推了一把，让我们的民族从原始社会走向了奴隶社会。

> 原始社会那会儿，自然条件恶劣，生存环境艰苦，"领导人"的活儿不好干，要选拔超级有能力的人才行。后来随着生活条件的改善，人们的思想观念悄悄发生了改变，心思活络起来。禹死前把接力棒递给别人家的孩子，启很不服气，心想："老子英雄儿好汉。我的能力不比我爹差，更不会比你差。凭什么你能上，我就不能上？"他抄家伙把那位法定继承人轰下了台，并决定以后就让这天下成为夏家的家族产业，子子孙孙永远传递下去……

没想到这位离经叛道的"王二代"还真有两把刷子，把国家打理得井井有条。据史料记载，夏朝一共延续了14代大约471年。正是这短短的四百多年，为中华文明打下了坚实的基础。

> 传说夏禹不但是个出色的领袖，还是个优秀的地理学家。他在四处奔走治理水患的时候，顺便丈量了山川河岳，把天下划分成了九个州，据说还绘制出了有模有样的地图。很多典籍上都记载了这件事，但是爱国诗人屈原对此提出了质疑。一些现代学者也力挺屈大夫，觉得大禹定九州只是个神话传说，根本不是那个年代能完成的事儿。

那时候,神话传说已经满足不了人们的好奇心和求知欲。人们开始换个角度,更深入地去探索人与自然、自然与自然的关系。人们观察、总结日月星辰的变化规律,根据这些规律研究出了中国最早的历法——夏历。夏历可以说是一部印在天地间的"三维立体日历",比如根据斗转星移推断草长莺飞,从"星星的眼""月亮的脸"上读出是几月几日……

> 西汉时有人写了本《大戴礼记》,里面有篇《夏小正》,讲的就是"夏历"。夏历按十二个月的顺序,分别记述了每个月中的星象、气象特点,一些动植物的生长、活动情况以及什么时候该种什么庄稼,收什么粮食,做什么事情……帮人们掌握时间,安排生活。

有了夏历做理论指导,农业文明得到了很大发展。农业发展了,又促进了其他文化的发展,比如粮食的丰收直接孕育了"酒文化"。

> 传说酒是禹的大臣仪狄发明的,后来夏王少康(也称杜康)又研究出了秫(shú)酒。袅袅酒香让古老神秘的夏代变得余韵悠长。

除了这些,夏代的手工业也呈现出一派欣欣向荣的景象。很多行业已经有了独立的生产部门。让专业的人去干专业的事,工艺水平自然越来越高。那时候的石器、木器、玉器、骨器、陶器、纺织品……都已经兼顾到了实用和美观,做得很像样子了。

古代典籍中有大禹铸造九鼎、启在昆吾铸鼎的说法,表示夏朝已经迈入了"青铜时代"。后来考古工作者们在河南二里头遗址发现的一些距今3 900年左右的青铜小物件,和夏朝所处的时代刚好吻合。

> 不过因为这些考古发现上没有夏朝的"亲笔签名",所以到目前为止还不能证明它们真的属于夏朝。有些学者认为历史上或许根本就没有出现过一个叫"夏"的朝代,史书上记载的不过是人们想象出来的故事。

说起商代，受一些影视、文学作品影响，我们首先会想到昏庸残暴的商纣王。其实商是个非常了不起的朝代，它所创造的文明虽然被历史的尘埃掩埋了数千年，依然光彩夺目，熠熠生辉。

商代是我国历史上第一个有文字流传下来的朝代。而且那些文字并非"散兵游勇"，它们已经形成了一个完整、成熟的"文字王国"。

> 在目前出土的商代文物上，已经发现了4 672个字。我们现在的常用汉字也不过三四千个。一个当代高中毕业生的识字量也不过如此。

有些文字被镌刻在龟甲、兽骨上，用来占卜、记事，被称为"甲骨文"。因为甲、骨坚硬不容易刻画，每一笔都直来直去，所以它们都长得方方正正，棱角分明。还有一些铸造在金属上，人称"金文"。金文是如何铭刻到青铜器上的，众说纷纭，其工艺过程至今仍在揣测之中，不过看起来刻得不算费力，所以长得圆圆胖胖，一团和气。

> 甲骨文、金文都是汉字的老祖宗，给了汉字基本的形态、秉性，让汉字成了人类历史上唯一一种经得住时光打磨、世世代代传承下来的文字。

青铜铸造是殷商一张闪亮的名片，也是中国文明史上一次改天换地的重要蜕变。商代的炼铜、铸造的技术都已经相当成熟，做得了精巧别致的杯盏，也铸得了大气磅礴的国鼎。除了祭祀用的礼器、贵族们的奢侈品之外，青铜还承包了包括农耕用具、建筑用具，以及弓、箭、戈、矛、刀、斧、钺、盾、头盔、甲胄等军事装备在内的多个领域。似乎整个商代都闪耀着青铜的光泽，就是一个青铜的世界。

四羊方尊

> 商代青铜器的代表作四羊方尊巧夺天工，美得前无古人，后无来者。后母戊大方鼎大气磅礴，以身高113厘米，体重875公斤的吨位，称霸考古界，其出土青铜器老大的地位，至今无"铜"可以超越。

其他手工业的发展势头也很迅猛。那时候，瓷器已经崭露头角，纺织品也都"五颜六色"起来。人们的穿衣打扮文明起来，形成了上衣下裳的穿搭方式。据说"衣裳"一词就产生于那个时候。

物质丰富了，人们有了商品交换的需求，出现了从事长途贩运的"经销商"。他们赶着牛车，乘着船只，把货物运往全国各地。小商小贩也应运而生，出现在市井街头。就这样，一些"商人"变成了货真价实的商人。

> 姜太公出山前也下海经过商，比如在朝歌杀牛卖肉，还在一个叫孟津的地方卖过快餐。只可惜他老人家不是做买卖的料，没有因为这个发家致富。

商代的建筑、音乐也搞得有声有色。从发掘出来的宫殿遗址、乐器，就可见一斑。

商代喜欢占卜，崇拜鬼神。大事小事都要问个吉凶，看看上天的意思再行动。但这并不妨碍当时的科学家们潜心搞科研。

> 商代的天文学家们已经开始观察研究日食、月食，在满天星斗中寻找陌生的面孔。商代甲骨文中多次对日食、月食和新星做了记录。他们还算出斗转星移一个周期（也就是地球公转一圈）大约需要366天。当时的数学家们也不甘落后，已经整出了十进制算法，还有奇数、偶数和倍数的概念。

夏、商都是了不起的时代，我们的祖先都是了不起的人。他们在人类文明史上开疆拓土，闯出一片广阔天地，为我们攒下了丰厚的家底。正是他们让中华文明赢在了起跑线上！

西周：礼仪大邦

文王仁爱，武王贤能，西周政权是靠美德胜出，把商王朝拍在沙滩上的。他们推出了一套叫"周礼"的政策法规，以德治国，狠抓"精神文明建设"。这一英明决策让大周在历史的洪流中挺立了八百多年，成了中国历史上生命力最顽强的王朝，没有之一。

> ■ 周礼的创始人周公，是武王的亲弟弟。周公从小就品德高尚，才华出众，被后人尊为先贤大圣。连孔圣人都把他当成了指路明灯："郁郁乎文哉！吾从周。"孔圣人甚至夜夜期盼能在梦中和周公相见，聆听他老人家的谆谆教诲。汉代大思想家贾谊说："周公集大德大功大治于一身。孔子之前，黄帝之后，于中国有大关系者，周公一人而已。"

周礼的主导思想是要让领导阶层明德尚礼、廉洁守法、勤政爱民，让百姓尊礼仪、崇孝道、守规矩、知廉耻……当然还有一项基本原则，就是每个人都必须忠君爱国，坚定地团结在以周天子为中心的领导集团周围。

礼就是大大小小、各种各样的礼仪、规矩。不过，"礼不下庶人"。老百姓在条件不允许的情况下，礼数可以不用那么周全。可是，很多规矩对贵族、知识分子的要求就不一样了，要求他们严于律己。就连天子也不例外，也得守规矩。

> ■ 周天子的日常起居，包括吃什么，穿什么，怎么站，怎么坐，什么时候干什么……都有严格规定。特别是举行祭天、祭祖等典礼的时候，条条框框更是多得数不过来。在周人看来，要是做不好，老天爷就会降下灾难。

生活需要仪式感，周礼还给人们的婚丧嫁娶等人生大事做出了相应的仪式规定，安排了丰富多彩的"小程序"。这些程序有时候挺烦琐，但它们会让事情变得正式、隆重，让平铺直叙的生活变得跌宕起伏，更有意义。

■周朝以前是没有婚礼这回事的。周公觉得结婚是大事，要举行一些隆重的仪式，让亲朋好友都来见证。于是才有了"六礼"，其中一些习俗、观念一直延续到今天。

周礼也是一套等级森严、论资排辈的秩序。不同身份的人穿衣戴帽、使用的器具等都不一样。比如天子的屁股下面要铺五层席子，诸侯的铺三层，大夫的两层。席子的花纹也各不相同，不能混用。

■相传孔子有个学生，生了重病，奄奄一息时突然瞥见自己身下的席子花纹不对，于是硬生生爬了起来，一定要家人给他换一张符合身份的席子才肯闭眼。

周礼的全称叫"礼乐制"，当然少不了音乐。古人的浪漫是与生俱来的，审美一直都很在线。他们认为，乐可以陶冶情操，净化心灵。哪怕严肃的礼法，也要配上音乐来烘托气氛。当然，什么时候、什么场合、什么身份，配什么音乐，都有规章制度。这些制度对后世的政治、文化、审美都有巨大的影响。

■祭祀用庄重的乐章，军事活动配激昂的乐舞，老百姓不能用国乐，民间小调上不了宫廷大典……

周朝还很重视教育，政府专门设立了教孩子们礼仪和技艺的学校。学校分小学和大学。贵族子弟满8岁上小学，15岁的时候就进入大学了。

■学校里设有德行、技艺、仪容等课程。技艺包括礼、乐、射箭、驾车、文学、算术六个小学科，叫"六艺"。

周礼深深地影响了中国几千年，把忠诚、仁孝、谦虚、守信这些美好的品德都注入了我们的文化血脉中，让这个屹立在东方的古老国度成了名副其实的礼仪大邦。

东周：百家争鸣

周王朝的衣钵传承了12代，落到不肖子孙周幽王手中。据说这家伙"爱美人不爱江山"，为博佳人一笑，不惜上演"烽火戏诸侯"的戏码，结果不仅玩丢了自己的小命，还差点给大周画上了句号。

幸亏祖上的余荫还在，各路诸侯出手相助，他儿子周平王才摇摇晃晃站了起来，东迁洛阳重启了国运，历史上把这段时期叫"东周"。

东周分两个段落，上半段叫"春秋"，下半段叫"战国"。春秋还比较有章法，诸侯们依然遵循西周礼制，把周天子当吉祥物供着。到了战国，诸侯们彻底放飞，开始了弱肉强食的互殴模式。

世道乱了，乱了就得治。对于建立一个什么样的新秩序，有志之士们都有自己的见解和主张，都觉得自己的想法最靠谱，是救世良方。于是他们高谈阔论，著书立说，互相争辩，来宣扬自己的观点，希望能得到大家的认可。他们都有一批志同道合的拥护者、追随者，于是形成了不同的流派，后世称之为"百家争鸣"。

> 《汉书·艺文志》记载的有名有姓的派别就有189家之多，《隋书·经籍志》《四库全书总目》更夸张，说"诸子百家"实际上有上千家。

这些流派中成绩最突出的，知名度最高的有12家，分别是儒家、道家、墨家、法家、兵家、名家、阴阳家、纵横家、杂家、农家、小说家和医家。

儒家是以孔子为代表的学术流派，继承发扬了周礼中的精髓。他们也提倡"以德服人"，主张通过教育来改变世界，让大家都成为道德高尚的人。

道家则比较佛系，主张顺其自然，无为而治。

> 墨家的逻辑学成就可以同大神亚里士多德媲美，在世界逻辑史上声名显赫。他们比阿基米德掌握杠杆原理早两个世纪，与欧几里得一样对几何学进行了朴素且严密的定义……著名教育家蔡元培先生认为："先秦唯墨子颇治科学。"历史学家杨向奎称："中国古代墨家的科技成就等于或超过整个古代希腊。"

> 道家的祖师爷老子也是神话传说里的"太上老君"。据说他16岁就当上了周朝的国家图书馆管理员，非常博学。孔子很崇拜他，曾经两次向他请教学问。老子也很欣赏孔子，耐心为其解答，留下了一段千古佳话。

墨家是个非常神奇的存在，他们既是哲学流派，又是科研团体，甚至还是个组织严密的政党。他们爱好和平，反对一切侵略战争，主张人与人之间要平等相爱。他们还推崇节约，反对铺张浪费。他们不否认鬼神学说，但不赞成听天由命，相信人的命运可以掌握在自己手中。而且他们在力学、光学、几何学、逻辑学、机械制造等方面都取得了很高的成就。

法家也是战国时期的重要学派之一，主张依法治国，严明法纪，用法律来维持秩序。他们反对儒家的"礼"，反对保守的复古思想，喜欢改革创新。

> 💭 法家有位灵魂级人物叫韩非子，别看他说话结结巴巴不太利索，但肚子里有货，写了很多书。他的书传到秦国，让那时还是秦王的嬴政赞叹不已，说要是能见到他，和他一起畅谈，死了也值。可是后来他们相见了，死的却是韩非。

兵家、医家、农家干的都是技术活儿。兵家专门研究兵法、战略，代表人物是以《孙子兵法》闻名于世的兵圣孙武，和他的后世子孙孙膑。医家是以神医扁鹊为首，以疗愈人间疾苦为己任的医务工作者们。农家勤勤恳恳，一门心思研究农业生产，立志以农兴邦，造福百姓。

只是致力于寻求更好、更切实可行的治国方针。

那时候，各诸侯国为了让自己的国家富强起来，夺取霸主地位，竞相招贤纳士。所以东周时期虽然社会动荡不安，却是一个思想、文化辉煌灿烂、群星闪烁的美好时代。一枝独秀不是春，万紫千红春满园。百家争鸣，各领风骚，它们共同缔造了中华传统文化博大精深、多彩多姿的内涵，有力地推动了历史、文化的发展进步。

小说家、杂家是很有意思的两个流派。小说家还真的和故事小说有关。他们通过收集、整理民间的议论、传说，来考察民情风俗。杂家则是博采众家之长，《吕氏春秋》是其典型的代表作。虽说有侵犯他人著作权之嫌，但人家坦坦荡荡，从来没说自己是原创，也没觉得自己是个流派，

秦汉：天下一统

秦始皇一统天下后，统一了文字、货币、度量衡，还修建了从首都咸阳通往全国各地的路，把五湖四海紧密联系在一起，实现了真正的九州大同，天下一家。

> 明代著名思想家李贽在《藏书》中赞美他是千古一帝，"天崩地坼，掀翻一个世界。是圣是魔，未可轻议。"

不过这位光芒万丈的大人物也有脑子短路的时候，也干过一些糊涂事，比如找长生不老药、焚书坑儒，为人诟病了几千年。

🍂 公元前213年，有一天秦始皇请他的智囊团喝小酒，席间有个叫周青臣的大臣盛赞新出台的郡县制。始皇帝听得正高兴，突然博士淳于越站了出来，大唱反调，说郡县制不尊崇先贤理论是歪门邪道，要想长治久安还得按古制来，恢复诸侯分封。丞相李斯很不爽，觉得他是读书读傻了，建议把和生产、生活无关的书籍都烧毁。秦始皇采纳了李斯的建议，下令把秦朝以前诸侯各国的典籍统统收缴销毁，老百姓只能看秦国的历史、律法和一些生产技术方面的书籍，如有违抗格杀勿论，史称"焚书"。第二年，骗秦始皇去找不老药的俩方士大捞一笔后携款潜逃了，秦始皇知道后气得下令把和此事有关的方士、书生都揪出来活埋。有460多名儒生受到牵连，人谓"坑儒"。

"焚书坑儒"是古代文化史上一场超级大地震，给中国传统文化，尤其是儒家学派造成了极其严重的伤害。但是风水轮流转，没想到70多年后，另一位耀眼的巨星汉武大帝登上了政治舞台。这位皇帝对儒家思想青睐有加，在他"罢黜百家，独尊儒术"的专宠下，儒学迅速崛起，迎来了它的高光时刻。

🍂 汉朝一开始用道家的理论治国，汉武帝却重用儒生，另起炉灶。他广招天下儒学之士，一位叫董仲舒的儒生脱颖而出，成了他的心腹重臣。董仲舒飞黄腾达了，没有忘记振兴师门的责任，向汉武帝提出了"罢黜百家，独尊儒术"的建议……

后来的封建帝王们发现，汉武帝给大家引领了一条阳光大道。儒学的忠君爱国思想能攻能守，所向披靡，对他们开展工作很有帮助。就这样，儒学思想成了他们的镇国之宝，统领中华文化两千多年。

另外秦、汉时期在科学技术、文化艺术等方面也战绩辉煌。那时候，我们的祖先就已经在玩勾股定理、比例分配、平方、立方、负数、分数和二次方程了。

🍂 成书于东汉前期的《九章算术》标志着我国古代数学已经形成了完整的体系，走在了世界的前面。

天文方面最有建树的是"数星星的孩子"张衡。张先生长大后，依然喜欢数星星，当上了东汉"国家天文局局长"，不但研发了浑天仪、地动仪等大型科研设备，还搞明白了很多天文现象，比如月亮自己不会发光，是反射的太阳光……

秦代颁行的《颛顼历》，已明确规定一年有365天，一个月约为29天。汉武帝时编撰的《太初历》还总结出了日食周期，人们可以根据历法预测出日食发生的具体时间。二十四节气也已经被收录在册。

东汉有个叫蔡伦的人改进了造纸术，让大汉民族领先世界人民一步，用上了经济实惠的纸张。

两汉时期，医疗技术也有了长足的发展，官府里有享受公务员待遇的医官，民间也有很多私人诊所，张仲景和华佗就是那时候杰出的学科带头人。

在文学方面，"汉赋"和"乐府诗"是汉代两大特产。

> 来源于民歌的乐府诗语言通俗，寓意深刻，雅俗共赏，深受广大人民喜爱，对后代文学的发展有着深远的影响。

美术方面，秦兵马俑是典型代表，"千人千面，栩栩如生"。那还都是普通工匠的水平，大师的作品可想而知。

另外"丝绸之路"也是一个不容忽视的亮点，它开启了对外贸易的先河，让世界了解了中国，让中国了解了世界，为世界各国之间的文化、经济交流做出了巨大的贡献。

总之，秦、汉也是一个了不起的时代，秦皇汉武的丰功伟绩，先人们在各个领域创造的精彩传奇，都值得我们骄傲，值得我们铭记。

魏晋：尽显风流

魏晋是历史书上最动荡、混乱的一个时期，也是"文化曲库"里最浪漫、华美的一段乐章。那时候兵荒马乱，战火连天，改朝换代跟走马灯似的。那时候群星闪耀，各领风骚，诞生了一大批文化巨匠。有人纵情使才，追求极致；有人狂放不羁，张扬个性；有人忘情山水，笑傲江湖……

"书圣"王羲之生活在那个年代。他握一管秋毫，笔走龙蛇，把方方正正的中国字写得流水行云，入木三分。一篇《兰亭集序》更是冠绝古今，号称"天下第一行书"，千百年来，一直被膜拜，从未被超越。

■据说唐太宗李世民对《兰亭集序》深深着迷，临死也舍不得放手，强烈要求将其带进坟墓，好去另一个世界继续研究、揣摩。

俗话说："不疯魔，不成活儿。"水墨画鼻祖之一的顾恺之正是这样的人。他有"三绝"之名——"画绝""才绝""痴绝"。中国十大传世名画之一的《洛神赋图》就出自他的手笔，被誉为"千古一绝"。

■顾恺之主张绘画要表现人物的精神和性格，每个眼神、每条衣褶都要画得灵活生动，用形来表现人物的神采，做到形神兼备。《洛神赋图》是顾大师致敬曹植的《洛神赋》，为其配的巨型"连环画"。曹植？没错！就是那位"七步成诗"的曹植，才高八斗的曹子建。

在魏晋文学史上，曹氏三父子是绕不过去的三座高峰。曹植风流倜傥，才气逼人，但论气势和深度比他的父亲还是略逊一筹。"老骥伏枥，志在千里"的"乱世枭雄"曹操，能够叱咤风云，也吟得出锦绣诗篇。

曹家三父子和围绕在他们身边的"建安七子"，共同撑起了魏晋文学的半边天。对了，"建安七子"里有一位"国民好儿童"孔融，你一定听说过他把大梨让给哥哥的故事。

当然，魏晋文学还有很多璀璨星芒，"采菊东篱下"的陶渊明开宗立派，创了"中国田园诗"一脉，鲍照、谢灵运等也都可圈可点。就连郦道元的地理学著作《水经注》都文采飞扬，堪称优美的写景散文。

> ■风流宰相谢安是伟大的政治家、军事家，也是著名的书法家、文学家。一个寒冷的雪天，谢安一家人围炉小聚。谢安想考考孩子们，让大家形容一下外面的大雪。侄子说："在空中撒盐差不多可以相比。"侄女谢道韫说"未若柳絮因风起"，博得满堂喝彩。

魏晋诗歌讲究美感，讲究天真自然，后来的唐诗就是站在它的肩膀上，才取得了巨大的成就。

■ 说到美，魏晋人民非常爱美，他们是妥妥的颜值控。不但爱看美女，更欣赏翩翩美少年——有比林妹妹都娇美、柔弱的卫玠，有每次出征都要戴面具装凶的兰陵王，还有一上街就被大娘、婶子们追着送水果的潘安……

人们爱美更爱风流，"是真名士自风流"。风流的最高境界不但要长得漂亮，更要活得漂亮。魏晋名士就是这么一群人。他们仪表堂堂，才华出众。他们不拘小节，率性而为。活得自由自在，酣畅淋漓。

■ "竹林七贤"是魏晋名士里最超凡脱俗的"偶像男团"，他们经常在竹林里"以酒会友"——大碗喝酒，大声歌唱，海阔天空地神侃……"今朝有酒今朝醉"。阮籍曾醉酒六十多天，阮咸甚至和猪共饮。刘伶更狂放，常常坐着鹿车，带上一壶酒，边走边喝，还让下人扛铁锹跟随，说醉死在哪儿就在哪儿挖个坑把他埋了。

他们看上去醉生梦死，不思进取，其实只是生不逢时，一身的才华施展不出来，只好用酒精麻醉自己，用玩世不恭、放浪形骸来对抗这个世界。饮酒作乐，明哲保身。纵论玄学，高谈佛道……所谓的风流只不过是他们逃避现实的无奈之选。

■ 嵇康是七人中最有人气的一位。他丰神俊朗，不修边幅，爱憎分明。他是出身名门的文士，却喜欢挥汗如雨地打铁。他有匡扶天下之才，却坚决不肯出仕为官。他的画作不多，传世的只有两幅，但都被载入了《历代名画记》。他轻抚一曲《广陵散》，留下了千古绝响……他遭小人陷害，司马昭要拿他杀鸡儆猴。三千多太学生慕名而来，齐刷刷跪倒在地为他请愿，因为大家都敬重他的人品和才华。

魏晋是中国历史上最浪漫的一个时期，浪漫得荡气回肠，也浪漫得苍凉悲怆。不管怎么说，魏晋风流就像一朵绚丽的烟花，曾经照亮了整个夜空。

隋唐：有容乃大

历经了近四百年的战乱纷争，大中华版图终于被隋王朝重新拼合起来，中华民族走进了一个伟大的新时代——隋唐。

隋朝只活了"两集"，享年37岁，是个非常短命的王朝。它却向历史提交了一份非常出色的述职报告。人口迅速增长，各行各业繁荣发展，国富兵强，万邦来朝。那时候一众周边国家都恭恭敬敬地尊它一声"老大"。

隋文帝的江山是从外孙手上抢来的。他不是个好外公，但绝对是个好皇帝。他并西梁、灭南陈、平定南方叛乱，收拾山河，实现了祖国的统一。他终结了西魏鲜卑化政策，拨乱反正，复兴汉制，让华夏文明得以星火传承。他废除了五马分尸、宫刑、灭族等惨无人道的酷刑。他设置义仓，以备饥荒之年赈济难民。他还创立了科举制度，为国家选拔出了优秀人才，也让寒门子弟看到了人生的另一种可能——好好学习，用知识改变命运。

"皇二代"隋炀帝是隋朝的终结者。他好大喜功，不惜血本死磕高句丽，修建大运河，败光了家底，弄得哀鸿遍野，民不聊生。老百姓恨透了他，殊不知大运河的开通，让后来的李唐政权捡了个天大的便宜，为大唐盛世奠定了坚实的基础。后来好几个朝代都享受到了它的红利。让人意想不到的是，这位暴君还很重视古籍保护，当皇帝之前就派人整理了一万七千多卷典籍，为古籍保护事业做出了不小的贡献。

傲视天下的底气。

系。在大唐却能相安无事，和谐共处。唐太宗时，他们校订的儒家五经《五经正义》就已经兼收并蓄，吸收了佛、道的一些积极思想。武则天更利索，干脆让人把三家精华归纳总结在一起，结集出版了一本《三教珠英》。

唐朝是历史画卷上最饱满、浓艳的一帧，每个中国人心中都会收藏几张关于盛唐的小卡片。你的卡片上画的是什么呢？"斗酒诗百篇"的诗仙李白，珠圆玉润、穿齐胸襦裙的唐三彩仕女俑，还是恢宏大气、金碧辉煌的大明宫？

唐诗是最负盛名的"大唐特产"。唐人爱写诗，擅品诗，得意的时候"仰天大笑出门去"，忧伤的时候"独怆然而涕下"，有"醉卧沙场君莫笑"的豪迈，也能"逢郎欲语低头笑"般娇羞……没有什么不能入诗，没有什么是一首诗不能解决的。那时候甚至连"国考"都要考诗，一个人诗写得好就能当官入仕，就能成为国民偶像，甚至有"天子呼来不上船"

李白绣口一吐，吐出了半个盛唐。杜甫忧国忧民，满肚子家国情怀。白居易想做个雅俗共赏的"民间歌手"，让诗歌"从群众中来，到群众中去"。还有闲云野鹤般的田园诗，悲壮苍凉的边塞诗……虽然后世也诞生了很多杰出的诗人、诗歌，但唐诗在诗坛上的地位无可撼动。

后人搜集整理的《全唐诗》里共收入2200多位诗人的48900多首诗，这应该还只是所有唐诗的一小部分。

唐王朝尊重土生土长的儒家、道家思想，同时也不排斥外来的佛教。在别的国家，不同信仰之间是水火不容的关

大唐曾派高僧去印度寻找佛教真谛，于是有了唐僧西天取经的故事。

唐朝也有"大学"，叫"国子监"，分为国子学、太学、四门学、律学、书学、算学六个专业。比如"算学"相当于现在的"数学专业"，"律学"就是"法律专业"。

🍃 这里每年还会招收一定数量的外国留学生，为弘扬中国文化，促进睦邻友好，深化国际交流储备力量。

唐朝同边疆各少数民族之间也保持着密切的关系，把先进的生产技术传授给他们，也借鉴学习他们的优秀文化。文成公主远嫁吐蕃，带去了各种作物的种子和各行各业的工匠，让中原文明在青藏高原开出多彩的花儿。

🍃 高昌乐、西凉乐、天竺乐、高丽乐……各种来自异域他乡的南腔北调，曾作为"大唐国家交响乐团"的保留曲目，在大明宫的上空宛转悠扬。俏皮可爱的胡服一度风靡长安街头，成为最时尚的穿搭。

受少数民族文化的影响，唐代不仅王公贵族喜欢歌舞升平，百姓们也爱载歌载舞。大户人家的女孩子会把音乐、舞蹈当成一门才艺，专门学习。

🍃 杨贵妃从小就练就了一身好舞艺。唐玄宗李隆基精通音律，是个造诣颇高的音乐家，不但擅长演奏各种乐器，而且精通作曲，写过一百多首乐曲。那首著名的《霓裳羽衣曲》就出自他的手笔，配上贵妃婀娜的舞姿，珠联璧合，相得益彰。

唐朝政府还设有"外交部"，专门负责对外贸易和文化交流。每年来唐朝的外国使团络绎不绝，那时候的长安城已经成了世界上数一数二的国际化大都会。在中外文化的碰撞与交流中，胸襟开阔、博采众长的大唐文化变得更加丰富多彩。

🍃 大唐的开放、包容，还体现在女孩子们的生活细节中。唐朝的小姐姐们活泼开朗，落落大方，她们可以骑马，可以逛街，可以到郊外踏青游玩，还可以穿奇装异服，化很另类的妆。大唐没有别的朝代那么多令人窒息的礼教、规矩。

试问这样一个鲜活灵动、海纳百川的盛世大唐，谁能不喜欢呢？

宋元：雅俗成趣

前有光芒万丈的盛唐，后有叱咤风云的大元。宋王朝夹在中间，似乎老扮演被欺负的角色。先是被金国打得找不着北，逃去南方委曲求全；后来好不容易硬气一回雪了"靖康耻"，又被蒙古人一拳撂倒，再也没能爬起来。

别看宋代打仗不行，但是在其他方面，大宋不输任何一个朝代，甚至比老大哥盛唐也有过之而无不及。

■历史学家陈寅恪讲过："华夏民族之文化，历数千载之演进，造极于赵宋之世。"世界著名科技史专家李约瑟说："每当人们在中国的文献中查找任何一种具体的科技史料时，往往会发现它的主要焦点就在宋代。"

宋代是个科学家辈出的时代。雕版工匠毕昇研究出了活字印刷术，名列"四大发明榜单"，为人类文明做出了巨大贡献。北宋官员沈括创立了数学算法隙积术、会圆术，发现了磁偏角，改进了浑天仪，揭示了共振现象……他被誉为"中国整部科学史中最卓越的人物"。

■沈大人退休后总结毕生所学，写了《梦溪笔谈》。这部书可了不得，它集各类科学知识、人文知识于一体，被称为"中国科学史上的里程碑"。另外他有一本地理学专著《天下州县图》，还和苏轼合著过医书《良方》，真不知道他的脑子是用什么材料做成的。

宋代政府很重视教育，各州县设立了很多学堂，甚至开始实行"义务教育"。宋朝是当时世界上教育普及程度最高、人民文化水平最高的国家。

■北宋年间有一场非常著名的科考，主考官是当时的文坛领袖欧阳修、梅尧臣，考出了中国历史上3位著名的文学家（苏轼、苏辙、曾巩），两位大思想家（程颢、张载），以及9位宰相……简直就是神仙打架。最后欧阳修误以为最优秀的那份卷子出自自己爱徒曾巩之手，为了避嫌判了个第二，就这样东坡考神屈居了亚军。

大宋的文化事业搞得红红火火。苏东坡、黄庭坚、陆游、辛弃疾、朱熹、杨万里、"先天下之忧而忧"的范仲淹、最硬的骨头文天祥……群英荟萃，济济一堂。

■王安石曾经力主改革变法，支持他的、反对他的，都是赫赫有名的人物。反方队长是小时候砸水缸救伙伴的小机灵鬼，后来的史学泰斗——司马光，辩手有欧阳修、苏东坡、苏辙、范仲淹……这阵容简直亮瞎人的眼。

宋代的手工制造业也很牛。江湖上声名赫赫、价值连城的

五大名瓷——官、哥、定、钧、汝，都是宋代的土特产。

宋代经济繁荣，百业兴旺。城市里早上有早市，晚上有夜市，通宵达旦，热闹非凡。街上到处是药铺和医院，老百姓看病很方便。

■宋朝还是个法治社会。老百姓有什么委屈，到衙门前击鼓鸣冤，官府就得受理。开封府尹"包青天"秉公执法，连皇亲国戚都敢管，被传为美谈。弹劾权臣的事儿在当时屡见不鲜。甚至如果皇帝颁发的圣旨不合理，都有被谏官驳回的可能。

文人雅士们喜欢玩一种叫"斗茶"的游戏，比试谁做的茶汤色美味浓，谁行的茶令妙语连珠，谁的"茶百戏"技术更高明，能使汤纹水脉出现赏心悦目的图画。宋徽宗也深谙此道，还专门写了本《大观茶论》。

当时，点茶、焚香、插花、挂画，号称"四大雅事"。焚一炉熏香，插几枝鲜花，挂上意境悠远的画轴，煮水烹茶，慢慢品味，颐神养性，飘然若仙……

■英国著名的历史学家汤因比说："宋朝是最适应人类生活的朝代，如果让我选择，我愿意生活在中国的宋朝。"国宝级名画《清明上河图》也用汴梁城的"街拍直播"力证了大宋王朝的百业兴隆，八方昌盛。

也许就是因为宋人的小日子过得太舒服了，才一次次被人家盯上。后来，一群套马的汉子飞驰而来，抢走了这块肥肉。中国历史上最强悍的王朝——元朝闪亮登场。这个由蒙古族管理的政权，把中国版图扩大了好几倍。

■元世祖忽必烈的爷爷成吉思汗，曾经横扫欧亚大陆。要是老天爷给他足够的时间，说不定他能统一全球，当上地球村的村长。

■李清照的词中经常飘出一缕雅香，什么"香冷金猊""瑞脑销金兽"（瑞脑是龙脑香，金兽、金猊都是兽形的铜香炉）。据说苏东坡晚年也以沉香为伴，常焚香作赋。

老百姓的业余生活丰富多彩。城里有一些叫"瓦子""瓦舍""勾栏"的文艺演出场所，有专业艺人表演，相扑、傀儡、影戏、杂剧……应有尽有。酒楼、茶馆也有说书、唱曲等曲艺表演。

元朝的科技文化领域也涌现出了很多杰出的人才。集天文学家、数学家、水利工程专家于一身的郭守敬发明了简仪、高表等12种新仪器，编出了当时世界上最先进的历法——《授时历》。如果可以给古人发奖，元代的"科技进步奖"应该颁发给他。

文学方面，这个时期叙事性文学成为主流。元曲异军突起，开始和汉赋、唐诗、宋词称兄道弟，并驾齐驱。戏曲、小说也蓬勃发展，涌现出了《窦娥冤》《西厢记》等著名曲目，还孕育出了四大名著中的《三国演义》《水浒传》。

■把棉纺技术带到中原，让棉布生产在江南地区迅速崛起的黄道婆也值得铭记。

中国瓷王——青花瓷，世界上第一支金属管火炮——火铳，也都诞生在元代。

■意大利旅行家马可·波罗来到元朝，他被这里繁华的市集、精美的商品、宏伟壮观的建筑和丰富多彩的生活震撼住了。他的所见所闻被写进一本叫《马可·波罗游记》的书里。在他的描述中，位于神秘东方的大元朝，像天堂一样美好，让人无限神往。

明清：孕育生机

出现过草根逆袭的励精图治，也演绎过骨肉相残的冷血残酷；犯我大明者虽远必诛的是它，宦官乱政昏庸无能的也是它；它有过扬帆远航的斗志昂扬，也有过君主死社稷的无奈和倔强……这就是中华大舞台上，情节跌宕起伏，故事曲折离奇，最后一场由汉族演员领衔主演的封建帝国大戏——大明王朝。

明成祖朱棣是这场演出里最出彩的一位。连后来给大明砸了场子的清王朝都对他交口称赞——"治隆唐宋""远迈汉唐"。

朱棣一上位就让大才子解缙带队整理古籍，编纂了一部史无前例的皇皇巨著——《永乐大典》。全书 22 937 卷，11 095 册，约 3.7 亿字，汇集

了七八千种图书。《不列颠百科全书》称它为"世界有史以来最大的百科全书"。

> 下面隆重介绍一下主编解缙。解主编是明代"三大才子"之一，从小就顶着神童光环。民间流传着很多小解缙妙语联对的故事。据说他9岁时，有一天跟着父亲去长江边洗澡，父亲将衣服挂在岸边的大树上，突然来了灵感吟诵道："千年老树为衣架。"解缙张口就接："万里长江作浴盆。"这才华，这气势，直接把他爹拍水里了。

朱棣还是"郑和下西洋"的总设计师，先后多次派郑和率领大明远洋舰队，巡游四海，去播撒友谊的种子，扬大明国威。他们走占城（今越南南部），穿马六甲海峡，越爪哇，经苏门答腊，过锡兰，渡印度洋……出访过30多个国家，最远到过非洲东岸、红海和伊斯兰教圣地麦加。他们带去了先进的技术和丰厚的物质，还帮沿途的国家抵御流寇，解决了领土纷争。他们深受沿途百姓的爱戴，让大明声名远播。

🌀 迁都北京也是朱棣对后世的一大贡献。没有他就没有现在的故宫、天坛……世界建筑史上，将少了浓墨重彩的一笔。

明代还出了位号称"圣人""千古第一完人"的精神领袖——王阳明。他开创了以人为本的"心学"，主张"知行合一"。

🌀 王阳明小时候很爱思考，有一天他向老师发出了一个灵魂拷问："何谓第一等事？"老师说："当然是读书做大官了。"老师的回答很世俗，他很不满意："我认为不是这样。"老师很好奇："难道你还有别的想法？"王阳明响亮地回答："我以为第一等事应是读书做圣贤。"圣人果然是圣人，从小就"志虑忠纯"。

明代还出现了几位鼎鼎大名的人物，像宋应星、徐光启——什么？不认识？那可得好好介绍一下。

徐光启是明朝末年的礼部尚书、文渊阁大学士，他可是位全能型的科学家。他的代表作是《农政全书》，还和西洋传教士利玛窦合译了一部数学著作《几何原本》。

> 意大利传教士利玛窦来中国宣传西方科学知识,还向当时的明朝皇帝进献了《坤舆万国全图》、八音琴、自鸣钟等。中国皇帝很喜欢这些新鲜玩意儿,批准他留在北京传教。

宋应星也是个大学霸。他的著作品种齐全,涉及文学、科技、音乐、美术等多个领域。代表作《天工开物》更是包罗万象。他还对声音的产生和传播做出过科学的解释。在物理学方面也颇有建树。

李时珍和徐霞客不陌生吧?没错,《本草纲目》和《徐霞客游记》就是他们的"驰名商标"。还有潇洒风流的唐伯虎写诗作画,设计园子。小说四大名著之一《西游记》也在这个时期新鲜出炉。

大清入关后很注重学习汉文化,每位皇帝都是满腹经纶的文化人。最有名的是康熙、雍正、乾隆祖孙仨,他们非常重视文化建设,统治期间社会安定,百业兴隆,被誉为"康乾盛世"。

> 乾隆最喜欢吟诗作词。据说他一生写了四万多首诗,有时候一天就能"生产"几十首。这产量,估计李白、杜甫、白居易老哥几个加起来也不是他的对手。但因为质量不高,流传下来的寥寥无几。

康熙留下了一部《康熙字典》,乾隆主持编撰了《四库全书》。

《康熙字典》是中国第一部以"字典"命名的汉字辞书,也是收录汉字最多的古代字典。那里面一共收录了47 035个汉字,几乎每个字都引经据典,追本溯源,找出了它的老祖宗。

《四库全书》是我国最大的一部丛书。由纪昀等360多位高官、学者编撰,3 800多人抄写,耗时13年才编成。这部书共有79 338万卷,3.6万余册,约8亿字,是中华传统文化最丰富、最完备的集成之作。中国文、史、哲、理、工、农、医,几乎所有的学科都能够从中找到源头和血脉。

斋志异》……

清朝末年，詹天佑主持修建了中国自主设计、建造的第一条铁路——京张铁路。他创设的"竖井开凿法"和"人"字形线路，减缓了坡度，降低了造价，比原计划提前两年完工，震惊了中外。

🔷 但是乾隆有点"玻璃心"，不准百姓有一点反对朝廷的想法和言论，经常"拿着放大镜"从书籍、文章中抠字眼，挑毛病，冤杀了很多文化人。编纂《四库全书》时，共销毁书籍 13 600 卷，焚书 15 万册之多。

俗话说："哪里有压迫，哪里就有反抗。"中国知识分子的清高和执拗是刻在骨子里的。"野火烧不尽，春风吹又生"，反抗的思潮在他们心底深深扎下了根，反封建思想成了清代文化的主流。于是有了八大山人、石涛，有了郑板桥和扬州八怪，有了龚自珍，有了《儒林外史》《红楼梦》《聊

🔷 海外华人冯如得知美国莱特兄弟发明了飞机后，也决心依靠自己的力量来制造飞机。1911年2月，他谢绝美国多方的聘任，带着自己设计、制造的两架飞机回到了祖国怀抱。

第一章 神话

盘古开天地、亚当和夏娃偷吃禁果、普罗米修斯盗火种、诺亚方舟……世界各地流传着精彩绝伦、充满想象力的神话故事，但神话究竟是什么呢？人们为什么要创造神话呢？神话起源于上古时期，我们可以遥想下当时的情景：

远古时，人们过着简单的生活。白天打打猎，晚上举办篝火晚会，手拉手一边跳舞一边吼两嗓子，小日子过得也算有滋有味。然而，突然有一天，天上刮起了大风，紧接着雷鸣电闪，暴雨来袭。

远古人吓坏了，这是怎么回事？于是他们相互拥抱着缩在山洞里闭眼祈祷。祈祷的时候，有一个人走神儿了，他开始胡思乱想：动不动就打雷下雨，会不会是天上有神仙在操控着一切？这么想着，他又进一步拓展自己的思路：如果神仙能操控风雷雨电，那么整个世界是不是他们创造的呢？

他被自己这种想法惊艳到了，赶紧讲给大家听。大家也认为他说得在理，于是一传十，十传百，天上有神仙的事儿慢慢被远古人当真了。后来，人们给这些神仙起了名字，编了很多荒诞离奇的故事。就像我国现代文学家、神话学家茅盾先生认为的那样，这些流传于远古社会的荒诞故事，就是神话产生的源头。

那么，我们研究神话有什么用呢？神话就好比一台显微镜，能让我们一窥上古先民的精神世界，去了解他们内心所想。他们对于世界本源的思考（盘古开天、女娲造人）、对于自然和人的关系的认知（夸父逐日、愚公移山），甚至一个民族的秉性（后羿射日），都在这些看似荒诞的故事中得到流传和发扬。

还等什么，我们快来一起阅读几篇家喻户晓的神话故事，一起领略中国神话的魅力吧！

世界是怎么来的?
——创世神话

你有没有想过这样一个问题:世界是怎么产生的?

其实,早在几千年前,我们的老祖宗就在绞尽脑汁地琢磨这个问题啦!他们的想象力非常丰富,为了解释世界的由来,创造了十分有趣的创世神话。

盘古开天辟地

传说很久很久以前,整个世界是一个巨大无比的蛋。这个蛋呀是个一居室,里面住着一个叫盘古的人。他在蛋里呼呼大睡,一直睡了一万八千多年,还真是个贪睡的家伙!

忽然有一天,盘古醒了,睁开眼一瞧:哇,这是哪儿呀?周围怎么黑漆漆的?他觉得很不舒服,气鼓鼓地摸来摸去,竟摸到了一个巨大的斧头。

他抓起斧头朝眼前的黑暗使劲儿一劈,"咔嚓"一声巨响,巨大的蛋居然被劈成了两半。头顶的一半慢慢往上升,变成了蓝天;被盘古踩在脚下的一半,慢慢往下沉,变成了大地。就这样,天地诞生啦!

盘古抬头看看天,又低头

看看地,心想:我虽然把天地分开了,可万一又合起来就糟糕了!不行,我得想办法阻止它们合到一起。于是,他站在了天和地之间,双手高高举起,撑住了天,双脚稳稳地踏在地上。盘古把自己当成一根大柱子啦!

天每天升高一丈,地每天加厚一丈,盘古的身子也每天增长一丈。盘古既不能吃饭喝水,也不能睡觉休息,开天辟地可真是个辛苦的工作。一直过了一万八千年,盘古看天和地离得够远了,再也不能合到一起,终于放了心:"我太累了,我要休息一下!"

盘古巨大的身体,轰的一下倒在了地上。哇,快看,他的身体发生了奇妙的变化：他嘴里呼出的气变成风和云，左眼变成太阳，右眼变成月亮，手足和身躯变成大地的四极和五方的名山，血液变成江河，筋脉变成道路，肌肉变成耕地，头发变成天上的星星，汗毛变成花草树木，牙齿变成了闪光的金属，骨头变成了坚硬的岩石，骨髓变成温润的宝玉，甚至身上出的汗，也变成了清露和甘霖。

就这样，世界诞生了。

女娲补天

天地形成后，世间生活着一群神仙，他们有自己的工作，比如水神共工管理江河湖海，火神祝融管理火。而女娲娘娘要管的事更多呢！

女娲上半身是人，下半身是蛇，长得非常漂亮。有一天，她觉得这个世界太没意思了。周围只有花花草草，既没有虫鸣，也没有鸟叫，更别提其他动物了。世界死气沉沉的，没有任何欢乐，多无趣！

女娲想了想，就按照自己的样子，用河边的黄泥捏了很多小人。她对着他们吹一口气，噗，小人就奇迹般地活了！而且呀，他们蹦跳着，吵闹着，围着女娲叫"妈妈"。这可把女娲高兴坏了，随后她又捏了很多动物，整个世界充满了生机和活力。

一直以来，水神共工和火神祝融关系就不好。他俩打了一架，共工不是祝融的对手。共工越想越生气，气得用头去撞世界的支柱不周山，不周山一下子就断了。天瞬间就朝着西边倾斜了，并且还出现了一个巨大的窟窿！天哪，太可怕了！刹那间，电闪雷鸣，洪水从窟窿里倾泻而下。

眼看着世界遭受了灾难，女娲很心痛，于是来到天台山，历经四年时间，终于炼成了36 501块五彩石。在神仙们的帮助下，女娲用掉了36 500块五彩石，才把天上的窟窿堵住。

因为五彩石有很多种颜色，后来呀，这些补天的五彩石居然变成了天边的彩霞！

天补好了，但天柱断了，天总是歪歪扭扭的，星星都朝着西北边掉下去了，这可怎么办？女娲非常忧愁。这时，一只巨大的乌龟从海里游了出来，主动提出可以用自己的腿当天柱，这才把天支了起来。但这只海龟西边和北边的两条腿比较短，所以天还是有点倾斜。从那以后，太阳和星星每天都落向西边。

后来经过大家的努力，洪水终于退去了，雷电也不见了，世界又恢复了祥和。

上古三个大神
——三皇神话

上古时期，华夏部落出了三个特别厉害的首领，他们有的能文，有的能武，通过自己的努力推动了华夏民族的发展。他们是谁？到底做了什么贡献？让我们一起穿越回上古时期，一起去看看吧！

伏羲

第一站，我们来到了上古时期的华胥国，这里生活着一个美丽的姑娘华胥氏。有一天，她到雷泽旅游，据说这里是雷神的家。华胥氏走着走着，偶然间发现了一个巨大的脚印。她感到十分好奇，就踩了上去，没几天就发现自己怀孕了。后来，她生下一个儿子和一个女儿。她的女儿就是大名鼎鼎的女娲，她的儿子上半身是人，下半身是蛇，就是伏羲。

伏羲长大后，发现老天动不动就刮风、打雷、下暴雨，人们都特别害怕。伏羲每天抬头观察天上的云彩，然后又去审视周围的飞禽走兽，想搞清楚这到底是怎么回事。

有一天，伏羲正坐在河边发愁，忽然一只巨大的白龟浮出了水面。白龟的背上画着奇怪的符号，他还没看清楚，白龟就突然从水里跳出来，变成一条龙飞走了！

之后的几天，伏羲努力回忆白龟后背的符号，并从那些符号中得到了灵感，创立了八

卦。他用一组非常简单的符号，把万事万物的道理都包含了进去，真是伟大的发明！

他因此被大家推举为部落的首领！

炎帝

第二站，我们来到了姜水流域。这里生活着一个很大的部落，他们以姜为姓，由于非常擅长使用火，所以部落首领叫作"炎帝"。炎帝长着牛的脑袋，人的身子，看上去非常威武霸气！

那个时候，人们只会打猎，每次外出，也不一定能打到猎物，整个部落都过着饥一顿饱一顿的日子。炎帝心想：如果能自己种粮食该多好呀，那样就不用担心没有饭吃了！这么想着，炎帝就决定亲自试一试。

他每天都钻到深山野林里，观察周围的植物，很快找到了五种能吃的东西，也就是后来说的"五谷"。但是要怎么种植？经过一番苦思冥想，炎帝发明了耕地的工具耒耜。用它翻开土地，把种子撒下去，没过多久就能长出农作物。这可是个伟大的发明呀！

这件事震惊了整个部落。大家欢欣鼓舞，以后不用为吃饭发愁啦！由于炎帝伟大的发明，人们又叫他"神农氏"。

炎帝心里很清楚，地位越高，责任也越大。一天，他发现有人生病了，看起来非常痛苦。大家都没办法，病人只能硬扛着。炎帝就想，有没有什么东西可以治病？

经过长时间的观察，他发现动物生病的时候都会吃几种野草。难道野草能治病？于是，他找了几百种草，每一种都亲自尝一尝。就这样，他发现了治疗疾病的药草。自那以后，只要部落里有人生病了，就找炎帝看病。

他解决了大家的痛苦，人

们更加尊重他，周围好几个部落都推举他为共同的首领。

黄帝

第三站，我们到了有熊，这里是黄帝的部落。黄帝原来姓公孙，后来搬到姬水附近，就改姓姬，名轩辕。他统治的部落在有熊，所以人们也叫他"有熊氏"。

在黄帝和炎帝部落的东边，有一个叫蚩尤的人，他统治着九黎部落。蚩尤是个野心勃勃的家伙，他入侵了炎帝的部落，双方爆发了战争。蚩尤打败了炎帝，占领了他的大部分领地。炎帝立即去找黄帝求援。黄帝心想，这个蚩尤太猖狂了，如果对付不了他，下一步他就要打我的坏主意了！于是黄帝和炎帝部落联合起来，向蚩尤发动了战争。

双方在涿鹿展开大战。蚩尤施法，周围起了浓重的雾气，什么都看不到。黄帝和炎帝的军队在大雾中迷失了方向。黄帝的大臣风后在北斗星座的启示下，发明了指南车，这才离开了大雾。但黄帝心里仍旧很着急，于是去向玄女求助。玄女教他用夔兽的皮做了80面夔皮鼓。

这天，蚩尤又来攻打黄帝。黄帝让人敲响了夔皮鼓，刹那间电闪雷鸣，五百里内都能听得清清楚楚。蚩尤的军队被吓蒙了，黄帝的军队乘机打败了蚩尤，中原又恢复了安定。

后来，黄帝部落和炎帝部落不断融合，逐渐合二为一。所以，中国人都称自己是"炎黄子孙"。

神异的三朝祖先
——始祖神话

你知道我国最早的三个朝代是什么吗？如果你还记得小时候背过的朝代歌的话，就能立即回答出来。没错，就是夏、商、周。那么你知道这三个朝代的祖先是谁吗？

大禹

大禹，姒姓，夏后氏，传说是颛顼帝的后代。

禹的父亲鲧是个水利专家，擅长用围堵的方式治理洪水。舜帝让他专门管理水利工程。

有一次，大雨哗哗地下了好几个月，地上暴发了洪水。鲧忙得焦头烂额，洪水不仅没能被挡住，反而越来越严重。舜帝看着子民受难，很生气，就把鲧杀了。

鲧死了之后，洪水还得继续治理，怎么办呢？大臣们对舜帝说："禹是鲧的儿子，也会治水，不如让他试试吧！"于是禹临危受命。这回，禹吸取了父亲失败的教训，决定使用疏理的方式治水。

禹一门心思扑在治理水灾

上，甚至 3 次从自己家门口经过，都没进去看看妻子和孩子。洪水一直持续泛滥了 3 年，禹才带领大家治理好水患。因为禹治水功劳很大，人们都称他"大禹"。

舜晚年退位之后，就把部落首领的位置传给了大禹。后来，大禹建立了中国历史上第一个朝代——夏朝，成为夏朝的始祖。

契

传说，上古时期，帝喾有一个妃子名叫简狄。有一天，简狄和几个好朋友外出游玩儿。那时天气很热，她们来到一片池塘边，只见池水清澈见底，很多美丽的小鱼在水里游来游去。简狄看了非常开心，就说："姐妹们，不如我们去池塘里游泳吧！"于是几个女子纷纷跳进水里，一边游泳，一边嬉戏，玩儿得太开心啦！

这时，一只玄鸟落在了池塘边，生出一个五彩斑斓的蛋。五彩蛋立即吸引了几个小姐妹。她们等玄鸟离开之后，来到岸边一瞧，这颗蛋就像珍珠翡翠一样光彩夺目呢！

几个小姐妹都很喜欢那颗彩蛋，都想据为己有，于是就争抢了起来。简狄在争抢的时候，不小心把彩蛋吞了下去。没想到不久之后，她居然生下一个胖娃娃——契。

契长大之后，因为辅佐大禹治水有功，被舜帝封在了"商"这个地方，成为商部落的首领。后来，商部落发展壮大，契的后代商汤推翻了夏朝君王夏桀，建立了商朝。

后稷

帝喾的原配妻子叫姜嫄。有一天，姜嫄在郊外散步，看

041

到一个又宽又深的坑。她以为是猎人挖的陷阱呢,可走过去一瞧,坑里什么都没有。而且呀,这个大坑好像一个脚印,前边还有五个脚指头的样子呢!

姜嫄正在纳闷的时候,忽然觉得脚下有一股暖流顺着双腿进入了身体里,她感觉到肚子里有什么东西动了一下。

姜嫄吓了一跳,立即跑回了家。没想到,10个月之后,她居然生下了一个孩子。姜嫄觉得他是个妖怪,又惊又怕,不敢对别人说,准备悄悄把他抛弃掉。

姜嫄把这个孩子扔在深山里,从他身边经过的动物都自动避开,从不会伤害他;姜嫄把他扔到河里,忽然飞来一只大鸟把他救了起来,还用自己的翅膀给他取暖。姜嫄心里一惊:天哪,这不会是神的指示吧?我不应该把我的孩子抛弃掉!于是姜嫄就把他抱回家,并给他起名字叫"弃"。

弃长大之后,对农业非常感兴趣,不仅培育了很多农作物,还改良了农具,并且在尧帝和舜帝时期都担任管理农业的官稷正,是带领大家种植稷和小麦的人。因为他在农业上有着巨大的贡献,人们都称他为"农神""后稷"。

后稷后来被分封在了周这个地方,周部落也在他的带领下一步步变得强大起来。直到商朝末期,他的后代周武王推翻了商纣王,建立了周朝,所以他也被称为周王朝的始祖。

来自自然界的神们
——自然神话

上古时期,人们不懂科学知识,搞不懂日月星辰、打雷下雨等自然现象,于是就为它们创造了很多有意思的神话故事。

羲和浴日

传说,在遥远的东海之外,有一条叫甘水的大河。在甘水和东海之间有一个国家,名叫羲和国。羲和国里,有一个女子名叫羲和。她长得十分美丽,性格温柔,当地人都很喜欢她。

其实呀,羲和可不是普通人。人们把羲和尊为太阳女神。她的丈夫叫帝俊,是管理东方世界的天帝。帝俊和羲和生了十个儿子。这十个儿子可不简单,他们可都是太阳!想想看,家里有十颗大太阳,那也太热了吧!

不过羲和作为十个太阳的母亲,可不怕这些。不仅如此,她还每天亲自给太阳们洗澡呢!这又是怎么回事呢?

据说,羲和的工作就是安排十个太阳轮流值班。她每天驾驶着六条龙拉着的太阳车,拉着儿子巡视天空,为人间带去光明和温暖。十个太阳当然不能一起出来啦,他们呀每天轮换着上班。

清晨,羲和带着其中一个太阳从东海边飞上天空,从东向西巡视一天,傍晚就从西边的虞渊离开天空,结束这一天的工作。

上了一天班,太阳肯定也累了呀,羲和就带着太阳来到东海的汤谷里洗澡。汤谷旁边有一棵大树叫扶桑树。太阳们洗完澡,就在扶桑树上休息,聊聊天,讲讲笑话,说一说最近巡天时遇到的趣闻轶事。

羲和除了拉着太阳巡天之外,还帮助人间制定天文历法。有了历法,人们就能了解节气,知道气候的变化,也就能更好地种植庄稼。

雷公电母

传说,天上有两位神仙,分别叫雷公和电母。雷公主管打雷,电母负责闪电。每到下雨前,两位神仙就在天上放出惊雷和闪电。

据说,雷公长得像个大力士。他袒胸露腹,脸红红的,像个猴子。他的双脚像老鹰的爪子一样,十分锋利。最奇特的是,他后背居然长着一对巨大的翅膀。

雷公左手拿着楔子,右手拿着木槌,身上挂着好几个鼓。每次打雷的时候,他就用楔子和木槌使劲儿敲鼓。轰隆隆的声音一出来,就化成了惊雷!

电母是雷公的妻子,也叫"金光圣母""闪电娘娘"。电母比雷公长得好看多了,看起来温婉端庄,像个大家闺秀。

电母手里拿着两面镜子。每次打闪时,她就用镜子朝地面一照,镜子的光就变成了闪电。

据说,电母在没成为神仙之前是一个寡妇。丈夫死后,她无儿无女,唯一的亲人就是老姑。寡妇不肯改嫁,一直伺候着老姑。有一次老姑病了,很想吃肉,但是家里太穷了,哪有肉吃呀!寡妇看着老姑日渐消瘦,一狠心,从自己的大腿上割了一块肉给老姑吃。

没想到,老姑看到肉,怀疑侄媳妇偷偷买了肉藏起来不给她吃,大骂侄媳妇没良心。老姑越想越气,信誓旦旦地对

老天爷喊话,要把自己这个侄媳妇劈死!

老姑本来只是气话,没想到她话刚说完,真的从天上降下一道天雷,把侄媳妇劈死了!老姑一下就傻了。在给侄媳妇入殓的时候,她才发现了侄媳妇腿上的伤口。老姑幡然悔悟。

雷公也知道了这件事儿,后悔错杀了好人。他向玉帝请旨,把她封为神仙,辅助自己管理雷电。

雷公和电母除了打雷放闪、带来降水之外,他们的雷电还有惩恶扬善的作用呢!我们常说的五雷轰顶,就是从这儿来的。

那些和太阳较劲的上古英雄们
——英雄神话

我们都知道，地球上所有生命需要的能量都来源于太阳。太阳是万物的生命之源。然而，在上古时期，有两个人偏偏要和太阳较劲儿，这又是怎么回事？

夸父逐日

传说上古时期，北方有一个博父国，这个国家的人体型非常高大，力量惊人，活脱脱一群大力士呀！博父国有一个人叫夸父，他是一个勤劳勇敢的人，每天带着族人们打猎种地，生活过得无忧无虑。

有一年，天气特别炎热，河里的水都干涸了，庄稼也被晒死了，森林燃起了熊熊大火，动物们四处逃命。巨人族的人们因为缺少粮食和水，病的病，死的死。夸父非常痛心：天哪，我要怎么拯救我的族人们呀？

夸父注意到天上的太阳，它红彤彤的，就像一颗大火球。夸父指着太阳说："你这个可恶的家伙，原来是你搞的鬼。我要追上你，把你捉住，狠狠揍一顿！"

当太阳从东海边缓缓升起时，夸父拿着一条手杖就出发了。他不愧是长跑高手，从东海边一直追太阳。他追呀追，翻过一座座山，跨过一条条河，每跑一步，都把大地踩得轰隆隆响。

不知道跑了多久，夸父实在太渴啦！他来到黄河边，咕嘟咕嘟一口气把黄河的水喝光了！他又来到渭河，把渭河的水也喝光了。但夸父还是很渴，

他看了看四周,打算去远处的大湖喝水。可是大湖离他太远了,还没跑到湖边就渴死了。

他去世以后,手杖掉在地上,长成了一片桃树林。据说,这片桃林每年都会结出又大又甜的果子!

羿射九日

传说,古时候世界上总共有十个太阳,他们是帝俊和羲和的儿子。他们每天轮换着在天上值班,为人间带去光明和温暖。

有一天,不知道为什么,这十个太阳一起出现在了天上。这样一来,地上的人们就遭殃了!十个太阳就像十个大火球炙烤着大地。植物着火了,江河湖海蒸腾了,树木庄稼和房子都被烧成了灰烬,小动物们也死的死,伤的伤。

神箭手羿特别愤怒。他背上弓箭,翻越了大山,穿过沙漠,终于来到了东海边。他登上了最高的山峰,拉开了万斤弓弩,搭上千斤重的利箭,瞄准天上火辣辣的太阳。嗖!一箭射去,第一个太阳被射中了,掉进了东海里。后羿又拉开弓弩,搭上利箭。嗖!又是一箭,一箭双雕,两个太阳落入了东海。

剩下的七个太阳都吓坏了,在天上急得团团转,也没处躲。羿哪肯放过他们。他飞快地弯弓射箭,一支接一支地把箭射向太阳。很快,只剩下一个太阳了。羿还想把最后这个太阳也射下来。这时,太阳的母亲羲和赶过来求情,向羿保证,以后让这个太阳勤勤恳恳地工作,为大地和万物带去光和热,不再捣乱了。

羿一想:没有了太阳,大地就会陷入黑暗和冰冷,动植物都没办法生存了,那就留下最后一个太阳吧!

从此,这个太阳每天从东方的海边升起,晚上从西边的山上落下,温暖着人间,人们也能继续安居乐业了。

宗教里的神仙
——宗教神话

我国自古就是一个包容的民族，各种各样的文化形式、宗教信仰，都能和平共处。从古至今，我国出现了很多宗教，比如佛教、道教等。由各种宗教衍生出来的神话故事也是不计其数！

观音得道

传说，观世音菩萨在人间解决各种苦难，积累了深厚的福报。如来佛祖派迦叶尊者去请她到西天大雷音寺成佛。

这天，观世音菩萨在迦叶尊者的引导下，驾着祥云朝大雷音寺而去。经过一片森林的时候，下面忽然传来凄惨的呼救声。观世音停下来往下一看，只见林子里有一个农妇，正被一只猛虎追赶。那老虎长着巨大的獠牙，吼叫着想要吃掉她。

观世音菩萨想去帮忙，可迦叶尊者催促她不要耽误了成佛的良辰吉日！观世音没有办法，只好跟着迦叶尊者赶到了大雷音寺。

如来佛祖给观世音举行了成佛仪式，可观世音心里一直记挂着那个农妇，心不在焉，连佛祖的话都没听进去。佛祖看她不对劲儿，就问是怎么回事。他说："如果你内心不能平静下来，就没有办法成佛！"

观世音菩萨心想：我连一个被老虎追赶的人都救不了，成了佛又有什么用？于是，她婉拒了佛祖，离开了大雷音寺。

她驾着祥云快速回到那片森林，好在农妇已经爬到了树上，没有受到伤害。不过那只老

虎蹲在树下不断咆哮着，农妇眼看就坚持不住了。观世音施展法力感化了老虎，救了妇人。

就这样，观世音菩萨留在了人间，一直保佑着人们。

八仙过海

八仙是古代神话中八位神仙的合称，他们分别是汉钟离、铁拐李、张果老、韩湘子、吕洞宾、蓝采和、何仙姑和曹国舅。

相传，海外蓬莱仙岛的牡丹盛开了，特别漂亮。白云仙长邀请八仙一起去赏花喝酒。八仙当然愿意啦，毕竟游山玩水的日子谁不想啊！然而，想要去蓬莱仙岛就得渡过东海。吕洞宾提议说："坐船渡海多没意思呀！既然咱们都是仙人，不如各显神通渡过东海，怎么样？"其他七仙一听，觉得这个提议很有意思。

铁拐李是个急性子，把自己的酒葫芦摘下来，往海里一扔，葫芦瞬间变大了数倍，铁拐李就这样坐着葫芦走了。汉钟离也不甘落后，把自己的大蒲扇扔到海里，跳了上去，一边喝酒一边欣赏美景。张果老骑着自己的驴漂在海上，吕洞宾脚踩宝剑，韩湘子踩着自己的玉箫，何仙姑坐着花篮，蓝采和踩着拍板，曹国舅坐着玉板。就这样，他们有说有笑地在东海飘荡。

八仙各自施展法力，引得东海的海面波涛汹涌，惊动了东海龙王。龙王一看，心想：哪来的家伙，居然敢在我的地盘上兴风作浪，看我不教训一下你们！龙王让虾兵蟹将躲在海面下，趁着蓝采和不注意，将他抓进了龙宫。

这可把其他七个仙人气坏了，区区小鱼小虾居然敢抓我兄弟！他们怒气冲冲地和东海龙王打了起来，最后顺利救出了蓝采和。

东海龙王吃了瘪，心里更不服气了。他找来了南海、西海和北海三大龙王，向八仙发起了总攻。幸好曹国舅的玉板有避水的法力。只见他在前方开路，玉板所过之处，两边的海水纷纷避让开，形成了一条通天大路，最终八仙顺利渡过了东海！

民间神话多虐心
——民间神话

民间流传着很多精彩的神话故事,其中有很多还被改编成了戏曲、影视剧。在这些民间神话中,最著名的莫过于《天仙配》和《白蛇传》了。

《天仙配》

黄梅戏《天仙配》讲述了穷小子董永和天上的仙女相爱的故事。董永家里很穷,父亲去世了,他都没钱给父亲举办葬礼。董永迫不得已,和同乡的财主签了三年卖身契,这才借到钱安葬了父亲。

董永成为财主的仆人,干着最脏最累的活儿,但依然没有忘记好好读书。

玉皇大帝的小女儿七仙女

知道了,非常同情董永,又被他勤劳朴实的性格所打动,喜欢上了这个小伙子!

有一天,七仙女趁玉帝不注意,偷偷来到凡间,在一棵大槐树下和董永相遇。没过多久,两个人以老槐树做媒,结成了夫妻。七仙女擅长织布,她织出来的布匹颜色艳丽、花纹优美。这些布做成了好看的衣服和精美的床单、被面,很

受欢迎,大家争相购买。仅仅过了三个月,七仙女织布赚的钱就还清了董永欠财主的债,成功为董永赎身。

可没过几天,七仙女下凡的事情被玉帝知道了。他派天兵天将把七仙女抓回了天庭。董永这才知道自己的妻子居然是天上的仙女。他整天以泪洗面。

一年后,七仙女突然出现在大槐树下。原来,她为董永

049

生了一个孩子。她把孩子交给董永，没说几句话就又回天庭去了。从此，董永独自一人把孩子养大，再也没见过妻子一面。

《白蛇传》

传说宋朝时，镇江有一个年轻的医生叫许仙。有一天，他到山上采药，看到一条受伤的白蛇，就好心给它治疗伤病。当时许仙不知道，这其实是一条千年蛇妖。白蛇病好之后，为了报答许仙的救命之恩，特意变成人，并化名白素贞来找许仙。他们在西湖的断桥上相遇，两个人一见钟情，很快结了婚。

金山寺有位法力高强的和尚名叫法海。他经过许仙的药店时，一眼就看出白素贞是蛇妖。法海悄悄打听，才知道原来那个白素贞是许仙的妻子！他假装看病，偷偷和许仙说了这事儿，但许仙才不信他这一套。法海就跟他说："你不信没关系。端午节的时候，你在她的酒里加入雄黄，她自然会现出原形。"

到了端午节，许仙总想着老和尚法海的话，最终还是按捺不住内心的疑惑，在白素贞的酒中加了雄黄。白素贞没有防备，喝下了雄黄酒，晕晕乎乎地变成了一条大蟒蛇。许仙一看，当时就吓死了。

白素贞悔恨不已，连忙去仙山求来了灵芝药草，救回了许仙。然而许仙回想起端午节那天的场景，浑身发抖，跑到金山寺躲了起来。白素贞一连好几天不见丈夫回来，以为法海把许仙囚禁了，就作法引来滔天的洪水，水漫金山寺。洪水不仅没能打败法海，还让周围的百姓遭了殃。白素贞触犯了天条，被镇压在了雷峰塔下边。

当时的白素贞已经有了许仙的孩子，取名叫许仕林。法海见他非常可爱，但又担心他也会变成妖怪，就把他寄养在寺院里，每日用佛法感化他。许仕林渐渐长大，后来参加科举，考中了状元，也得知了自己的身世。他把母亲从雷峰塔下救了出来。许仙也知道妻子虽然是蛇妖，但心地善良，一家人这才团聚。

不可一世的小霸王
——文学神话

自古以来，文学作品中有很多我们耳熟能详的神话故事。其中《大闹天宫》和《哪吒闹海》，应该是最惊心动魄的了！

《大闹天宫》

说起大闹天宫，你肯定会想起那个最爱闯祸的孙猴子。这猴子是从石头缝里蹦出来的，从小就天不怕地不怕。后来从菩提老祖那儿学了一身本领，更是没人管得了他了！

玉皇大帝担心这个家伙闯祸，想把他收服了。太白金星却说这猴子法力高强，不如把他招到天庭，给他个小官儿当，还可以趁机管教管教他。孙猴子一听要去天庭当官，顿时觉得自己更威风了！可他哪里知道，这个官儿啊——就是个养马的！孙猴子哪受得了这种委屈，直接撂挑子不干了！

太白金星又去请他，这次让他管理蟠桃园。猴子遇见桃子，那还能有好事儿吗？没几天，他就把整个蟠桃园熟透的大桃子全都吃光了。后来，他从仙女那儿听说，王母娘娘要举办蟠桃大会，请了好多有名的大仙。孙猴子心想：为什么不请我呢？我不也是大仙吗？他气得抓耳挠腮，最后跑到蟠桃大会现场，把好酒好菜尝了个遍，吃不了的就推翻了，搞得乱七八糟，然后醉醺醺地回自己的花果山去了。

玉帝听说孙猴子在蟠桃会上闯了祸，心想：这猴子目无

《哪吒闹海》

传说，哪吒是托塔天王李靖的小儿子。当时李靖在陈塘关当总兵。他的妻子怀胎三年才生出了哪吒。哪吒从小就是个混世魔王，发起飙来，就连李靖都怕他。天上的太乙真人发现这孩子古灵精怪，就收他当了徒弟，传给他很多本领。这下哪吒更了不得了！

有一次，东海龙王的三太子带着一群夜叉巡海。他看到海岸边捕鱼的百姓，心想：这些人类总是捕食我东海的鱼虾，不行，要下令把他们赶走。

正巧哪吒也在海边玩儿，他看见无辜的百姓被夜叉欺负，挺身而出，打得夜叉哭爹喊娘。龙王三太子变成一条龙和哪吒打了起来，结果被哪吒打翻在地，还被扒了龙鳞，抽了龙筋。

东海龙王知道儿子被打死了，勃然大怒。他把东海的水全都灌进了陈塘关。街道被淹没，百姓们流离失所，惨不忍睹。哪吒不愿意连累父母和百姓，于是选择自刎而死。东海龙王这才收回了洪水。

太乙真人听说徒弟被东海龙王害死了，痛心不已，就用莲花和莲藕为哪吒做了身体。哪吒居然奇迹般地复活了！随后，哪吒回到陈塘关，受到百姓的热烈追捧。大家都叫他小英雄！

王法，让我的脸往哪儿搁？于是，玉帝派遣天兵天将去抓孙悟空。结果孙猴子联合花果山的猴子和妖怪，把天兵打得屁滚尿流。这还不解气，他一直打到了天上。玉帝接连派出巨灵神、四大天王、二十八星宿、托塔李天王和二郎神，都没能把孙猴子抓住。最后还是太上老君抓住了孙猴子，把他丢进了炼丹炉。

孙猴子在炼丹炉里不仅没被炼成仙丹，反而炼出了火眼金睛。他踹翻了炼丹炉，把整个天庭搅得天翻地覆，就连玉帝都吓得躲到了桌子底下不敢出来呢！

后来玉帝实在没办法，只能请来西方如来佛祖，这才降服了孙猴子。

第二章 图腾

　　图腾源于印第安语"totem",原本的意思是"标记"。这个词是近代著名的思想家、翻译家、教育家严复先生创造的,是指一个地区或民族的代表符号。那么,最早的图腾又是怎么产生的呢?

　　远古时期,原始人只有三大爱好:打猎、睡觉和发呆。那时,吃饭是头等大事,所以每一个原始人都有一个朴素的梦想,那就是吃饭吃到撑。不过当时的人们战斗力太弱了,没有锋利的爪子,没有超快的速度,这可愁死人了。

　　善于观察的原始人发现,虎、狼等动物体格健壮而且非常凶猛。原始人琢磨着,如果自己能像它们一样厉害该多好哇!于是原始人把他们心中的神兽形象画下来,画在自己身上或者画在部落的旗子上,希望能获得它们的力量。图腾就这样诞生了。

　　后来,图腾慢慢发展出更多的图案和寓意。如今,任何民族的图腾都不再是简单的符号,而是本民族人们的精神纽带和血脉基因。

　　接下来,让我们走进图腾的世界,去看看我国不同种类的图腾文化,以及它们的由来和意义,让我们更深入地理解图腾的文化象征。

流行色大不同
——不同朝代的崇尚色

俗话说："穿衣戴帽，各有所好。"有人喜欢红色，有人喜欢绿色，有人喜欢梦幻的樱花粉，有人喜欢深邃的宝石蓝……那么，在遥远的古代，不同朝代的人们都喜欢什么颜色呢？

商白周红

商代的人们崇尚白色，认为白色是最神圣、最高贵的颜色。所以帝王的礼服都以白色为主。

到了周代，有人根据五行金、木、水、火、土的理论，推演出大周属火，应该崇尚火德。火是红色，因此周天子的衣服以红色为主。那时，人们心目中，青、赤、黄、白、黑都是正色，都很尊贵。所以这些颜色也是御用色彩。

■《礼记》中曾有过"天子着青衣"的记载。

春秋"五颜六色"

春秋时期，世道比较乱，群雄四起，诸侯争霸，他们的旗帜、袍服也是五颜六色，争奇斗艳。

魏国崇尚红色，韩国喜欢绿色，燕国以蓝色为国色，赵王的旗帜七分红、三分蓝，齐王是妥妥的紫色控……

■春秋时期，齐国大当家齐桓公特别喜欢紫色，经常以一身神秘紫亮相。齐国百姓争相效仿，导致紫布价格一路飙升，用五匹普通布的钱也买不到一匹紫布。齐桓公一看，这样下去可不行，会搞乱市场经济，影响国计民生。于是他听从了大臣管仲的意见，不穿紫衣了，还说自己不喜欢紫布的气味，让大臣们也不要穿。这才止住了汹涌而来的紫衣风。

秦尚黑

秦始皇统一天下后，也根据五行、五色的理论，弄出了自己是"水德"的说法。水对应的是黑色。而且，据说他们家老祖宗秦文公曾经捕获过一条黑龙。黑龙是黑色，龙本身又生在水里，黑得多么彻底！所以他坚定地选择黑色作为大秦的代表色。

汉代变化多

草根刘邦夺取天下建立汉朝后，直接无视秦朝的存在，说自己才是周王朝的正牌接班人。周是火德，灭火的这汪水是他的大汉朝。所以他依然把黑色定为国色。

汉文帝继位后，觉得他老爹说的不科学，规规矩矩站队到秦朝后面。水来土掩，土克水，他认为汉朝应该是土德，于是穿上了代表土德的黄色龙袍。不过一年后，又改了主意，脱掉黄袍，换上了红袍。

■《史记》记载："（秦朝）衣服旄旌节旗皆尚黑。"就是说，皇帝的龙袍、将士的衣服、军队里的旌旗，都是黑色。好嘛，呼啦啦一片漆黑。

■因为早年间有个传说，说刘邦不是凡人，是火帝之子。把这个传说发扬光大，红红火火岂不更好！

唐定明黄，宋崇红

唐朝时明文规定，明黄色为皇家专用色，其他人一律不准穿。谁要是穿了就是要造反，是掉脑袋的大罪。

■安史之乱时，唐玄宗李隆基出逃，太子李亨即位。叛乱平定后，李隆基返回长安，李亨马上脱下黄袍表示退位。直到李隆基退居太上皇之后，李亨才又穿上了黄袍，把他爹大大地感动了一把。

宋仁宗也规定了：普通人的衣着不许以黄色为底或用黄色来配制花样。不过，宋代龙袍大多是红色，因为五行又转过来了，宋朝是火德。

■宋朝开国皇帝赵匡胤兵变篡权的时候，玩了一出"黄袍加身"的好戏——提前安排好，让人把一件黄衣服披在自己身上，假装自己不知情，并表示事已至此，只好无奈接受。

明代朱红，清为黄

明、清两代，黄色依然是皇权的象征。另外朱红色也一跃成为大明皇室的专用色。原因有些奇葩，据说是因为明朝皇帝姓朱，朱就是朱红色。

清朝的臣子们立下大功，皇帝一开心，会破例赐件黄马褂。这是无比荣耀的事情。一般情况下，赐给你你也不能穿，得虔诚地供奉起来，把它当作一枚荣誉勋章。

皇帝的龙袍上都有什么？
——细说十二章纹

皇帝的龙袍上都有什么？你是不是一下子就想到了神秘、霸气的龙形图案？觉得龙图腾是龙袍上理所当然的主角？

其实龙袍上资格最老、最权威的标志，是一套叫十二章纹的图案。我们现在熟知的龙纹，只是其中之一。

据说十二章纹里那些图形，黄帝时代就有了。不过是舜把它们整合到一起的。有一回，舜和大禹聊天，探讨怎么治理天下。舜觉得把古人崇尚的图腾都弄到自己的衣服上，可以提醒自己牢记使命，不忘初心。禹觉得可行。舜一拍大腿："好，那你们就帮我去办吧。"就这样，十二章纹组团成功，集体亮相。后来作为帝王专用标签传承了下来。

日｜月｜星辰

日代表光明，月代表宁静，满天星斗有普济天下的寓意，象征着皇帝的光辉照耀万物。隋炀帝上位后，把日、月的图案安排在龙袍的两肩，星辰列在后背。虽然他当皇帝不怎么样，但这个创意真不错，"肩挑日月，背负星辰"一下子提升了龙袍的气势和格调。后世皇帝们纷纷效仿，这三个章纹的位置就被固定了下来。

龙

龙是人们想象出来的神圣动物，是中华民族的图腾。帝王们为了凸显自己的与众不同，都以真龙天子自居。十二章纹里当然少不了龙的身影。

其实早期的龙纹图案很低调，混在队友们中间并不显眼。后来皇帝们觉得不够气派，就给龙纹放大了尺寸，添加了数量，让它成为十二章纹里妥妥的龙头老大。通常，皇帝的龙袍上都有九条龙——前面五条，背后三条，衣襟藏一条，寓意"九五之尊"。

明朝有两位皇帝比较特别：万历帝的缂丝衮服上盘着12条龙；他爷爷嘉靖帝有一套"燕弁服"更热闹，上面居然装饰了大大小小81条龙。

山｜华虫

山高大、坚固，也是国土稳固的象征。山纹寓意帝王能治理四方水土，威震四方，受万世敬仰。

华虫就是锦鸡。锦鸡长着五彩斑斓的羽毛，很美丽。用它来代表帝王要有华美的文采。

宗彝｜藻｜火

宗彝是宗庙里祭祀用的礼器——分别画着虎和蜼（wèi）（一种长尾猴）的两种杯子。老虎是忠诚勇敢的象征，传说蜼这种动物非常孝顺。它们的含义就是忠和孝。

藻就是水草。水草长在水里，时时刻刻被洗涤，很干净，所以寓意为官清廉。

火，代表光明、明亮、积极向上。

忠孝、清廉、上进，是古人崇尚的道德标准。

> 《明史》中有一个关于"火"的故事。传言说朱元璋母亲生他的时候，梦见仙人给了一颗仙丹，吃下后，屋子里顿时通红，看上去像着了火一样，周围的邻居都跑来救火……这个故事的言外之意，就是让老百姓相信，朱元璋是老天爷派下来的真命天子。

粉｜黼｜黻
fǔ　　fú

粉是白米。民以食为天，米滋养民众，意思是皇帝要安邦治国，重视农业生产。

黼，就是锋利的大斧头，象征王权和雷厉风行、果敢决断的王者风范。

黻，是十二章纹当中唯一的抽象图案，像两个背对的"弓"字。这个图案一般在帝王的衣领上，称之为"黻领"，用来提醒帝王、警示大臣们要明辨是非，背恶向善，知错能改。

> 据说宋太祖赵匡胤特别喜欢斧头，当上皇帝了还是斧不离手。一次，一位大臣惹毛了他，他一斧柄招呼在这位大臣嘴上，当时就敲掉了人家两颗门牙。

除了以上这些，龙袍上还会装饰一些别的图案，如蝙蝠纹、牡丹纹、八宝纹、五彩云纹等等，总之都寓意着吉祥、美好。

> 朱元璋诞生的传说还有一个版本，仙人给朱妈妈的仙丹，是从米糠里淘出来的。这似乎也证明了朱元璋天生就是穿粉米刺绣龙袍，让天下百姓都能吃饱饭的一国之君。

站在屋檐上跳舞
——屋脊兽

中国传统建筑一直以大气、富丽、古雅的独特艺术风格而享誉全球,创造出了许多独一无二的建筑样式。其中,一群待在屋脊上的小精灵,为庄严华美的传统建筑增添了一丝可爱有趣的画风。

■屋脊是整个屋顶的薄弱之处,如果不能严密封堵,雨水便容易渗入屋顶内部造成腐蚀。起初,人们只是简单地把瓦片堆叠在一起,起到保护作用。但我们的老祖宗一直是一群对美有着极致追求的人,所以后来,屋脊瓦片上开始出现各式各样的装饰。

最初诞生的屋脊兽,是一种装饰在宫殿正脊两端类似鸟的形象,叫"鸱(chī)尾"。早在汉代就有相似的屋脊兽出现,但直到两晋才正式确认它的存在。后来随着时代变迁,鸱尾渐渐变成了张口吞脊类似鱼的鸱吻,变为龙的儿子。而屋脊兽也蔓延到了普通房屋的屋脊上,成为最受欢迎的屋脊装饰。

屋脊兽的诞生

说起屋脊兽,首先要了解中国传统建筑的基本样式。中国传统建筑的屋顶结构,通常都是由一条正脊加四条垂脊交汇组合而成。屋顶内部基本是用圆木架梁。为了防止木料腐坏,外部用坚硬的瓦片覆盖屋顶。瓦片层层叠放后,四面斜坡交汇处就形成了屋脊。

■北方方言中有一个词汇叫"五脊六兽"。这本来是指屋顶上的五条脊和蹲在屋脊上的六只兽。不过能有这样屋顶的人家非富即贵，普通人根本不要幻想。后来，不知是哪个贫穷又不甘的人看着别人家的屋顶羡慕嫉妒恨，于是这个词就演变成用来形容百无聊赖、忐忑难受的意思了。

屋脊兽大家族

当我们仔细观赏老祖宗留下来的建筑，一定会叹服其技艺的精巧绝伦。不说其他，光是垂脊上的屋脊兽，就包括套兽、垂兽、戗（qiāng）兽和蹲兽等各种搭配。它们分布于屋脊不同的地方，原本只是起到固定保护的作用。什么家禽、白象、仙人……各种有趣的形象出现在百姓家的屋顶上，不求别的，就图个别出心裁。后来，屋脊兽的形象使用才有了限制，也算是宅主人身份地位的一种象征。

不过，要说正统屋脊兽，还是明清时期规定的皇家专属搭配。

■为此，还有一句顺口溜："一龙二凤三狮子，海马天马六狎（xiá）鱼，狻猊（suān ní）獬豸（xiè zhì）九斗牛，最后行什像个猴。"

首先，在所有屋脊兽之前，有一位骑凤仙人，作为所有屋脊兽的领头人，能够逢凶化吉。其次是象征天子的龙，然后是寓意圣德之人的凤凰，而狮子作为权力顶端的标志排在第三。海马象征智慧与威德传扬四海，天马代表着尊贵吉祥，能喷水柱的海兽狎鱼负责防火灭火。狻猊代表辟邪保平安，獬豸也就是独角兽寓意公正无私，斗牛则负责镇水患、护宅院。最后一个行什猴面人形，背有双翼，手拿金刚杵，负责防御雷电。

■据说骑凤仙人是指战国时期的齐闵（mǐn）王。相传齐闵王兵败被追到大江边无路可走，忽然一只凤凰飞来，带着他飞过江面，摆脱了追兵。于是，人们便将齐闵王骑凤的形象当作逢凶化吉、遇难呈祥的镇宅吉物，放到了屋脊兽的最前面去了。

除此之外，西南地区流行似虎的瓦猫，晋中地区常用青狮白象，而岭南地区还有《三国演义》《八仙过海》中的形象。而无论哪种屋脊兽，他们唯一的使命就是守护这条脊、这座房子、这个家。

故宫的屋脊兽

如今，随着传统建筑的逐渐消失，保存完好的屋脊兽已经所剩不多了。其中，还是要数故宫博物院的屋脊兽保存得最完整。故宫中的屋脊兽排列与个数都有着严格的规定，一般会按照建筑等级由高到低逐次减少屋脊兽数量，且都是单数。

■太和殿作为故宫最高等级的建筑，是唯一拥有十只屋脊兽的宫殿，象征着至高无上的皇权。乾清宫作为皇帝理政和居住的地方，地位仅次于太和殿，屋脊兽只是少了"行什"。坤宁宫在明代是皇后寝宫，在清代作为祭神和举行婚礼之地，因此拥有七只屋脊兽。东西六宫后妃居住的宫殿，就只有五只屋脊兽了。一些小的配殿甚至只有三只，而宫墙门廊上通常只配一条龙。这么看来，龙才是屋脊兽中的大咖，哪里都缺不了它。

中国传统建筑吸引了许多外国人来欣赏，一位名叫爱德华·福克斯的德国人不仅收藏了许多中国的屋脊兽，甚至还写了一篇文章《中国屋脊兽》进行介绍。然而，由于文化差异，这位外国友人分不清神话传说中的动物，于是我们的麒麟变成了龙犬，鸱吻变成了海豚，令人啼笑皆非。

吉祥物圈顶级大佬大揭秘
——祥瑞四灵

说到吉祥物，近年来最火的非冰墩墩和雪容融莫属。在当下人眼里，能搞笑、会卖萌就是一名合格的吉祥物了。但在吉祥物圈子中，这只是萌新级存在，距离大佬级还差了9 999个技能点。能带来吉祥的才是好吉祥物，而站在吉祥物鄙视链顶端的，是从远古时代就被奉为祥瑞代表的四位大佬——龙、凤、麒麟、龟。

龙

龙是百鳞之长。它的角似鹿、头似马、耳似牛、眼似兔、腹似蛇、鳞和须似鱼、足似凤。不仅能够腾云驾雾，还可以喷吐水火。

原始社会里，大家都生活在各自的部落中，有时候还打架。后来人们发现打架不仅一点好处也没有，而且还可能被野兽吃掉，于是不同的部落不再吵来吵去，而是联合起来。因为龙的形象结合了各种动物的特点，被认为是团结的象征，所以就成了各部落的图腾，后来成了中华民族的精神象征。

> 大家都听说过"鲤鱼跳龙门"，但龙门是怎么来的呢？相传，大禹治水的时候，被像宫殿大门一样的山陵挡住了去路，于是他凿开了山，走进一个巨大的岩洞。只见伏羲微笑着说："听说你治水到了龙门，我特地把你引了进来。当年，我也深受洪水带来的苦难，所以，很想帮助你成功！"说完，伏羲把八卦图和一把能计算时间和度量天地的玉尺送给他。禹开凿龙门后，各处的鱼虾龟鳖聚集到这儿，奔腾的大山峡间发出雷鸣般的轰响，激起一阵又一阵的巨浪，把一条鲤鱼送上高空。幸运的鲤鱼跃登龙门山顶时，遭天火烧尾，但它忍着剧痛继续飞跃，跃过龙门，然后化为神龙，飞向天宫！

凤凰

凤凰是百禽之长，与龙是万年好搭档，一直是美丽、吉祥、幸福、太平等各种美好意义的集合体。传说中，凤为雄，凰为雌，它们长着五彩斑斓的羽毛，鸡头、蛇颈、燕颔、龟背、鱼尾。据《永乐大典》记载，凡像凤者有五色，多赤者凤，多青者鸾，多黄者鹓鶵，多紫者鸑鷟，多白者鸿鹄。

凤凰也是华夏先民创造的图腾，承担着人们美好的向往与心愿。传说凤凰在飞行的途中，只有遇到高大的梧桐树才会落下来歇一歇，碰到甘甜清澈的泉水才会喝一点。所以人们就认为凤凰的身上有着高洁的品质。如果一个朝代能出现凤凰，说明这个朝代也将是一个盛世。这种说法当然是异想天开啦，但古时候的老百姓可是深信不疑呀。

传说当年黄帝打败了蚩尤，天下一统，正在庆祝的时候，天上飞来一只五彩翎毛的大鸟，紧接着无数奇珍异鸟都飞来围着大鸟翩翩起舞。这就是"百鸟朝凤"的故事。

麒麟

作为百兽之长，麒麟显然也是长相奇特的缝合怪，有着麋鹿的身体，牛的尾巴，头顶长着角。麒为雄，麟为雌，身高有两米，会喷火，声如雷，能活两千年之久，因此麒麟常常是长寿、和平的象征。据史书记载，麒麟为牛所生，虽不知真假，但麒麟五行属土，倒也继承了牛的特性。

> 据说，大名鼎鼎的孔子就曾经见过麒麟。鲁哀公十四年（前481年），人们在野外打猎，抓到了一只野兽，但是没人认识，于是大家请孔子过来辨认。孔子一下就认出了是瑞兽麒麟。但他并不高兴，因为麒麟本该在盛世祥和时到来。最后，麒麟很快就病死了。看来，就算是神兽出门也要看看黄历。

龟

龟为百介之长。但此龟非彼龟，是传说中的灵龟。灵龟大概是最接地气的吉祥物大佬了，因为它长得和现实的龟几乎没有差别，也是它让吉祥物大佬组摆脱了"缝合怪组合"的外号。灵龟生长在海边，却喜欢在山上休息。虽然不知道灵龟走路速度如何，但幸好它有的是时间往返于山水之间，因为灵龟极其长寿。古代人认为灵龟可以知吉凶，所以它就此成为祥瑞的象征，成功跻身祥瑞四灵。

> 据《搜神记》记载，当年秦惠王派张仪修建成都时，城墙屡次倒塌。张仪正苦恼时，城东南突然出现一只死去的大龟。张仪询问巫师，巫师告知他城墙可以按照龟的形状建造，最后终于成功。因此，四川成都也被称为"龟化城"。

龙二代的别样人生
——龙之九子

作为"龙的传人",对于龙的崇拜已经刻入了华夏子民的基因里。有句俗语:"龙生九子,各有不同。"因为龙是虚构的生物,身为一名缝合怪鼻祖,它的后代自然也是千奇百怪,甚至和龙的相貌差得很远。

🐉 龙之九子和大禹之间还有着别样的传说。在大禹治水的时候,有位叫应龙的伙伴。它法力高强但脾气暴躁,因为一点小误会就离开了大禹。后来大禹逝世,被镇压的妖魔鬼怪再次兴风作浪,于是应龙又跑回来帮助恢复和平。为了天下安定,应龙以牺牲的英雄、妖魔和武器的形象铸成了九座大鼎,鼎上出现了龙之九子,它们继承了大禹和应龙的意志,守护着世界和平。

囚牛

作为龙二代中的老大,囚牛可以说丝毫没有大哥的架子。它生来性情十分温和,不喜欢打架,而喜欢音乐。如果想要找囚牛,一定要去琴房看看,指不定它就在弹拨琴弦呢。

睚眦 (yá zì)

和性情温和的大哥不同,龙家老二可是出了名的凶恶。睚眦性格刚烈,好勇擅斗,嗜血嗜杀。别说是外人,就是自家兄弟都要忌惮它几分。还好龙爸给睚眦找了个好差事——让它待在刀环、剑柄的吞口上,睚眦才终于不再是让人头疼的危险分子了。

🐉 传说睚眦非常小心眼,只要有人得罪它,它就一定会报复。成语"睚眦必报"就是这个意思。

嘲风

和前两位哥哥不同,龙家老三是个让人摸不着头脑的奇葩。因为它整日都不着家,就喜欢蹲在屋檐上远眺。大家以为它每天在研究世间风景,可实际上嘲风只是在无聊地发呆。至于为什么发呆,那就不得而知了。

蒲牢

龙家老四蒲牢算是兄弟们中长得比较接近龙爸的了。只不过比起龙爸,蒲牢的体型可是娇小多了。而且它不光个子小,胆子也小。蒲牢原本是住在海边的,可是它特别害怕海里的大鱼,每次都被吓得哇哇大叫,让人惊讶它的小身板怎么能发出这么大的声音。后来,龙爸只好让它住在了大钟的钟钮上,只要一敲钟蒲牢就会叫。

狻猊

虽然没有龙的威风赫赫,但"小狮子"狻猊在龙二代中可算是相当受人喜爱。因为它性格喜静不喜动,是名副其实的"家里蹲",于是当了坐骑。又因为狻猊喜欢烟火,所以人们常常让它去陪香炉。

> 古时流行用带狻猊的香炉镇压在"地衣"的四角。地衣是唐代流行的一种地毯。达官贵人们欣赏歌舞的时候,一定要先在地上铺一张"地衣",然后由舞伎在上面表演舞蹈。

赑屃
（bì xì）

龙家老六赑屃曾经还有另一个名字,叫"霸下"。虽然听起来威风,但实际上赑屃的妈妈是乌龟,所以它也长得很像龟类,只不过比龟多了一口锋利的牙齿。赑屃也遗传到了龟类堪于负重的特点,于是人们就时常在一些石碑下刻出赑屃的形象,使它成为一个碑座,并象征着长寿和吉祥。

> 据说，赑屃以前经常在江河湖海里兴风作浪。后来，被大禹制服。事后，大禹将沉重的功德碑送给赑屃背负，从此它就只能像龟一样慢慢行走了。久而久之，大家都忘了它曾经爱捣乱的过去，只记得默默驮碑的任劳任怨了。

狴犴

龙家小七狴犴虽然排行靠后，但是一点没有弟弟的感觉。它身形似老虎，威风凛凛，生来急公好义，而且明辨是非，还相当成熟稳重。因为狴犴的这种性格，龙爸便让它进入公检法工作。所以，狴犴不是待在公堂上，就是待在监狱大门上，时刻提醒人们要正直善良。

负屃

和其他奇奇怪怪的兄弟不同，龙家小八负屃也是长得接近龙爸的一个。负屃生来斯斯文文，最爱看书写文，有着龙二代中难得的书生气。安静的负屃和大哥囚牛最玩得来，只不过一个擅乐，一个好文。为了一展它的文采，龙爸贴心地安排它去做了写碑文的工作。所以在各式各样的石碑上，总能见到盘绕在碑顶上的负屃。

螭吻

作为龙家最小的孩子，螭吻是最接近水生动物的一个，因为它长着鱼身龙尾。螭吻长得小小的很可爱，从小就是个吃货。谁叫它天生一张大嘴，见到什么都想吞进嘴里尝尝呢！为了防止它吃坏肚子，龙爸只好安排它在屋脊上老实待着，和三哥嘲风做起了同行，从此被当成了避火神兽。虽然有点可惜，但小螭吻最终决定放弃当吃货，安安心心做它的神兽了。

> 其实在明代以前，龙之九子没有明确记载。据说，明孝宗心血来潮要弄清龙之九子的名字，于是去问内阁大学士李东阳。李东阳也不清楚，只好拿着一本杂书敷衍皇帝，而龙之九子就这么稀里糊涂地定下来了。

担当星宿代表的那些年
——四方之神

虽然古代没有发达的科技，无法认知宇宙，但对于星空的渴望，早在远古时期就已经深植人们心中。古人凭借他们的智慧，在有限的条件下观测星空，于是发现了二十八星宿。光发现还不算完，古人再次打开他们浪漫的脑洞，为二十八星宿安排了四位守护神，于是四方之神就此诞生。

青龙

青龙作为东方之神，一直守护着角、亢、氐、房、心、尾、箕这东方七宿。据说，青龙身似长蛇，麒麟首，鲤鱼尾，面有长须，犄角似鹿，长有五爪，相貌威武肃穆。在阴阳五行中，东方主木，代表色为青，因此称之为"青龙"。青龙的信仰者主要分布在我国东部，包括以龙为图腾的东夷民族，先秦的郑、宋、燕等。

白虎

白虎是西方之神，负责奎、娄、胃、昴、毕、觜、参等西方七宿。因为西方在五行学说中属金，代表色是白，因此被

称为"白虎"。白虎一向以凶猛威严著称，因此被奉为战神、武神，成了古代军队的宠儿。白虎的信仰者主要分布在中国西部。以虎为图腾的西羌民族，东迁的黄帝族继姓、炎帝族姜姓，和南迁的西南夷都是其信仰者。

■ 在民间传说中，唐朝名将薛仁贵是白虎星转世，专门来到大唐，为百姓建功立业的。传说薛仁贵八九岁时还不会说话，别人都以为他是个哑巴。有一天，他在睡梦中看见了一只吊睛白额猛虎，吓得大叫一声，从此就会说话了。

朱雀

朱雀身为南方之神，是南方七宿井、鬼、柳、星、张、

翼、轸的守护神。提到南方，我们就会想到火热、夏天、太阳。而在阴阳五行中，南方属火，因此朱雀被人们想象成一只火鸟，浑身都是赤红色火羽，美丽又危险。

■ 在古代，人们相信朱雀是引导灵魂升天的神鸟——在朱雀的帮助下，人们可以升天成仙。汉朝有个人叫贾谊，他在《惜誓》里写道："飞朱鸟使先驱兮，驾太一之象舆。"意思是，让朱雀飞在前面做向导，自己坐着象车。看来，贾谊也是个充满想象力的人呀！

玄武

玄武被称为北方之神，守护着斗、牛、女、虚、危、室、壁北方七宿。玄武大概是四方之神中长得最奇特的一位，因为它是由龟和蛇共同组成的，又叫"龟蛇"。玄武所在的北方在五行中属水，代表冬天和阴暗，所以玄武基本是黑色的。玄武的信仰者集中在中国北部，是夏王朝子民。

■ 斗宿为北方玄武之首，由六颗星组成，状亦如斗，一般称其为南斗。它与北斗七星一起掌管着人类的生死大权。据说有个道士发现一个孩子活不过十九岁，就悄悄指引他给村口下棋的两个老人送酒肉。两个老人下完棋发现了这孩子。青脸老头呵斥小孩走开；而红脸老头大度地掏出账簿，将"十九"改成了"九十"。原来红脸老头就是掌管生的南斗六星，而青脸老头就是掌管死的北斗七星。

斩妖除魔是副业
——辟邪灵兽

中华民族的神话传说丰富多彩，从古至今诞生了无数传奇的神仙妖魔鬼怪形象。它们或正义或邪恶，有血有肉，至情至性，让人们为之神往。而在这些虚幻缥缈的形象中，有一类存在却受到了人们的喜爱并深深融入了人们的生活。它们就是"辟邪灵兽"。

一来到中国就受到了关注。狮子高大威猛的形象以及震慑人心的吼声，让人们不仅将它描绘成龙的儿子，还将它看成是能吓退邪祟的灵兽。之后的某一天，狮子的存在突然启发了心灵手巧的石雕家们，从此石狮子就成了墓地的守卫辟邪灵兽。

中国迄今为止发现的最早的石狮子是在东汉高颐墓前。唐宋时期，石狮子成了街上牌坊门的镇守石，又美观，寓意又吉祥。后来，石狮子渐渐演变成了家家户户门前的镇宅辟邪灵兽。不仅在皇家，就算在市井也随处可见。可以说，狮子靠着颜值在异国他乡走上了兽生巅峰。

石狮子

在中国，狮子最早不叫"狮子"而是"狻猊"，就是龙之九子其一的狻猊。中国本土原来没有狮子，大概在与西域通商后，人们才见识了狮子这种动物。

那时候，狮子是稀有物种，

🍃 北京卢沟桥桥上有许多雕刻得栩栩如生的石狮子。传说，曾经有个县令上任后，听说卢沟桥的石狮子多，就想数个明白，结果他派去的人每个数出来的个数都不一样。不信邪的县令便亲自去数，发现果然每次都对不上数。最终，累瘫的县令只能信了那句歇后语"卢沟桥的狮子——数不清"。

貔貅 (pí xiū)

貔貅是传说中的生物。据说它长得像虎豹，肩上却多了一对无法展开的翅膀，脑袋上还长着角，算是十分凶猛的瑞兽了。但你别看貔貅长相凶猛，却很受人们的欢迎和喜爱。因为和守宅的石狮子不同，貔貅守的是财。据说，貔貅曾协助炎、黄二帝作战有功，后来便专门辅佐帝王守护财宝。

🍃 传说貔貅能吃金银珠宝，所以浑身珠光宝气，深受玉皇大帝的喜爱。但是，吃太多了就会拉肚子。某天，实在忍不住的貔貅随地便溺，惹得玉皇大帝生气，一巴掌打过去，正好打到了它的屁股上。从此貔貅的肛门就被彻底封住了，无论吃下多少它都不会排出体外，于是被人们视为能够聚敛财物的象征。

金蟾

金蟾之所以能够成为辟邪灵兽，多亏了一位叫刘海的财神。刘海是吕洞宾的弟子，常年降妖除魔造福百姓。一次，他听说有只金蟾作妖发大水，危害乡里百姓，于是前去收服。在被砍掉一条腿后，三条腿的金蟾终于归顺刘海，并改过自新，承诺搜集富人的不义之财去帮助贫苦百姓。从此，金蟾渐渐被视为招财的象征走进了千家万户，在守财之上又顺带做起了镇宅辟邪的工作。虽然金蟾其貌不扬，但它用实力证明了"是金子总会发光的"。

🍃 在民间传说中，月亮上也住着一只金蟾。传说，嫦娥为了长生不老，偷吃了西王母赐给丈夫羿的不老仙丹。结果，嫦娥受到惩罚，飘到了月亮上，变成一只蟾蜍，永远无法离开月亮。看来比起外在美，心灵美才更重要。

我靠卖萌走遍天下
——国宝大熊猫

提到大熊猫，相信没有任何人能抵抗这黑白胖子的可爱诱惑。它是大自然的见证者，也是世界和平的使者，更是治愈心灵的天使。大熊猫用它圆润厚实的身板担起了如此重任。它是为何被称为大熊猫的？又是怎么成为国宝的？在历史上都发生过哪些趣事呢？让我们来看看大熊猫的成名史吧。

戴着"猫"面具的熊

别看大熊猫叫"猫"，其实它属于食肉目的熊科，和北极熊、棕熊是亲戚。早在800万年前，地球上就有大熊猫的踪迹。

■明明是熊，为何被叫作"大熊猫"呢？这其实是因为发生了个啼笑皆非的误会。20世纪初，熊猫出现在人们的视野里。一开始，人们叫它"大猫熊"或"猫熊"。1939年，四川北碚博物馆展出时，标题用的就是"猫熊"。但是以前中国人写字都是从右往左读的，所以就有人将"猫熊"看成了"熊猫"。最后，"熊猫"就此成了通用名称，看来是命中注定要卖萌。

大熊猫虽然看起来憨态可掬，但它的咬合力十分惊人，在食肉目动物中排前五，就算把铁锅啃了也毫无压力。此外，大熊猫的掌力也很惊人，一个"猫爪"下去就算豹子也要甘拜下风。

■谁都知道大熊猫爱吃竹子，但实际上它是杂食动物。传说，古代黄帝与蚩尤大战，蚩尤骑着一只食铁兽。它在战场上吞金食铁，十分威猛。巧合的是，人们发现大熊猫也喜欢舔食人类做饭用的铁锅、铁铲，甚至用牙齿咬坏炊具，于是误以为大熊猫在吃铁。所以很多人猜测，当初蚩尤骑的就是大熊猫。要是把这样一个喜欢卖萌的家伙当坐骑，不打败仗才怪呢！

可惜不管如何强大，大熊猫因为繁殖困难、过度被猎杀等原因，如今只能靠卖萌吃饭了。

千变万化都是你

虽然大熊猫在现代可以说无人不知，但奇怪的是很少有古籍记录它的存在。难道说古人没发现大熊猫吗？非也。

其实，早在新石器时代，大熊猫就和原始先民一起生活了。不过，那时候毕竟没有动物学家，以至于大熊猫开始以各种形态出现在历史中，甚至连名字也千变万化。根据学者的研究，在《尚书》《诗经》中凶猛无比的貔貅，在《山海经》《说文解字》中和睦友爱的驺虞，以及晋人郭璞在《尔雅》注中提到的貘（mò），这些都有可能说的就是大熊猫。

■ 在1975年，人们从西汉薄太后的墓葬中，发现了被当作爱宠陪葬的大熊猫。而西汉司马相如写的《上林赋》描写了中国最早的皇家动物园，其中记叙的奇珍异兽中就有大熊猫。可见，就算无人认识，大熊猫依然让大家记住了它。

卖萌的"外交家"

如今，大熊猫俨然成了全球人民心中的萌物。为了让更多人见识到它的可爱，大熊猫被运送到各国进行展览。其实，早在唐代女皇武则天时期，大熊猫就成为外交大使啦。那时，日本遣唐使来到唐朝朝拜。武则天为了显示大国气度，便将两只大熊猫以及七十张熊猫皮送给了日本。在日本皇家年鉴上留存下来的这份记录，算是最早的熊猫外交史了。看来，大熊猫做外交家是有家学渊源的。而且，看到这样萌力无限的大使，谁还会想打仗呢？

双喜临门
——报喜鸟

在源远流长的华夏文明中，动物被赋予了各种有趣的意义。比如乌龟代表长寿，鱼代表富富有余，蝙蝠代表福气，还有一些鸟类也被赋予了吉祥的意义，比如"两鸟进家门，不富也添喜"。下面就来说说两种代表吉祥喜庆的鸟吧。

> 喜鹊也算是鸟类中的秀恩爱专业户，因为它们喜欢成对出行。对于食物它们倒是不怎么挑剔，既吃昆虫、青蛙之类的小动物，也吃瓜果和植物种子。不过，有的时候饿极了，喜鹊也会干出偷食其他鸟类的卵和雏鸟这样的卑鄙事情。

虽然喜鹊本身并没有什么特殊之处，但人们还是认为见到喜鹊便预示着会有喜气到来。而这种看法则是和一个传说故事有关。

据说，唐朝时有个叫黎景逸的人，特别喜欢鸟。正好他家门前的树上有个鹊巢，他常喂食给巢里的喜鹊，时间一长结下了深厚的友谊。一次黎景

喜鹊

名字就带着喜气的喜鹊，不是什么稀有鸟类，在生活中很常见。这种鸟儿体态矫健，尾羽细长，黑白相间，叫声清脆悦耳，常常停留在城市或乡间的枝杈上。

逸邻居家失窃，黎景逸被冤枉入狱。狱中，他倍感痛苦。突然一天，被他喂食的那只喜鹊停在狱窗前欢叫不停，他暗自想：大约有好消息要来了。果然，三天后他被无罪释放了，因为朝廷大赦天下。

> 喜鹊还是爱情的使者。传说，有个叫牛郎的人因缘际会，与从天庭下凡的织女成为夫妻。两人恩爱，生活美满。但仙女不能和凡人结合，于是织女被带回了天上。牛郎夜夜思念织女，喜鹊被他们的爱情感动，于是在七月初七这天，一群喜鹊口尾相衔，架起一座鹊桥，让牛郎得以和织女团聚。这就是七夕"鹊桥相会"的来历。

鸟，每年春天都会大规模返回曾经的驻地。所以只要看到燕子，大家都知道是春天来了。燕子是报喜鸟，更是报春鸟。它有着独特的剪刀式尾羽，体型十分小巧，披着蓝黑色的羽毛，因此古代时常常被人叫作"玄鸟"。

> 和喜鹊有些不同，燕子最喜欢吃各种昆虫，对于农作物有着保护作用，所以也被看成益鸟，受到人们的喜爱。

燕子可以算是鸟类中的建筑专家，还有着独树一帜的审美，那就是专门在屋檐下筑巢。不过，燕子对生活环境很挑剔，喜欢在安静舒适、明亮干爽的地方生活。而古时候这种环境的家庭，非富即贵。长此以往，燕子就被当成富贵的象征和标志。再加上燕子有预测风雨的能力，对于农业有很大帮助，人们也就渐渐把它当成了报喜鸟。

> 锡伯族有个燕子报恩的故事。据说，西邻的老太太发现一只受伤的燕子，给它治好伤后把它放飞了。第二年春天，燕子给老太太丢下一颗南瓜子。秋天时南瓜大丰收，让老太太生活变得很富足。东邻的老太太看着眼红，于是故意弄伤一只燕子，然后把它放走。第二年春天，燕子又丢给东邻老太太一颗种子。但是这次，长出了装有大蟒的南瓜，这坏心眼的老太太被咬死了。

燕子

"小燕子穿花衣，年年春天来这里。"伴随这句耳熟能详的儿歌，燕子作为迁徙的候

有关名声的那点事
——毁誉参半的乌鸦

一提到乌鸦，紧随而来的想法大概都是黑暗、晦气、不祥，总之今天的乌鸦就是一种不讨喜的存在。对于这样的刻板印象乌鸦们十分不满，想当年它们也曾有过招人喜欢的辉煌时代。可惜，随着历史的更替，乌鸦的名声也跟着起起伏伏，时好时坏。而要细数这其中的辛酸，还要从上古时候说起。

据众多学者研究，因为乌鸦喜欢停留在烟雾中，而浑身漆黑的颜色如同经历过火焰的洗礼，于是古代先民就把乌鸦跟火球——太阳联系了起来。不管先民们有着多么神奇的脑回路，总之那时候的乌鸦就是神鸟的象征，无论到哪儿都受到人们的尊敬和喜爱。

> 据《山海经·大荒东经》里曾记载，在汤谷有棵巨大的扶桑树，是十个太阳沐浴的地方。每天一个太阳落到树下时，另一个太阳就会从树梢上升起来，为太阳驾车的就是一只黑色的三足乌。可见，在先民的眼中，乌鸦是能与太阳肩并肩的。

高光时刻

远古时期可谓是乌鸦的高光时刻，因为那个时候它可是太阳的代表。三足金乌、太阳鸟，说的都是乌鸦。但乌鸦是怎么和太阳联系起来的呢？

跌入凡间

等到了秦汉时代，乌鸦的形象开始跌落神坛，不再那么神圣了。这时候的乌鸦一鸟分饰两角。首先，它是为人们带来好兆头的报喜鸟，只要乌鸦出现就有好事要降临。不管是巧合还是其他原因，乌鸦成了某些历史时刻的见证人。其次，乌鸦成了儒家孝道文化的鸟界代表，被称为"孝鸟"。其实，这跟乌鸦的反哺习性有关。幼鸟会喂食老鸟，这与儒家敬养老者的孝道文化不谋而合。因此，不管乌鸦愿不愿意，它都成了孝道代表。

> 据说，当初周武王讨伐商朝时，有一群乌鸦衔着谷穗降落到周武王的屋顶，大臣们都把这当作吉兆，后来周朝果然顺利建立了。而在《后周书·宗懔（lǐn）传》中说，一个叫宗懔的人因为母亲去世痛哭不止。每天他一哭，就有乌鸦群聚集鸣叫；等他哭完了，乌鸦才飞走。就此，乌鸦可是稳坐孝鸟名头，无鸟可撼动。

黑化之路

当历史的齿轮来到宋朝，乌鸦的形象就被彻底黑化了。虽然在此之前，乌鸦的名声有过短暂的翻身时刻，但一切都在宋朝这里盖棺定论，乌鸦就此成为不祥的代名词。要说宋朝人为什么这么不喜欢乌鸦，一方面是人们的思想有了变化，摒弃了神话的外衣，乌漆墨黑的乌鸦不再讨人喜欢了。另一方面也和乌鸦本身的缺点有关。宋朝人发现乌鸦总喜欢聚集在有死尸的地方。没办法，谁叫乌鸦嘴馋，连腐烂的尸体都能吃呢？所以，与死亡关联的乌鸦名声走向黑化，这也只能怪它自己是个管不住嘴的吃货。

> 关于乌鸦的这个恶习，有大量诗词为证。在汉乐府《战城南》中就说到，城南城北都在进行战争，战死之人众多，没有埋葬的尸体引来了乌鸦啄食，只求乌鸦在吃之前能为死去的战士们悲鸣几声。虽然死去的生命很可怜，但乌鸦们也很委屈，又有谁知道宝宝心里的苦呢？

四大名鸟之爱的魔力转圈圈
——爱情鸟

作为情感丰富的人类,亲情、友情、爱情都很重要。其中,尤以爱情最让人们魂牵梦绕。从古至今,不知诞生了多少与爱情有关的诗词、故事与传说。然而,这还不够,人们为某些动物赋予了爱的象征。爱情鸟就这样诞生了。可不是什么鸟都能成为爱情鸟,至今有四位榜上有名。

■福建省屏南县有条鸳鸯溪。传说,这里曾有一对青梅竹马的恋人——张锦和柯素贞。在两人结婚前夕,张锦却收到了官府的一纸命令,不得不奔赴战场,从此再也没有回来。收到消息的柯素贞哭成了泪人,踏上了寻夫的道路,最后客死他乡。后来,两人化作一对鸳鸯在家乡的溪畔重逢,溪水因此得名"鸳鸯溪"。

鸳鸯

提到爱情鸟,鸳鸯可是被广泛认可的一对。无数诗文中都将鸳鸯当成了忠贞恩爱的象征。初唐四杰之一卢照邻就曾写出有名的诗句:"得成比目何辞死,愿作鸳鸯不羡仙。"

然而,鸳鸯的爱情其实是短暂的。它们一旦诞下后代,夫妻关系就会自动解除。下次,夫妻人选就会更换。所以,鸳鸯其实不算忠贞的爱情鸟,但谁叫它的名气大呢,也没有人会在意这种细节了。

大雁

和鸳鸯相比,大雁才是真正的爱情鸟。大雁夫妻奉行"一生一世一双雁",一只大雁死去了,另一只大雁也会跟着殉情。这样忠贞壮烈的爱情,也让大雁在古代婚礼中扮演着重要角色。古代礼仪要求结婚分六步，其中纳彩、问名、纳吉、请期、迎亲，这五礼都要送大雁。可见，五只大雁才能成就一段美好姻缘，这牺牲也是很大的。

■词人元好问在《摸鱼儿·雁丘词》写下"问世间，情为何物，直教生死相许"的千古名句。而这首词也是有来历的。当年金朝著名文学家元好问 16 岁时去参加科举考试，途中遇到一位捕雁的人。那人说："今天早上我射杀了一只大雁，另一只大雁苦苦地叫个不停，不肯离开，最终悲伤地撞死了。"元好问心生恻隐，买下两只大雁合葬在河畔，并写下了流传千古的爱情名句。

雎鸠

"关关雎鸠，在河之洲。窈窕淑女，君子好逑。"这句诗让我们记住了雎鸠这种代表爱情的鸟。然而几千年来，大家一直有个困惑：雎鸠到底是什么鸟？无数学者在这个问题上钻研，有说是鹫的，也有说是鹗的，但这些猛禽都无法和爱情这种美好的东西联系起来。最后，人们根据"关关"这种鸟叫声，大致确定了一种叫"白胸苦恶鸟"的水鸟。

这种鸟在繁殖期常常在晨昏时发出"关关"的求偶叫声，且成双成对地生活在芦苇溪边，比较符合《诗经》

对"雎鸠"的描写。不管怎样，雎鸠代表爱情是永远被人们记住了。

■ 古时候，洪水泛滥是家常便饭。周文王姬昌为了让百姓安居乐业，大力治理水患。他常常在河边巡查，就这样偶遇了来到河边的太姒。太姒的美丽与贤惠让姬昌倾心，于是热烈地追求，最终赢得了太姒的芳心，成就了一段美好姻缘。据说，《关雎》描述的就是周文王与太姒的爱情故事。

比翼鸟

与前三者相比，比翼鸟是存在于神话传说中的爱情鸟。在《山海经》等古籍的描述中，比翼鸟长得颇为奇怪。据说，比翼鸟整体形态像野鸭，毛色青中带红。这种鸟只有一只翅膀和一只眼睛，所以比翼鸟若想飞向天空，必须两只搭档才能在空中翱翔。就是这样的特性，让比翼鸟渐渐变成了爱情

鸟。虽然比翼鸟并不存在，但也阻挡不了大家对它的美好向往。而它的虚幻缥缈也更加契合爱情的特质。

■ 在黄河边的村庄上，自小懂得鸟语的柳生因为一只黄鹂鸟和黄家小姐结缘，却被黄小姐的家人棒打鸳鸯。奄奄一息的柳生被扔入黄河，黄小姐为此伤心而死。没想到黄小姐和柳生在死后化成了一对比翼鸟，展翅飞向天空。这也是典故"不到黄河心不死"的由来。

鸡有哪些光环？
——中国人为什么那么喜欢鸡？

在漫长的历史长河中，鸡不仅是人们肉食的来源，还是中国文化不可分割的一部分。早在几千年前，鸡的美味就已经得到了老祖宗的认可。据说中国是最早养鸡的国家之一，早在商朝就已经有了"鸡"这个字。不过当时还是甲骨文，和我们今天看到的"鸡"字差别很大。

神话象征

传说女娲造人之前，先造出了六畜，她第一天创造的就是鸡。大公鸡"喔喔喔"地叫着，天上就出现了日月星辰。所以，人们把女娲创世的第一天称为"鸡日"。这种想象是有依据的。因为新的一天是从清晨开始的，而鸡在日出之前就开始工作了。

这还引出了鸡的另一个象征——太阳神。鸡和太阳捆绑在一起，自然而然成了太阳的代言人，被古人当作太阳神崇拜。马王堆汉墓出土的金鸡帛画就完美展现了当时人们对鸡的美好幻想。

传说远古时候，天上出现了十个太阳，晒得大地上的生物都活不下去了。为了拯救人类，羿张弓搭箭，射下来九个太阳。地上终于不热了，但是新的麻烦出现了。最后一个太阳吓得躲了起来，搞得大地上没有白天，只剩下黑夜了。为了将太阳叫出来，人们请来了歌喉美妙动听的黄莺、云雀、画眉，但没有一个成功。就在大家不知道怎么办时，公鸡站了出来，它用嘹亮的嗓子冲着天空高叫了三声。太阳感受到了其中的真诚与热情，终于肯现身了。从此，公鸡每天早上都会提醒太阳出来上班。

励志代表

要说鸡会成为励志代表，这还要跟鸡的习性挂钩。作为一个习惯了早睡早起的家伙，鸡每天早上都会在天亮前一展歌喉，风雨无阻。虽然这让广大赖床患者十分不满，但是鸡对此也很无奈。因为鸡的体内存在一种对光十分敏感的激素，只要天空出现一丝亮光，它就会忍不住打鸣。不管如何，这都让鸡成为勤奋上进的励志代表，毕竟再没有比鸡起床更积极的了。

据说，周宣王是个斗鸡运动爱好者。他请了斗鸡专家纪子，专门帮他训练斗鸡。十天后，宣王询问斗鸡是否已训练好。纪子说不行，现在斗鸡一看到别的鸡就激动。又过十天，宣王再来问。纪子还说不行，斗鸡火气还太大。再过十天，纪子终于完成训练了。周宣王一看，斗鸡一动也不动，跟块木头一样，却把其他鸡吓跑了。这就是"呆若木鸡"的由来，不过现在这个词已经变成贬义词了。

五德君子

别看鸡只是家禽，它在传统文化里可是占有一席之地的，甚至名声颇高。大概从西汉开始，大家就认为鸡是有五德的动物。鸡有文德，因为鸡有鸡冠，就像文人戴着冠冕一样；鸡有武德，因为鸡有脚趾作为武器，像个格斗家；鸡有勇德，因为雄鸡不怕打架，看到谁都不怂；鸡有仁德，因为鸡从不吃独食，总会呼唤同伴一起吃大餐；鸡有信德，因为鸡打鸣从不迟到。看了这些，鸡表示：虽然我不懂什么五德，但你们人类开心就好。

在春秋战国时期，有抱负、有才华的政治家田晓来投效鲁哀公，可是却不得重用。最终，失望的田晓决定前往燕国施展才华。临走时，田晓对鲁哀公说："鸡有五德，而为什么不受重用？是因为它就在身边，所以才看不见它这些优点啊。"后来，田晓在燕国被任用为宰相，而鸡有五德一事也被传扬开了。

动物界最强选拔赛
——十二生肖

中国汉族的生肖有12个，分别是鼠、牛、虎、兔、龙、蛇、马、羊、猴、鸡、狗、猪。在中国传统文化里，十二生肖不只是12种动物，更是作为悠久的民俗文化符号，影响了中国的诗歌、绘画、春联、剪纸等艺术，是老祖宗留给我们的宝贵遗产。

生肖的起源

生肖是怎么来的呢？为什么是12个呢？关于生肖的起源，目前有很多种说法。

1. 岁星说

岁星，又叫太岁，也就是木星。我们都知道木星只是太阳系内的一颗行星而已，但在古代人看来，岁星可是有很大用途呢！古人观察岁星，发现

它每12年在天上轮转一圈，而且是固定不变的。古人觉得这好神奇啊，于是把整个天空分成12个格子，每个格子代表一年，这就是岁星纪年法。

■传说东方朔是岁星的化身。他曾经对汉武帝说："了解我的人只有大王公。"东方朔死后，汉武帝找到大王公，大王公却说自己不认识东方朔，只会看星星。汉武帝又问他："天上的星星都还在吗？"大王公说："都在，只是岁星不见了18年，现在又出现了。"汉武帝感到很震惊："东方朔在朕身边待了18年，朕都不知道他原来是岁星。"

分好了格子之后，人们总是会记混，这可怎么办呀？这可难不倒聪明的古人。他们用熟悉的12种动物，把天空的12个格子标记出来。只需要记住动物的名字，就知道今年是哪一年了！于是，十二生肖就诞生了。

2.图腾说

还有一种学说认为，十二生肖起源于原始社会的部落图腾。图腾是部落的标志，就像国家的国旗和人的名字一样。比如夏的图腾是熊或鱼，商的图腾是玄鸟，周的图腾则有龙、鸟、龟、犬、虎等。随着大的部落吞并小的部落，图腾也越来越多，于是就形成了十二生肖。

■相传，玉帝生日快到了，宣布要挑选12种动物作为天庭守卫，并按照报到顺序排列次序。牛是最守时的，第一个到了天庭。没想到老鼠偷偷骑在它后背，噌的一下，跳到了玉帝面前，于是老鼠就成了第一，牛排第二。随后老虎、兔子、龙、蛇、马、羊、猴都到了。由于鸡早上要报时，而狗要看家护院，它们来得晚，排在了第十和第十一。猪好吃懒做，睡懒觉也晚了，最后一个到，排在了第

十二。于是，十二生肖就形成了现在的次序：子鼠、丑牛、寅虎、卯兔、辰龙、巳蛇、午马、未羊、申猴、酉鸡、戌狗、亥猪。

生肖的作用

在古代，生肖可是关系到每个人的生辰八字、婚丧嫁娶，甚至运气好坏也和生肖有关系呢！

1.属相

每个中国人出生之后，都会把当年的生肖定为自己的属相，从此以后，属相就成了每个人的吉祥物。

■南北朝时的北周大将军宇文护的母亲给他写过一封信，信里说："我在武川镇生了你们三个兄弟，大儿子属鼠，二儿子属兔，你最小，属蛇。"

本命年俗称"属相年"。人一生中，每12年遇见一次自己的本命年。如果遇到了本

命年，可要多加小心哦。汉族民间信仰认为，本命年会发生很多不吉利的事情，所以又叫"坎儿年"。

不过别担心，咱们老祖宗早就想好办法了。凡是遇上本命年，人们都会穿红色的衣服辟邪，比如红袜子、红衣服、红裤衩等，这样就可以避免灾祸。

天干和十二生肖是对应的，与十个地支形成六十个组合，用来纪年，这就是干支纪年法。

此外，十二生肖和天干的组合，还用来计时，十二生肖分别代表着十二个时辰，每个时辰大约是现在的两小时。

■圆明园中有十二个生肖铜兽首，它们本来是圆明园海晏堂喷泉的一部分，是郎世宁设计的。到了什么时辰，对应的兽首就喷水，以此来报时。1860年，英法联军火烧圆明园，十二兽首就丢失了。后来经过多方努力，牛首、猴首、虎首、猪首、马首、鼠首与兔首已回归中国大陆，龙首被中国台湾收藏，而蛇首、鸡首、狗首、羊首依然没有找到。

■也有民间故事说黄帝当年要选12个动物当护卫，猫得到了消息以后，告诉了老鼠。第二天早上，老鼠趁着猫睡觉的时候，偷偷顶替了猫的位置。等到猫醒来以后，十二生肖早已排好了。于是，猫和老鼠从此成了仇家，而十二生肖中也没有猫。

2. 纪年和计时

生肖还有一个重要的作用就是纪年和计时。古代，十二

其他国家和民族的生肖成员

生肖并不是汉族的专属，我国很多少数民族都有自己的生肖。比如彝族的生肖里，有凤、蚁、穿山甲等动物；黎族的生肖里用虫替代老虎；傣族的生肖用大蛇代替龙，用象代替猪；而柯尔克孜族

的生肖里,居然有鱼和狐狸。

牛代表勤劳,意思是说,勤劳和智慧相结合,才能做大事;老虎象征勇猛,而兔子代表谨慎,就是告诫我们做事情要有勇有谋;龙代表刚猛,蛇代表柔韧,是说做事情要刚柔并济;马代表勇往直前,羊代表和顺,就是说要想达到自己的目标,勇敢的同时还要注意周围的人和环境;猴子代表灵活,鸡定时打鸣,代表稳定,意思是告诉我们既要稳定和谐,又要进取变通;狗是代表忠诚,猪是代表随和,意思就是与人相交,要忠诚谦和。"说完这一切,周恩来总理反问道:"不知道你们那些宝瓶座啊、射手座啊、公羊座啊,体现了你们祖先哪些期望和要求?"那群嘲笑他的外国同学哑口无言。

除了中国,国外也有生肖:越南的生肖里没有兔,而用猫替代;缅甸的生肖是8个星球;埃及人的生肖里有驴、螃蟹、鳄鱼、老鹰等。

■周恩来总理在欧洲留学时,一天和外国同学聚餐,一个同学说:"你们中国的属相都是猪哇、狗哇、老鼠哇,不像我们都是金牛座、狮子座、仙女座……真不知道你们祖先怎么想的。"说完,其他同学也跟着哈哈大笑起来。而周恩来总理微微一笑说:"我们的生肖是祖先对我们的期望和要求,比如老鼠代表机灵和智慧,

087

第三章 汉字

汉字是目前已知的最古老的文字之一，是迄今为止持续使用时间最长的文字。汉字的生命力是多么旺盛呀！那么汉字是如何产生的呢？

原始人的生活非常简单，不用熬夜，每天睡到自然醒，然后成群结队去打猎。出于生产和生活的需要，他们得经常记录一些事情以备忘。

今天看到一个动物很凶猛，就画下来告诫其他同伴；昨天到了某片树林，野果子比较多，也记下来，以后再去采摘；前天一共打到了多少猎物，统计一下方便大家平分享用，更要记下来……他们记录的内容有些是刻画的符号，有些是绘制的简笔画，就这样，原始的汉字出现了。

随着各种工具的出现，原始人打到的猎物变多了，翻过的山、走过的路也多了，见过的事情更多了，光靠刻画和绘画远远不够了。怎么办呢？聪明的古人根据经验，总结出象形、形声、指事、会意、转注和假借等造字法，汉字的数量增加到成千上万个。

后来，为了方便书写和提高书写速度，古人通过改变字形，创造出篆书、隶书、楷书、行书、草书等形式，无意中打开了书法艺术的大门……

下面，就让我们去看一看五千多年的智慧和思想，是如何在一个个小小的方块字中沉淀、凝结甚至升华的吧。

追寻汉字的前世记忆
——汉字的起源

作为沟通的渠道，人类除了运用语言，更会使用文字进行表达。现如今，世界上到底存在多少种文字尚未有定论，但说起闻名世界的古文字却屈指可数。不管是两河流域的楔形文字还是古埃及的象形文字，它们都已随着时光遗留在了过去。唯有中国的汉字，大概是命运为它加持了一根金手指，竟一脉相承发展至今。这里就来聊聊那些汉字老祖宗的事。

起源传说

关于汉字到底是怎么诞生的，一直以来众说纷纭。最广为流传的说法，是仓颉造字。不过作为黄帝的史官，仓颉也许只是因为工作需要，将当时的文字进行了整理汇集而已。

此外，创造了八卦的伏羲也被看成是汉字的发明者。说是伏羲在研究八卦期间，意外发明了文字，但这也只是推测而已。

还有人说汉字是从"一"衍化出来的，是从木刻契约发展来的，甚至说它是结绳记事的进阶。虽然说法不一，但很显然，文字不可能是某一个人创造出来的，而是古代先民集体智慧的结晶。

与骨头共存的甲骨文

甲骨文本是在龟壳或兽骨上记录的占卜结果，因此也叫"契文"或"甲骨卜辞"。商朝人信奉鬼神，因此无论是种田还是打仗，都想找巫师占卜下结果。巫师要将龟壳或者兽骨钻出凹槽放到火上烤，查看上面烧出的裂纹进行预言。然后，在甲骨上刻上卜辞。这些记载卜辞的文字，今天称之为"甲骨文"。

> 甲骨文并不是中国最古老的文字，而是成熟最早的文字体系。在它之前，

还有更古老的陶寺朱文、夏代水书，可惜由于出土字符过少无法形成体系。

以现代眼光来看，甲骨文依然带着明显的图画痕迹，但已经有了对称稳定的格局，并且符合汉字的六书原则，算是当之无愧的汉字老祖宗。如今，发现的甲骨文有四千多个单字，但破译出来的只有一千多字，还需要更多有志者去解开古人的文字密码。

🌀 清朝光绪年间，有个叫王懿荣的金石学家。有次，他去药铺买一味药材龙骨，没想到却在龙骨上发现了奇怪的图案。好奇之下，他买下所有龙骨研究一番，发现上面的图案是很古老的文字。后来他四处打听，最终在河南安阳发现了龙骨出处。

在青铜上钻研的金文

和甲骨文一比，同样流行于商朝的金文，一出场便自带一股高大上的气场。

🌀 金文是专门篆刻在青铜器上的铭文。为何不叫"青铜文"呢？因为当时青铜就是最好的金属，而且那时的青铜被称作"金"。

金文的书写明显比甲骨文端正大气、结构严谨。而且和记录各种鸡毛蒜皮的占卜结果的甲骨文不同，金文主要用来记录典礼、赐命、诏书、征战、盟约等重要事件。可以说，金文就是商朝的书面用字，也是甲骨文的进阶版。

虽然金文稍晚于甲骨文出现，但鉴于青铜器的广为流行以及载体的特殊性，最终金文反而比甲骨文流传得更长久了。

🌀 周厉王在历史上一向是暴君形象，可在西周金文中记载的他却有不同的一面。据说，那时候多个诸侯国叛乱，周朝危在旦夕。自打先祖御驾亲征死在途中，好几代周王都不再出门打仗。但周厉王不仅带兵出门还亲自上战场，生生把各个诸侯打得乖乖求饶。周厉王开心之余就把自己的事迹刻在了青铜鼎上。

汉字是怎么造出来的？
——造字的六种方法

汉字是迄今为止持续使用时间最长的文字，也是众多古代文明古国各大文字体系里，唯一一个传承到现在的文字。像玛雅文字、古埃及象形文字、苏美尔的楔形文字，早就没人使用了。

那么，汉字是怎么造出来的呢？

象形（照着物体画出来）

在汉字的造字法里，象形是纯正的造字法之一，主要用于创造独体字。象形是什么意思呢？就是你想把什么东西用字表示出来，就按照它的样子用简单的线条描绘下来。看，是不是和画画类似呢？

我们常用的很多汉字都是象形法创造出来的。比如"田"，用来表示田地、耕地的意思。中国古人早在4 700多年前，就开始种植水稻了。那时的稻田就是一个小方格一个小方格的样子。于是人们仿照方格稻田，创造了"田"这个字。

■相传仓颉是黄帝时期的史官，他发明了汉字。当时的人们经常耕种、打猎，可是没有人记得住每天打了多少猎物，捡了多少果子。仓颉就想："如果有一种符号，能把所有的事情记录下来，不就好了吗？"自那之后，仓颉整天茶不思饭不想，就琢磨着怎么创造符号。有一天，他看到野鸟在河边沙滩上留下的足印时，恍然大悟："我把日月星辰、动物植物的样子，都画下来，不就行了吗？"就这样，仓颉创造出了文字。

仓颉造字

指事
（加点装饰）

指事其实就是在象形字的基础上，加上一些简单的符号，来表示特定的含义。

象形字的"刀"像一把大刀，看起来很威武！人们在"刀"的基础上，又加上一点，变成了"刃"，用来表示刀最锋利的那部分。所以"刃"就是指事字。

会意
（按照意思组合）

会意，就是用两个或者两个以上的单字，拼在一起，组成一个新的字，叫合体字。听起来，就好像搭积木似的！

比如"众"，表示很多人在一起的意思。它是怎么创造出来的呢？其实很简单。古人一般用"三"的概念代表"多"，三个人放到一起就表示很多人，当然就是"众"啦！

■唐朝武则天当了皇帝以后，给自己取了个名字——武曌。"曌"字的上面是"日"和"月"，下面是"空"，合起来的意思就是日月当空普照天下。可见这个字的气魄多么宏大！

形声（形旁表意，声旁表音）

形声是由两部分组成，一部分表示某种含义，另一部分表示读音。形旁的意义是，对这个字代表的东西进行分类，而声旁一般只表示读音。

比如"鸠"，它的形旁是"鸟"，表示这个字代表的是一种鸟类；声旁"九"没有任何含义，只是用了它的音而已。

■杨坚建立隋朝以后，也造了一个字。杨坚原本是北周的随国公，按理说改朝换代之后应该继续用"随"字。但是他觉得，"随"字的"辶"是忽走忽停的意思，很不稳定，怎么看都不吉利，于是就创了"隋"这个新字。然而隋朝只延续了37年就灭亡了，真是天不遂人愿啊！

假借（旧字翻新，借而不还）

假借字是指假借已有的音同或音近的字来代表所想表达的字或意。假借字有两类。一类是本无其字的假借，是指某些词原先并没有为它专门造字，人们就从现有的文字中选取某些同音字来记录，比如"汝"字由"水名"假借成"你"的意思；另一类是本有其字的假借，是指某些词原先已为它造过专用字，但由于种种原因，书写者没使用本字，而是另找一个读音相同或相近的字来代替它，这就相当于我们在古文中经常遇到的通假字。比如莫字，本意为太阳下山，日暮降临，后来假借为无定代词，表示没有的意思，后来为了区别，另造"暮"指代太阳下山。

■在"五四运动"之前，汉字里是没有"她"这个字的。指代第三人称时，统统用"他"。刘半农认为，这样太不方便了，不能分辨"他"字指代的究竟是男是女。所以他参考英文里he和she的用法，造了一个"她"字。

转注（形转，义转，音转？）

《说文解字》对"转注"的解释很模糊，以致很多人搞不清转注字。自唐朝以来，有关"转注"的解释就有70多种，主要分为形转说、音转说和义转说三类。三种说法都有道理，不过由于汉字的字形和字音的变化大，义转说更能揭示转注的本质。

优雅与庸俗齐飞
——语言的艺术

要论起说话的艺术，拥有几千年文明的中国人当之无愧。在无数语言人才的贡献下，有趣而富有哲理的成语、谚语、歇后语层出不穷，承包了国人喜怒哀乐的表达。它们经常出现在日常生活里，但你有没有想过它们是从哪里来的，又是为什么而存在的呢？

成语

成语向来喜欢以四字形象现身，偶有三字、五字等不规范样貌。成语大部分来源于古代文献、历史故事或者传说典故，因此都带着古人文绉绉的基因。

> 成语最早的时候叫"成言"，出现于东汉时期，那时指旧有的言语。后来到了魏晋南北朝时期，又被叫作"陈言"或者"成辞"。直到唐朝，才正式出现"成语"一词，但那时的意思是形成句子，和现代意义稍有不同。等到南宋的时候，话本里使用的"成语"意思才和现代的基本一致。

据统计，现在使用的成语大部分诞生于春秋战国到两宋期间，光是一个楚汉相争就贡献了不下40个成语。而明清时期，就少有脍炙人口的成语诞生了。这或许跟禁锢人们思想的八股文创作模式有关，也跟古板的文化氛围有关。总之能流传至今的成语都是老古董了。

🍃 据说有一天，孔子可能被学生气到了，说："我举出一个方面，你们应该能灵活地推想到另外几个方面。如果不能，就不再给举例子了。"学生们面对老师哪敢说不能，到最后有没有找到墙角不知道，倒是学会了"举一反三"这个成语并流传后世。

🍃 给予肯定，认为谚语也能雅俗共赏。

🍃 谚语什么时候出现的，已经无法查证。但谚语依靠的是口耳相传，说不定在文字还没有出现时就已经产生了。

《尚书·牧誓》中说："古人有言，母鸡不司晨。"《诗经·大雅》记载"人亦有言""惟忧用老"，这些都是口头流传

下来的谚语，可是留存在圣贤书里竟也丝毫不违和。

🍃 汉献帝曾经遭到敌人的围追堵截，眼看逃跑无望，部下推荐说让曹操来救驾，但信使还没出去就被杀了。焦头烂额之际，夏侯惇奉曹操之命解救了汉献帝，从此曹操加官晋爵。这就是"说曹操，曹操到"的典故。

谚语

说起来，谚语和成语有很多相似之处，只不过谚语天生有着自由的灵魂。它口语性更强，更通俗易懂，都是用一到两个短句表达一个完整的意思。谚语基本上都是经由口头流传下来的，是民间集体创作的结晶，更是劳动人民的生活实践经验的总结。刘勰在《文心雕龙·书记篇》中曾对谚语

歇后语

和成语、谚语不一样，歇后语一看就是异类，常常带着鲜明的寓意和戏谑感。歇后语由前后两部分组成，前面是像谜面的引子，后面则如谜底的后缀。往往人们只需要念出前半句，其他人就都知道隐含的意思了。这么看来，歇后语带了不少谜语的影子。

> 语言学家们至今无法将歇后语准确分类，因为歇后语仿佛四不像。无论是藏词、谜语还是缩脚语、俏皮话，都和它相似又不同，让人十分为难。

最早出现"歇后"一词是在唐代，指一种叫"郑五歇后体"的诗体。但歇后语这种语言形式早在先秦就诞生了。《战国策·楚策四》中载："亡羊而补牢，未为迟也。"意思是丢了羊再补羊圈也不算晚。这大概是最早记录下来的歇后语了。

> 高欢是南北朝时期东魏孝静帝的丞相，他一共有六个儿子。有一天，他想考考哪个儿子最聪明，就把六个儿子都叫到跟前。他对儿子们说："我这里有一大堆乱麻。现在发给你们每人一把，你们各自整理一下，看谁理得最快最好。"比赛开始了，孩子们手忙脚乱，十分紧张。他们都赶快把乱麻一根根抽出来，然后再一根根理齐。这种方法速度很慢，有的孩子一着急还把麻结成了疙瘩，孩子们一个个都急得满头大汗。二儿子高洋则与众不同。他找来一把快刀，把那些相互缠绕的乱麻狠狠地几刀斩断，然后再加以整理，这样很快就理好了。高欢见高洋这样做，很是惊奇，就问："你怎么想到用这个办法？"高洋答道："乱者须斩！"高欢听了十分高兴，认为这孩子的思路开阔，思想方法不同一般，将来必定大有作为。后来，高洋果然夺取了东魏皇帝的王位，建立了北齐政权，自己做了北齐文宣皇帝。这事后来就成了歇后语："快刀斩乱麻——一刀两断。"

第四章 时令

"民以食为天"这句俗语，相信大家都听说过吧。从这句俗语就能看出，我国自古以来就是以农业为基础的。不过，古代农民的生活可太难了，因为那时没有高科技，农业生产全靠老天爷赏饭。

这不仅让普通百姓脑壳疼，也让古代的皇帝伤脑筋。皇帝不种地，他伤什么脑筋呢？因为天气好的时候，粮食就能丰收，人民就能吃饱饭，天下也就太平；假如天气变差，粮食歉收，农民没饭吃就会起义，皇帝的宝座自然就坐不安稳啦！

早在三皇五帝那会儿，原始人就注意到植物开花结果和气候有着很大的关系。春天植物发芽开花，夏天疯狂生长，到了秋天结果，冬天落叶休眠。通过长期的观察，他们发现这种规律变化每过365天就会重复一次。

于是，他们的经验一代代传下去，后来的人们按照这个规律，基本能预测某一年特定时期的风霜雨雪等天气变化，而且根据天气变化种植的农作物，不仅长势好，还能丰收。

这可是个大发现呀！部落首领专门让人编制了一套手册，手册里非常详细地记录了气候变化，以及不同气候下应该种什么粮食，这就是最初的历法。历史上，诞生了夏历、殷历、太阳历、太阴历、授时历等几百种历法呢。

本章中，我们将沿着历史的长河溯流而上，寻找历法的起源、节气的奥秘，读懂老祖宗给我们留下来的宝贵遗产。

现在的日历是怎么来的？
——不同的日历

古时候，农业就是靠老天爷吃饭的行业，粮食产量的高低受气候影响很大。为了记录农业生产和季节变化的关系，我们的老祖宗很早就有了日历。

夏历

夏历，顾名思义就是夏朝时创立的历法，据说是从当时的农书《夏小正》演变而来的。由于年代久远，夏历的内容早就遗失掉了。如今，我们只能在一些古籍中看到关于夏历的信息。

相传，夏历采用的是"定朔法"。每月初一是朔，每月十五是望，月亮由缺变圆、再由圆变缺刚好是一个周期。我们知道月亮对地球的引力，导致地球上产生了潮汐，所以夏历对于远洋航海、海上捕鱼、海水养殖等活动的指导作用很大。

> 古代很多历法来源于对天象的观测。比如东方青龙七宿星象，每年的农历二月初二，"龙角星"就从东方地平线上升起，故称"龙抬头"。这就是现在说的"二月二龙抬头"的来历。龙抬头又称"农耕节"，在古代，这是新的一年开始耕种的信号。

阴历

阴历也是以朔望月为基础的历法。为什么古人喜欢用月亮的变化来创制历法？因为呀，月亮的圆缺变化既有周期

规律，而且也是最容易观察的星象，所以世界各地的古文明都以此为历法的依据。

> 不过阴历有它自身的缺陷，那就是阴历12个月加起来总天数不足365天，足足差了十多天。而且，由于阴历不考虑地球的公转，所以没法儿反映四季的变化。如果不能反映季节变化，那还怎么指导农业生产呢？别担心，聪明的古人想到了一个绝妙的办法解决这些问题。

阳历

阳历，又叫"太阳历"，顾名思义是根据太阳的运行制定的历法。因为四季变化就是由于地球环绕太阳运动产生的，所以阳历自带季节属性，从日期上就能清楚地看到春夏秋冬的变化。

我国古代也有阳历，比如十二气历。十二气历是宋神宗时期的科学家沈括创立的。

> 以前的历法都是用阴历。可就像前面说的，阴历一年的天数不足365天，时间一长，节气、时间就都乱套了。沈括经过潜心研究，废除了之前的历法，改用24个节气定年法。用24个节气循环为一年，以立春为一年的开始。

十二气历不仅简单易操作，而且非常利于农业生产，可以说是相当完美了。当时专管气象的官员嫉妒沈括的才能，经常向皇帝说他的坏话，十二气历就被废除了。

农历

农历也是以朔望月为基础。不过农历参照了地球公转的日期，并加入了闰年与24个节气，使得农历既能看得出季节的变化，又有月相的变化，而且一年的天数和阳历基本相当，可以说集合了阴历和阳历的优点。

农历分为平年和闰年，平年12个月，闰年13个月，大月30天，小月29天。

农历还能反映出天象的变化，比如节气对应地球公转位置，闰月对应地球近日点和远日点，还有日食月食、潮汐等，对天文学家观测天象有很大帮助。

> 我们现在使用的农历，是1970年紫金山天文台的天文学家们制定的。天文学家们每年都要编制《中国天文年历》，总结天体运动的规律，这些资料可以用于大地测量、航海、航空等领域。

古人是怎么计时的？
——说说计时背后的大学问

时间，虽然是个看不见摸不到的东西，但我们每时每刻都离不开它。现代生活里，机械表、电子表、手机等，都能用来看时间，而且特别准确。那么，古人在手表发明之前，是如何计时和看时间的呢？

天干地支

传说黄帝成为部落首领以后，让大挠观察天地变化的规律，大挠于是创立了天干地支。

天干总共有10个，分别是甲、乙、丙、丁、戊、己、庚、辛、壬、癸；地支总共有12个，分别是子、丑、寅、卯、辰、巳、午、未、申、酉、戌、亥。

古人把天干和地支按照顺序搭配起来，形成了60个干支组合，比如甲子、乙丑、丙寅……我们平常所说的"六十甲子"就是从干支计时来的，指的是六十年一循环。

■《山海经》中记载了一个故事，帝俊有两个妃子，一个是日神羲和，一个是月神常羲。羲和生了十个孩子，就是十天干了。常羲生了十二个孩子，就是十二地支。

可别小看了这60个组合，它们的用处可大着呢！干支组合可以用来表示年份，比如甲午年、戊戌年、庚寅年等；还可以表示月份，比如丙寅月、丁卯月等；也可以记录日子，比如甲子日、丁巳日。

古人把一天分成12个时辰，每个时辰用地支标记。比如午时指的是11点到13点，所以这个时间点又叫"中午"或者"正午"；子时指的是晚上11点到凌晨1点，所以半夜又叫"子夜"。也就是说，一个时辰相当于两个小时。

■1894年，清政府派出北洋水师和日本战舰在海上大战，结果北洋水师全军覆没。清政府被迫和日本签订了丧权辱国的马关条约。由于这一年按照干支纪年是甲午年，所以这次战争又叫"甲午战争"。

■ 春秋时期，齐国大将军司马穰苴与监军庄贾约定，第二天中午在兵营门口见面，一起操练军队。第二天，司马穰苴非常准时来到军中，然后开启漏刻计时，等着庄贾。结果庄贾被亲戚朋友拉去喝酒，早就把和司马穰苴的约会忘干净了。司马穰苴一生气，关掉漏刻，开始自己操练军队。庄贾喝完酒，慌忙来到军中。由于喝酒误事，他被司马穰苴斩了。

漏刻

漏刻是古代用来计时的重要仪器，主要由漏壶和箭刻组成。漏壶里面装着水，均匀地流到一个容器中。容器中放置着有刻度的箭刻，箭刻会随着水面上升而浮起来，这样观看箭刻上指示的刻度，就知道时间了。

从周朝时起，我国就开始使用漏刻计时了，为此还专门设立了官职和机构来管理时间，保证漏刻的准确。西汉时，漏刻还兼任天文计时仪器，由太史待诏掌管。漏刻一直沿用到清朝，直到被西洋钟取代。

日晷

古人发现随着太阳东升西落，物体影子也会发生变化。比如清晨时，太阳从东边升起，影子指向西方；中午时，太阳在头顶，影子最短投向北方；晚上时，太阳从西边落下，影子指向了东边。既然影子的变化和时间早晚有关系，为什么不做一个影子钟表呢？于是，日晷就诞生了。

■唐朝有个叫李淳风的人，从小聪慧好学，尤其喜欢天文。小时候，李淳风经常摆弄日晷测量影子，并且观察阳光下影子的变化。日影与时间的关系让他着迷。后来，他成了著名的天文学家。

圭表

大约在公元前7世纪，我国古人就已经用圭表划分出春分和秋分了，并且确定了一年为365天。

圭和表原本是两个东西。表是一种竖立在地上的杆。圭是水平放置、有刻度的，可以测量影子的长度。后来，圭和表组合起来，就形成了圭表。

圭表里，表在圭的南边，这样表的影子就能投到圭上。圭表能测量正午时太阳影子的长短，以此来判断节气和季节。

■郭守敬是元朝著名的天文学家，河南登封观星台就是他主持建造的。这是中国现存最早的古代天文台。整个观星台相当于一个测量日影的圭表。城楼是"表"，楼下的长堤是"圭"。

日晷是由刻度盘和晷针组成的，一般分为两种：一种是水平放置、刻度不均匀的地平式日晷；还有一种是和赤道面平行、刻度均匀的赤道面日晷。无论是哪种日晷，中央都会树立一根铁针，日晷面上有刻度，铁针的影子指向哪个刻度就代表了哪个时间点。

不过，日晷有个弊端，那就是阴天下雨或者晚上就用不了了。

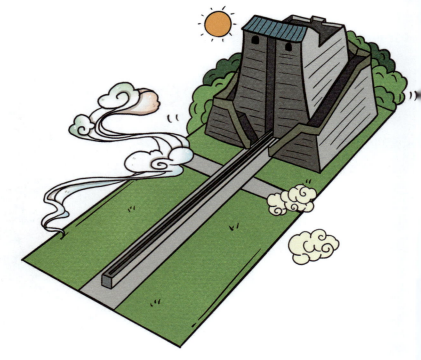

极简版的"气候百科全书"
——二十四节气

"春雨惊春清谷天,夏满芒夏暑相连,秋处露秋寒霜降,冬雪雪冬小大寒。"你听过这首节气歌吗?它是古代中国人从事农业生产并且观察天体运动总结出来的规律,其中包含着时令季节、气候变化以及民俗等知识,可以说是一部极简版的气候百科全书。

一年有12个月,每个月有两个节气,相邻节气之间通常相隔15天左右。一年的节气以立春作为开头,大寒作为结束。

春天的节气

立春,为二十四节气之首,预示着冬天结束,春天到来,万物复苏。

🍃 立春,在北方又叫"打春"。立春有两个有意思的民俗——打春牛和咬春。打春牛又叫"鞭春"。鞭春时,用泥土塑造一个耕牛的形象,然后将它打碎,寓意着春天到来了,开始驱赶着老牛种庄稼。咬春就是人们制作春卷、春饼等食物,走亲访友庆祝新春。

雨水，是第一个反映降水现象的节气，标志着降雨开始了。不过这时的雨水多以毛毛雨为主。

惊蛰，表面的意思是大地回暖，春雷惊动了地下的昆虫。从字面就可以感受到随着气温变暖，雨水增多，无论是动物还是植物都开始萌发生长的景象。

春分，全天的时间被平分成白天和黑夜。从这天开始，北半球的白天逐渐变长，黑夜逐渐变短，同时天气暖和，雨水增加。

清明，是气清景明的意思，主要反映了物候变化。清明之后，阳光明媚，草木大量萌发，天气晴朗。所以清明时节最适合踏青。

谷雨，是春季最后一个节气，也是第二个表示降水的节气，含有"雨生百谷"的意思。谷雨后，雨水明显增多，庄稼的秧苗开始生长。

夏天的节气

立夏，是夏季的开始。气温升高，雷雨增多，农作物得到了雨水的滋养，进入旺季生长。

小满，是第三个表示降水的节气，标志着从这天开始，大雨滂沱的季节就要到了。

> 民俗中常说："小满小满，江水渐满。"还有的地方认为，小满的意思指的是庄稼籽粒还没完全成熟，只是小满，还没有达到饱满的程度。

> 清明，万物复苏，人们纷纷走出家门，邀请好朋友去郊外踏青，感受大自然的萌动。清明也是扫墓和祭奠先人的时间，在高兴的同时，也不能忘了去世的亲人。

芒种，"芒"指代一些有芒的作物（如稻、麦等），"种"就是种子。芒种代表着有芒的作物可以开始播种了。此时气温显著升高，雨量充沛，适宜晚稻等谷类作物耕播。

夏至，是北半球白昼时间最长、夜晚时间最短的一天。从这天开始，白昼时间逐渐变短，而夜晚时间逐渐变长。

小暑，预示着盛夏开始了。小暑后天气逐渐燥热，之后三伏天开始，天气潮湿闷热，阳光猛烈，大雨和暴雨增多。

大暑，指炎热至极，是一年中最热的节气。此时一般是中伏，天气潮湿多雨，十分利于农作物的生长。

秋天的节气

立秋，这天是气候的转折点，立秋之后就是秋天了，阳光逐渐变弱，雨水减少，天气逐渐变得干燥。同时，动植物的生长和繁育也逐渐缓慢，很多农作物在立秋之后走向成熟。

处暑，也就是"出暑"的意思。顾名思义，炎热的天气渐渐离开了，秋高气爽的天气就要来了。

处暑以后，天气虽然没那么热了，但还不会立刻转凉，甚至还会出现短期的回热现象。人们认为，这时的暑气就像一只老虎一样横行霸道，所以把它叫作"秋老虎"。

白露，天气渐渐转凉，但白天温度还是偏高，夜晚又非常冷。昼夜温差使得空气凝结成了露水，因此这是反映自然界寒气增长的重要节气。

秋分，这天和春分一样，也是黑夜和白天的时间完全相等。不过从秋分之后，白天变短而夜晚变长。

寒露，是一年中气温下降最快的节气。冷空气明显，昼夜温差大，雨水减少，天气非常干燥，已经表现出了寒意。

霜降，是一年中昼夜温差最大的节气，早晚非常冷，而中午又很热。霜降之后，进入深秋。

冬天的节气

立冬，是冬天的开端。秋天结束了，万物开始进入休养的状态。

小雪，意味着天气越来越冷，是寒潮和强冷空气活动频繁的季节，代表着寒冷和降水两层含义。

大雪，气温显著下降，降水量增多，当然降水主要是以雪为主。

冬至，这一天白天最短、晚上最长。冬至过后，白天的时间开始增加，而夜晚的时间开始变短。

> 在古代，冬至可是一个重要的节日。冬至这天，预示着冬天正式到来了，人们要吃饺子，据说这样就能防止冬天冻耳朵。

小寒，意思就是还没有到非常冷的阶段。不过小寒时，一般是二九了，气温继续降低，已经到了冻得发抖的程度了。

大寒，是全年最冷的节气。不过有意思的是，在北方，大寒反而没有小寒冷。

二十四节气不仅可以指导农业生产，还对阴阳学、医学、宗教、祭祀、养生、民俗等多个领域产生了重要影响。比如中医认为，立春补肝、立夏补水、立秋滋阴、立冬补阴，不同的节气吃不同的东西就能滋养身体各个器官。

> 二十四节气不仅对中国影响巨大，甚至影响到了朝鲜半岛、日本、东南亚等地区。

"夏至三庚入伏,冬至逢壬数九"
——说说三伏与三九

民间流传着很多有意思的谚语,这些谚语都是古人根据自己的生活经验总结出来的。比如说"夏至三庚入伏,冬至逢壬数九",乍一看是不是觉得好难呀,不懂这是什么意思。其实呀,这句谚语是在讲天气呢!

三伏

你听说过"三伏天"吗?每年夏天到了最热的时候,老人们总会念叨着"又到了三伏天了"。那么三伏到底是什么呢,为什么三伏天是最热的时间呢?

三伏,指的是初伏、中伏和末伏,也叫头伏、二伏和三伏。在二十四节气中,三伏一般出现在小暑与处暑之间。这段时间,气温非常高,空气潮湿闷热,是一年中最热的时间了。

■我国古人使用干支纪日和节气的方法来推算三伏的日期。一般来说,夏至之后第三个庚日就是初伏,第四个庚日是中伏,立秋之后第一个庚日是末伏。由于每个庚日之间相隔是10天,又由于每年夏至节气后的第三个庚日(初伏)出现的迟早不同,导致中伏的天数有时是10天,有时是20天,所以三伏天一般是30天或40天。

"伏"包含两层含义,一是夏天阳气最盛,阴气潜伏起来了;二是说三伏天太热了,大家最好伏在家里别出去,免得中暑。

别看三伏天挺热,它也有好处。三伏期间,天气最热,人的阳气最旺盛,血液流动更加通畅。中医认为,冬天容易加重的病或者长期慢性病,可以在夏天医治,能达到出乎意

料的效果，这叫"冬病夏治"。

■三伏天太热了，热得人都吃不下饭！不过，有些地区的人们可不这么认为。比如在杭州，人们一般会在头伏时吃火腿，二伏时炖鸡汤。而在北方，很多地区头伏吃饺子，二伏吃面条，三伏烙饼摊鸡蛋。

三九

古人喜欢说"数九寒冬"，其中"数九"也叫"冬九九"，是一种计算寒冷时间的方法。进入冬至之后，人们从第一个农历壬日开始（也有说从冬至日开始）算，每隔九天作为一个计数单位，数完九九八十一天以后，寒冷的季节差不多就要结束了，春天就到了。

■《帝京景物略》中记载，人们从冬至这一天起，用毛笔画梅花。梅花总共有九九八十一瓣，每天用红笔染红一瓣，等到全部花瓣都染红，春天就到了。这就是"九九消寒图"。

有一首儿歌是这样唱的："一九二九不出手，三九四九冰上走，五九六九抬头看柳，七九河开，八九燕来，九九加一九，耕牛遍地走。"

这首儿歌讲的就是从入冬到开春的情景：一九、二九刚刚变冷，冷得手都不能露在外面；三九、四九河水冰冻，是最冷的时间；五九、六九

杨树、柳树开始发芽；七九河水消冻；八九燕子从南方飞回北方；到了九九之时，春暖花开，农民也开始春耕了。

一般数到三九的时候，就是一年中天气最冷的时候，跟三伏天刚好相反。所以民间喜欢说"冬练三九，夏练三伏"，意思是就算天气炎热或寒冷，也不能中断锻炼。

■三九天太冷了，古人有很多办法驱寒，艾灸就是其中最简单也是使用最广泛的。冬天阳气弱，阴气盛，人们容易生病，可以用艾灸刺激穴位，促进人体血液循环，增加阳气，身体的抵抗力就变强了。

第五章 书籍

　　毛遂自荐、完璧归赵、楚汉之争……我相信这些故事你一定耳熟能详。不过你知道这些距离我们上千年的故事，是怎么流传到现在的吗？

　　最重要的贡献者首推"书籍"。书籍是伴随着汉字而产生的。上古时期，原始人为了记录打猎的数量，就开始在石板或者木头上刻画符号。石板和木头就是最初的"书籍"。久而久之，石板摔碎了，木头腐烂了，部落的重要数据资料都被毁掉了，这让首领很生气，决心开发新科技。

　　有人杀牛的时候发现，牛的肩胛骨很硬。首领下令以后用牛骨取代石板。后来随着冶炼技术的提高，青铜器加入了"书籍"的行列中。

　　不过甲骨和青铜器比较笨重，到了先秦时期，某个人突发奇想，把竹子切成片，穿起来做成竹简写字；直到汉朝，纸张的横空出世，彻底引发了革命，并且很快传到了欧洲，为科学知识的广泛普及奠定了基础。

　　你瞧，多亏了书籍，我们才能看到原始人类在陶器上的图画，才能看到殷人在甲骨上的日记，才能读到战国百家争鸣时各大派系的思想……假如没有书籍，这一切都将被淹没在历史洪流中。

　　看到这里，你是不是已经迫不及待想要去看一看这些书籍了呢？

千奇百怪的"书"
——古代书籍进化史

如果你是一个对于文化艺术有追求的人，那么一定离不开书。如今，在科技的飞速发展下，电子书已经渐渐开始取代纸质书。其实，文化的载体随着社会的发展一直在不断变化着。我们熟悉的纸质书也曾有着更古老的前身与历史。

书籍的前世

要说书籍是什么时候诞生的，那可能要追溯到文字出现的时候了。那时候，人们就是为了记录事情才发明了文字。当然，记录的内容大多都只是一些零碎的人物事件等，并不是真正的文章。例如，人们用龟甲、兽骨记录或占卜，用青铜鼎记录皇家典礼。严格意义上来说，那些不能称之为书籍，但却是书的前世。

简牍的辉煌时代

随着对于书写长文的追求，曾经的载体已经不能满足人们的需求了，于是用竹片或木片制作的书籍便出现了。虽然人们通称其为"简牍"，但不同的材质却有着不同的用法。

> 用竹片制作的书又叫"简策"，通常用来记录超过百字的长文；而用木片制作的书则叫"版牍"，基本用来书写不到百字的短文。因此版牍常常用来书写官文、信札、告示等，而简策就是记录各类文章著述了。简牍因为坚固耐用，且易于保存，被人们广泛使用，是仅次于纸质书的存在，直到造纸术出现才逐渐被取代。

简牍是怎么做出来的？首先要选定材料，然后裁剪成宽约0.5~1厘米，长30~100厘米不等的片状。接着用火烤干，防止虫蛀。因为竹子水分多，这个脱水的过程又叫"汗青"。

之后，会先在竹片绿色一面打草稿，然后再把草稿刮掉正式书写，这个过程又叫"杀青"。最后就是打孔，用绳子装订成册，一本书才算做好。

昂贵，只有皇室或者贵族才能用得起。因此，帛书虽好却过于精致，而普通人还是用简牍更多。由于产量稀少，如今我们能看到的帛书仅有子弹库楚墓出土的楚帛书和马王堆出土的汉帛书了。

孔子晚年特别喜欢读《周易》，因为经常翻阅，就连穿竹简的熟牛皮绳都断了好几次。这就是韦编三绝的故事。

一生精致的帛书

在简牍流行的时代，另一种书籍材质也在悄然流传，那就是帛书。早在人们发明出丝织品之后，利用布帛书写的情况就开始出现了。和简牍相比，帛书轻便，方便制作，又不占空间，甚至还能在上面完整地画图，好用极了。

不过它有个巨大的问题，那就是丝织品过于

神秘的楚帛书上记载着与现代流传有些出入的神话故事。在楚人眼里，天地混沌之时，最先诞生了伏羲与女娲，他们结为夫妻，生下了春、夏、秋、冬四神，四神开天辟地才有了我们的世界。在这里，盘古连个影子都没有。

经典是这样炼成的
——五部经书

五经是指《诗经》《尚书》《礼记》《周易》《春秋》。这五本书记录了多方面的文化内容，是研究儒家思想的重要资料。早在春秋战国之前，五经的部分内容就已经被创作出来了。只是它们零散地分布在各地，多亏了古人的精心整理，才有了流传至今的不朽经典。

《诗经》

《诗经》是中国最早的一部诗歌集，总共有311篇。这里面的诗歌都是西周到春秋时期的人们创作的，记录了古人的生活与情感。相传，《诗经》是尹吉甫采集、孔子编订的。

■有一天，孔子的儿子孔鲤从院子里走过，孔子问他："学《诗》了吗？"孔鲤说："没有。"孔子说："不学《诗》，你怎么会说话呢？"于是，孔鲤好好学《诗经》去了。

《尚书》

《尚书》的"尚"也通"上"，意指上古时代或者君王，主要编选了从尧舜到春秋各位帝王与臣子之间的言论。只可惜遇到了秦始皇焚书坑儒，《尚书》遭到了灭顶打击。后人不得不在幸存的残篇上再度整理，可至今无人能恢复其全貌。

■据说,秦始皇焚书坑儒时,孔门弟子伏生冒着被杀头的危险,将《尚书》藏在了家中的墙壁里。等到西汉建立了,伏生才敢回家,可惜墙里的《尚书》只剩下29章残篇。后来汉文帝专门派人上门记录,年近九旬的伏生口述下来,该版本被称为《今文尚书》。

《周易》

相传《周易》是由周文王姬昌创作的。从表面看,它是拿来演算八卦做占卜之用,但里面却囊括了深奥的自然哲学,让人们至今都为其着迷。各种研究学派层出不穷,也将《周易》推到了五经之首。

《礼记》

从名字上就可以看出,《礼记》是一部专门讲礼仪的书。古人讲究站有站相,坐有坐相,说话做事都要有礼貌,在今天读来也能获益。

《礼记》成书于西汉,戴德、戴圣叔侄二人各自辑录有一个版本。叔叔戴德的版本叫《大戴礼记》,侄子戴圣的版本叫《小戴礼记》。

东汉的大学者郑玄为《小戴礼记》做了详细的注释,所以受到后来学者的重视,《小戴礼记》也就是我们今天见到的《礼记》。

《大戴礼记》由于没有受到足够的重视,所以在流传过程中丢失了一大半,今天已难见全貌。

■孔子晚年的时候,很喜欢读《周易》,他每天都要捧着《周易》,学习书里讲述的人和自然的道理。光是阅读还不过瘾,他还给《周易》做了批注,后人称之为《十翼》。

《春秋》

《春秋》是由鲁国史官记录的史料。公正无私的史官们以笔为刀，将诸侯和大夫之间的好事、坏事写了个遍，也算起到了教育意义。人们把这种写作方式称为"春秋笔法，微言大义"。后人为《春秋》做了许多注解，代表作有《左传》《公羊传》《谷梁传》这三本。而如今，《左传》甚至比《春秋》本身都有名呢。

■人们相信，读《春秋》可以知礼仪，遵信义。关羽就很喜欢读《春秋》。相传他带着两位嫂子逃亡的时候，夜里让两位嫂子在屋里休息，自己则在门外苦读《春秋》。

九九八十一变

经过命运的千锤百炼，五经终究顽强地流传到了现代。别看我们现在称为"五经"，曾经孔子编撰的时候可是"六经"。只可惜其中的《乐经》很早就失传了，从此"六经"变成了"五经"。幸亏后来的汉武帝崇尚儒学，五经才没有消失在历史长河中。

不过，儒家的典籍可以称为"经"的也经历了变迁。唐代先是在传统五经的基础上增加《周礼》《仪礼》，并将《春秋》分为三传，称为九经；到开元年间，又加《孝经》《论语》《尔雅》，称为十二经。发展到南宋时，终于将《孟子》也算到里面，成了十三经。直到这时，人们终于发现太臃肿了，于是一番筛选后最终变成了如今的"四书五经"。

■历史上，第一个提出经书要精简的竟然是大文学家韩愈。早年，他也为经书内容冗杂而头大。经过一番研究，他提出以儒学核心思想为主剔除其他，结果遭到了众人的反对。幸好后来朱熹完成了他的心愿，制定了四书五经。

写文章离不开的那些书
——字典和百科全书

咱们现代人看书的时候遇到不认识的字，可以查字典或者查电脑，很轻松就能知道生字的读音和含义。那么古代的人怎么解决这个难题呢？

《说文解字》

东汉经学家、文字学家许慎从小就聪明伶俐，长到后被人推举到了朝廷当官，从事文字编纂工作。

许慎注意到，当时的人们虽然使用统一的文字，但是没人去讲解这些文字是怎么来的，又是如何一步步演化的，至于文字的含义，更是没有一部系统的书籍去解释。许慎于是决定，亲自编一本书，把从

古至今所有文字的产生、演化和意义全部写进去。

许慎不由得为自己的想法感到激动！经过多年的潜心创作，他终于写出了《说文解字》。整部书总共分成540个部首，收录了9 353个汉字，此外，还有异体字1 163个，加起来总共10 516个字。

书里不仅记录了文字的演化和意义，还有字的读音。这对于研究古文字的音节和方言很有帮助哦！在解释文字含义的时候，许慎还加入了山川、地理、民风民俗等知识。

> 《说文解字》这本书一诞生，就创造了至少三项世界纪录！首先它是世界上最早的字典之一；其次，它是中国最早的系统分析汉字字形和研究字源的书籍；再次，它是最早的按部首编排的汉语字典。

《康熙字典》

《康熙字典》是清朝张玉书、陈廷敬等人编著的字典。这本书采用部首分类法，主要参考了明朝梅膺祚《字汇》、张自烈《正字通》，总共收录了47 035个汉字，总共花费了6年时间才编完。由于是康熙

年间印刷出版的,所以叫《康熙字典》。

◆ 江西举人王锡侯闲暇之余对《康熙字典》进行了深入的研究,发现这本书虽然收录的文字很多,知识也很全面,但错误也多呀!王锡侯就产生了改编的想法,他把《康熙字典》删删减减,改成了《字贯》一书。后来有人检举揭发说《学贯》里没有避康熙帝、雍正帝、乾隆帝的名讳。乾隆帝一生气,下令取消了王锡侯的举人功名,诛灭他五族,甚至还连累了江西一大批官员以及出版商。

《永乐大典》

明成祖朱棣发动靖难之役,坐上龙椅之后,心里总不踏实,天天怀疑有人背地里说他坏话。朱棣就琢磨:我得做点好事留下好名声,不然别人老骂我名不正言不顺,多糟心呀!

有一天,朱棣想了个好办法。他召集解缙等人,宣布他想写本书,经费随便花,不看过程,只要结果!

解缙经过一年的努力,修成了《文献大成》,却被朱棣痛批了一顿。后来,朱棣换姚广孝担任监修,壮大编辑队伍至3 000多人,终于编成了这部"世界有史以来最大的百科全书"——《永乐大典》。

> 《永乐大典》囊括了经、史、子、集、天文地理、阴阳医术、释藏道经、戏农工商等数千年来的知识，是我国历史上最大的类书。它将中国的类书推到了世界百科全书的至高地位。

可惜的是，后来由于战火等原因，《永乐大典》绝大部分都失传了，现今仅存800余卷，散落于世界各处。

《四库全书》

清朝乾隆年间，社会稳定，经济繁荣，乾隆觉得这是盛世景象呀，盛世修书才算风雅。于是乎，他决定修一部鸿篇巨著。

在乾隆皇帝的授权下，以纪昀（纪晓岚）为首的大学士们成立了四库馆，然后下令全国各地的地方官，把当地所有文献资料——但凡是带字的，都运到北京来。纪昀带着300多人没日没夜地抄呀写呀，历经十多年的时间终于完成了一部比肩《永乐大典》的百科全书。

因为这部书分为经、史、子、集四个部分，所以叫作《四库全书》，全称是《钦定四库全书》。

> 经部主要收录儒家经典著作；史部收录各类史籍、政令、官政要书等；子部包括诸子百家及其相关著作；集部收录了诗词、小说等各类书籍。

《四库全书》收录了清代中期以前的经典文献79 338卷，图书3 462种，共36 000余册，约8亿字，大约是《永乐大典》的3倍！这可真是个超级大部头呀！

史家之绝唱
——史学双璧

如今，我们津津乐道的大部分历史故事，都是从哪里知晓的？当然是历史书啦！你知道被称为"史学双璧"的是哪两部历史书吗？它们就是《史记》和《资治通鉴》。而且呀，特别巧合的是，这两部书都是司马家的人写的呢！

《史记》

《史记》的作者是西汉时的司马迁。司马家从很早的时候就担任太史令这个职位了。用现代话讲，就是史学研究者，专门在朝廷里编撰历史书的人。

年轻的时候，司马迁曾经跟随孔安国、董仲舒学习，后来又穷游各地，对于民间的风俗、趣闻轶事几乎都了然于胸。

父亲去世后，司马迁继承父亲的遗志写通史。不过不凑巧，当时发生了一件事情，几乎改变了司马迁的命运。汉朝大将军李陵跟随将军李广利征讨匈奴。李陵深入敌后，不幸被俘。汉武帝以为李陵叛国了，直接把他全家都杀了。司马迁知道这件事后，上书为李陵求情。汉武帝正在气头上，哪听得进他的话呀，下令把他关进监狱，还处以宫刑。

司马迁吃尽苦头，但他仍然没有忘掉自己的志向。就这样经历了14年，终于完成了旷世巨著《史记》。

■《史记》是中国第一部纪传体通史，分为本纪、表、书、世家、列传五部分。本纪就是皇帝们的传记；世家主要记录诸侯贵族们的事儿；列传范围就大了，既包括文武大臣，还有民间能人异士；表就是历代大事件表以及帝王世系表（说白了就是皇帝家谱）；书则记录了典章制度、天文历法等。

《史记》的语言非常优美，简直就是一部优秀的文学巨著。因此鲁迅称之为"史家之绝唱，无韵之离骚"。

《资治通鉴》

小时候，你一定听过司马光砸缸的故事吧？司马光是北宋人，从小就聪明伶俐，长大之后进入朝廷担任史官。闲暇之余，司马光写了一本《历年图》，记录了历朝历代一些重要的事情。当时的皇帝宋英宗看了之后，立即表示："嗯，

非常不错，继续写吧！"

宋英宗又是给人又是给钱，还提供他借阅皇家藏书的便利，司马光大受鼓舞。他找来了刘恕、刘攽、范祖禹等人当助手，没过几年就写成了《通志》。这部书主要记录了历朝历代重要的政治和军事事件，还加入了作者自己的点评，读起来很有意思。

后来宋英宗去世了，皇帝换成了宋神宗。他看到这部书之后，觉得非常棒，评价说"鉴于往事，有资于治道"，意思就是里面总结了很多治国的经验教训，适合治理国家的人借鉴，于是就改名叫《资治通鉴》了。

■《资治通鉴》是一部编年体史书，以时间顺序记录了历朝历代的重要事件和主要人物，共294卷。《资治通鉴》从周威烈王二十三年（前403年）写起，一直到五代后周世宗显德六年（959年）为止，共包含了16朝1 362年的历史。

《资治通鉴》问世以来，几乎成了各朝各代皇帝的必读书目。可以说，《资治通鉴》就是一部皇帝和政要们的必读书。

好书藏哪儿了？
——四大藏书阁

《四库全书》编纂完成后，乾隆帝吸取了《永乐大典》的教训，下令把《四库全书》抄录了7套，分别藏在紫禁城文渊阁、沈阳文溯阁、圆明园文源阁、承德文津阁、扬州文汇阁、镇江文宗阁和杭州文澜阁。

可惜，《四库全书》也没能逃过战火的浩劫。文源阁本、文宗阁本和文汇阁本已经全部被毁掉了，只有文渊阁本、文溯阁本、文津阁本和文澜阁本传世至今。这四个藏书阁，也是清朝时最负盛名、最具影响力的藏书阁。

北京文渊阁

文渊阁，位于北京故宫博物院文华殿后，是故宫内最大的皇家藏书楼。文渊阁的模板是浙江宁波范氏天一阁。别看是仿建的，那也是清朝宫廷建筑的精华！

文渊阁采用的是"明二暗三"的建造方式。外表看上去是两层楼，但是走进去一看，变成了三层楼。文渊阁面宽33米，进深14米。它的顶部是黑色琉璃瓦顶，绿色琉璃瓦剪边，喻意黑色主水，以水压火，以保藏书楼的安全。

文渊阁内有很多珍贵楠木做成的书函。所有书籍都用绸带绑好了，保存在这种书函里。书函的一端可以开闭，正面写着书名、编号以及书籍所属的类别。为了区分不同类别的书籍，每一类都用不同颜色表示。书册装函后，分门别类放置在书架上。据说文渊阁的书架有103个，书函总共6 144个，

收藏了 36 000 册书籍。

1933 年，日军占领热河，北京受到了严重威胁。为了保护故宫文物，以及文渊阁的《四库全书》，所有东西全部装箱运往上海。解放战争胜利之后，蒋介石的南京政府逃亡到台湾，带走了文渊阁的《四库全书》以及大量故宫文物，把它们放在了台北故宫博物院里。

承德文津阁

文津阁，位于河北省承德市避暑山庄内，占地面积 3 600 平方米，是一座大型四进院落。文津阁坐北朝南，总体布局与宁波范氏天一阁和宋代书画家米芾的宝晋斋相似。

文津阁前后都有蓄水池，可以用于救火，而且外部装修采取"封火檐"的结构。每间的隔断墙用青砖一砌到顶，这样就构成了封闭的空间。一旦内部着了火，也只能烧一间，不会蔓延到其他藏书室内。

整座楼南北通透，通风良好。地基是花岗岩，隔水防潮。室内地面高于外面 70 厘米，水汽在这里根本没法停留。而

沈阳文溯阁

文溯阁位于沈阳故宫内。沈阳在清朝时叫"盛京"，皇太极就是在这里登基称帝的，后来成了清朝的第二首都。

文溯阁也是仿照明代宁波天一阁建造的，主体建筑同样是"明二暗三"。外观看起来两层，其实是三层，每层有六间房。外部装饰和文渊阁几乎差不多。

文溯阁的命运和文渊阁类似。1931 年"九一八"事变爆发，东北被日本人占领，文溯阁的《四库全书》落入日本人手里。1945 年日本战败投降，《四库全书》才又回到中国。20 世纪 60 年代，因为某些原因，文溯阁的《四库全书》从沈阳调出，运到甘肃保存，一直存放到现在。

且文津阁地板和廊檐也能吸收空气中的潮气,防止藏书发霉变质。藏书用的书函也是楠木的,能有效地防止蛀虫。

杭州文澜阁

文澜阁位于浙江省杭州市孤山南麓浙江省博物馆内。它东西向约35米,南北向约90米,占地总面积约3 150平方米,同样是仿照浙江宁波天一阁建造的。不过和其他几个藏书阁不同,由于地处江南,文澜阁更多吸收了江南建筑的风格,看起来就像是江南的园林一样,是一处典型的江南庭院建筑群。

文澜阁和扬州文汇阁、镇江文宗阁并称"江南三阁"。可惜其他两个都毁于战火,只有文澜阁保存了下来。

> 传说纪晓岚有一次在文津阁里编纂《四库全书》的时候,由于天气太热,就把官服、官帽什么的都给脱了。这时乾隆过来了,纪晓岚来不及穿衣服,就躲到桌子下面去了。

> 清咸丰十一年(1861年),农民起义军太平天国攻占了杭州城。当时人们四处逃难,文澜阁也没人管理,其中大部分藏书都丢了。杭州乡绅丁申和丁丙两兄弟见到文澜阁的藏书被抢,十分痛心,就一块儿收集散失的图书,费了好大劲儿才运送到了上海。后来,文澜阁的《四库全书》被运往浙江博物馆保存。

第六章 艺术

　　毕加索曾经对张大千说："在欧美，我看不到艺术；在中国，才有真正的艺术。"的确，诗词歌赋、琴曲书画、瓷雕刺绣……中国艺术无一不在世界上占有重要的地位。那么，最早的艺术是怎么产生的呢？

　　上古时期，随着男人战斗力的提高，部落中收获的猎物越来越多，吃饱喝足不再为食物发愁后，女人们的爱美基因就觉醒了。她们发现用贝壳和小石头穿成串非常好看，这一度引领了当时的时尚潮流。有人觉得烧出来的陶碗、陶罐很难看，吃饭都没食欲了，于是灵感乍现，在烧制之前，用鲜艳的颜料在陶器上画上图案，烧出来就漂亮多了。

　　不仅是陶器，只要是手边能摸到的东西，小到骨针，大到岩壁，哪怕是染个衣服、缝个补丁，古人都不吝啬地发挥着他们的艺术想象。后来，这些历史悠久的古老传统变成了技艺和技法流传至今，形成了独具特色的艺术。可以说，中国古人在艺术这块不仅玩儿出了花样，玩儿出了风格，而且玩儿出了风骨，玩儿出了境界呢。

　　如今，随着中华文明的复兴，中国的传统艺术越来越受到世界各国人民的喜爱。我们当然更要承担起接班人的职责。现在，就让我们翻开这一章，一起欣赏中国的传统艺术吧！

古代公务员的必备技能
——常说的六艺

古代想当个公务员有多难？他们必须学会六种技能——礼、乐、射、御、书、数，合称"六艺"。

《周礼》是周武王的弟弟周公旦写的一本书。"礼仪之邦"就是从《周礼》来的。这本书不仅创立了政治和官职制度，还为生活中方方面面的事情设立了规范，其中就有六艺。

礼

礼，就是礼仪和规矩。

在古代，小到吃喝拉撒睡、行站坐卧走，大到婚丧嫁娶、祭祀祈福，都要遵从"礼"的约束。礼在古代不仅是一种规范，更是等级的象征。比如觐见皇帝时，如果搞错了礼节是会被斩首的。吃饭时用陶碗、瓷碗还是青铜碗，都是根据身份地位的高低不同有各种相应的规定。

如今，很多礼节已经被淘汰了，但我们也要有礼貌、守规矩。

> 孔子是十分尊崇礼的，在他编纂的五经中就有《礼记》。他曾经教导自己的儿子说："不学礼，无以立。"意思就是说，不学习礼仪，就没办法在社会上立足。

乐

乐，此处指六代乐舞，是周朝最高等级的乐舞，普通的老百姓是没机会看到的。乐舞是皇帝祭祀时，专门给老天爷演奏的，人们相信这样就能保护国家国泰民安。有时，国家举行盛大的典礼，也会演奏乐舞。古代打工人要想进入朝廷当官，当然要精通乐舞的演奏。

❦ 孔子曾经欣赏过乐舞中的《大韶》，忍不住竖大拇指。他说这种乐舞简直就是天底下最完美、最好看的乐舞了。

射

射就是射箭。古代公务员要学习各种射箭技巧，不仅要掌握单发，还要会连发，甚至在靶子上射出一个"井"字形。

射箭学好了，往大了说，可以成为优秀的军事人才，将来保家卫国；往小了说，能捕捉猎物，还能防身。

❦ "华夏第一相"管仲就精通"射"，是个射箭高手。当年，管仲辅佐公子纠争夺齐国王位，半路射箭刺杀公子纠的弟弟公子小白，差点儿成功。公子小白登基后，成了齐桓公，不仅没杀掉管仲，还拜他为相国，辅佐自己成为春秋霸主。

御

御，是驾驭马车和战车的技术。古代老司机可不是扬起鞭子，喊一声"驾"就完事儿了——要求驾车时，马车声音要好听，各种地形都能驾驶得稳稳当当。更有甚者，还必须一边驾车一边弯弓射箭，命中目标。

❦ 造父是秦国的始祖，相传他是周穆王的车夫，曾经创下了一日千里的记录。当时造父开车带着周穆王去兜风，听说徐国攻打首都镐京，造父快马加鞭，连夜狂奔，带着周穆王回到镐京，最终平定了国内的叛乱。

书

书指的是书法。古代公务员想要出人头地,从小就得练字。人家练字不仅要求会写,还要写得漂亮;不仅要写得漂亮,还得知道每一个字是怎么被造出来的,也就是精通造字方法。

> 东汉的钟繇对书法达到了痴狂的地步,他为了练习书法,将山中的石头、树木都写成了黑色。当时的书法家韦诞有一本书叫《笔论》,钟繇几次三番想要借阅都被拒绝了。韦诞去世之后,钟繇便派人从他坟墓中挖出这本书,反复研究,终于领悟了用笔的奥妙。

数

数,指的是数学计算。你看,从古至今,数学都是必修科目。

相传,古代数学源于河图洛书,后来《九章算术》《周髀算经》等成为主要教材,其中勾股定理、方程、圆周率、开方,都是领先世界的。

> 秦九韶是宋元数学四大家之一,他开创的"大衍求一术",也就是现代数学中的一次同余式组解法,比德国著名数学家高斯的同余理论早554年,被西方称为"中国剩余定理"。

古代文艺青年的自我修养
——文人四友

琴棋书画，一般是指古琴、围棋、书法和绘画的合称，又被称为"文人四友"，是古代文艺青年居家修身、外出穷游的必备技能。

精通琴棋书画的人，身边往往都聚集着一大票追星族，无论走到哪儿都前呼后拥。甚至有人靠着这四门技能走上仕途，光宗耀祖。

今天，琴棋书画已经不是学校里的必修课了，但作为中国传统文化的一部分，还是需要我们传承发扬的。

琴

古琴又叫"七弦琴"，有三千多年的历史。最早的琴只有五根弦，传说周朝时，文王和武王在五弦琴上加了文、武两根弦，这才变成了七弦琴。

琴在中国古代乐器中地位最高，这是有原因的。"竹林七贤"的精神领袖嵇康曾经说："所有的乐器里，只有琴能代表最好的品德。"这么看来，在古代文人骚客的心中，琴不仅仅是一件乐器，还是品德的象征——你会弹一手好琴，别人就认为你一定是个君子。

■相传春秋时期，宋国人特别讨厌鲁国的大臣阳虎。而孔子因为和阳虎长得像，带着学生穷游经过宋国时，被当地的士兵抓了起来。孔子的学生子路气得撸起袖子就要动手，被孔子拦了下

来。孔子不仅不生气，反而让子路给抓他们的士兵弹琴，而孔子则坐在旁边唱歌。宋国士兵一看，这么多才多艺的人怎么可能是阳虎呢，于是就把他们放了。

书

书指的是书法。汉字经过几千年的演化，不单纯是交流和记录的工具，而逐渐成了一种特殊的艺术形式。古代文艺青年参加班级聚餐，吟诗作对是常规操作。喝酒喝到尽兴时，也会挥毫泼墨写几个字来显摆自己的才学。

棋

棋，在古代指围棋，原本的名字叫"弈"，如今我们说的"博弈"就是来自围棋。

先秦古书《世本》上说，围棋是尧帝创造的。到了春秋战国时，围棋已经成了全民性的智力游戏。你不会下围棋，在朋友圈里都不好意思跟别人聊天。围棋是智慧的象征，围棋下得好，表示你脑瓜聪明，逻辑思维能力和应变能力强。所以古代文艺青年茶余饭后，都喜欢小秀棋艺，来彰显自己的智商。

■东晋王羲之被称为"书圣"，当时名气很大，经常上热搜。他的一个字价值千金，很多人连夜排队抢购，也不一定能抢到。他曾和朋友在绍兴兰渚山下的兰亭喝酒作诗，大家诗成之后，王羲之拿起毛笔，写下了天下第一行书——《兰亭集序》。

■东晋时期，前秦皇帝苻坚带着百万兵马入侵东晋，朝廷一下子炸了锅，不知道该怎么办。宰相谢安却不慌不忙地跟侄子谢玄下棋去了。到了半夜，谢安突然调兵布阵，发动奇兵，把苻坚的军队打得落花流水。谢安能在危急时刻运筹帷幄，他的才智和谋略，与围棋下得好是分不开的。

画

画，指的就是中国的传统绘画，也叫"国画"。它的作画方式很特别，是用毛笔蘸上墨汁或者颜料，在宣纸或者绢、帛上作画。国画的题材非常丰富，可以画人物，也可以画山水、花鸟，可以写实，也可以写意。

国画讲究形神兼备，不仅要准确表达事物的外貌，更要表达它的生命力和精神。欣赏一幅国画，就像在和古人对话，虽然隔了悠长的岁月，但是我们依然能够从画里清晰地感受到画家的情感，这正是国画艺术可贵的地方。

■唐朝有个画家叫吴道子，他画的衣带就像迎风飘扬一样，非常生动。南北朝时也有个画家叫曹仲达，他画的人物衣服贴着身体，若隐若现，就像刚刚从水里出来一样。人们称赞他们的画技高超，把他们合称为"吴带当风，曹衣出水"。

文化还是本土的好

——中国的四大国粹

中国拥有五千多年的历史，在这么长的时间里，各个领域都积累了无与伦比的财富。尤其是在文化领域，那是妥妥的文化行业领导者。

一个外国人想要了解中国的文化，首先要知道中国的四大国粹！它们就是：武术、中医、京剧和书法！

武术

中国武术，最早起源于原始社会。当时的人们争地盘抢食物，动不动就打架。为了保护自己不受伤害，慢慢地摸索出一些打架的套路，后来就发展成了武术。

> 古人很重视武术，从武则天统治时期起，就像文人要参加科举考试一样，会武术的人也要参加武举考试，比试刀剑、摔跤、射箭、举重、马术等项目。成绩合格的就可以成为武举人，然后就有机会成为驰骋疆场的大将军啦。

武这个字是"止"和"戈"两个部分组成的，所以人们说"止戈为武"，意思是习武并不是为了打架，而是平息争斗，维护和平。在现代战争中，武术的作用大大降低了，人们学习功夫的主要目的是强身健体，必要时还可以自我保护。

中医

中医是中华民族的传统医学理论。上古时期，神农尝百草治病救人，慢慢形成了中医的雏形。到了春秋战国时期，中医已经形成了一套完善的系统，有了解剖学和各种分科。

中医以阴阳五行为基础理论，认为人体是一个复杂的系统：只要阴阳平衡，身体就健康无病；一旦阴阳失衡，人体就会出现各种问题。可以说，中医不是在治病，而是在调整身体的阴阳平衡。

- 很多武术爱好者每天都在练习功夫，他们把少林功夫、通臂拳、咏春拳、洪拳等优秀的武术功夫保存了下来。除此之外，用武术拍出来的电影也很好看，全世界人民纷纷点赞。李小龙、成龙、李连杰……一大批优秀的武术家们，将中国功夫推向了全世界。

- 三国时，有一个叫董奉的大夫，他不仅医术高明，而且品德高尚。他给人治病从不收钱，只要求病人去他门口栽杏树。久而久之，董奉家门口形成了一片杏林，结满了杏。别人拿钱来买，他不卖，但可以用粮食换。后来，换的粮食堆满了粮仓，他又把粮食拿出来救济灾民，人们都很感激他。从那之后，"杏林"这个词就成了中医的代称。

京剧

京剧，是中国影响最大的戏曲剧种之一，也是世界三大表演体系之一，堪称中国的"国剧"，被选入了联合国教科文组织非物质文化遗产名录。据说，京剧源于清朝乾隆年间，当时来自五湖四海的戏剧班汇聚到北京，多种戏剧相互融合才形成了独具特色的京剧。

🌿 极负盛名的艺术家梅兰芳，开创了别具特色的京剧表演体系，被称为"梅派"。他虽然是一个男人，但是很擅长在舞台上扮演女性角色。

书法

书法，是汉族独创的艺术，有人把书法称为"无言的诗，无行的舞，无图的画，无声的乐"。

七千多年前，原始人类就在陶罐上用简单的符号记录事情，这些符号大多是仿照动物、日月和山川画出来的，后来经过演化，形成了现在的文字。

所以说，汉字本身就是一种简笔画，加上文人们的创造力，就形成了书法。

🌿 宋朝皇帝宋徽宗坚信，不会画画的皇帝不是一个好书法家。他对艺术非常痴迷，尤其是书法。他独创的"瘦金体"，成为一种个性独特的书法风格，不断被后人模仿。遗憾的是，他当皇帝远远不像写书法那样努力，后来国都被金人攻破，他自己也被抓到北方去了。

古代常用字体
——书法五体

古人常用的字体有五种，分别是篆书、隶书、楷书、行书和草书。虽然字体少，但也没耽误古人把它们玩出了花，也许这就是物尽其用的道理吧。

篆书（更像一幅画）

篆书是一种特别优美的字体，由于接近原始的汉字，所以看起来很像是一幅画。它们的出场方式非常硬核，甲骨、石头、青铜器或者竹简，都是篆书的主要活动场所。

篆书包括大篆和小篆，人们把秦朝之前的所有文字统称为"大篆"，包括甲骨文、金文、石鼓文等。在秦朝建立以前，各国都有自己的文字和书写方式。等到秦始皇统一六国后，本着一家人就要整整齐齐的原则，秦始皇命令李斯创立了小篆，这就是历史上赫赫有名的"统一文字"运动。和大篆相比，小篆偏向长方形，线条粗细基本一致，这样书写起来就更方便啦。

■秦始皇经常出巡，玩得高兴的时候，就会让李斯写文章赞扬他的伟大功绩，并用小篆刻成石碑留作纪念，这或许是最早的"到此一游"吧。其中《泰山刻石》是李斯最著名的代表作。

楷书（方正而精致）

隶书（古今过渡的桥梁）

楷书，也叫正楷、真书、正书，是在隶书的基础上发展出来的。相较于隶书，楷书更加横平竖直，方方正正，而且更加美观精致。

秦朝推行小篆后，书记官们可吃了大苦了，每天上班的工作内容就是写写写，抄抄抄。然而小篆字体写起来太费劲，为了节省出时间，人们就把小篆改良了，慢慢变成了隶书。

楷书出现在东汉末年，但是直到隋唐时期才达到巅峰，所以有"汉隶唐楷"的说法。楷书不仅具有美感，书写起来还很方便，所以直到今天，仍然是我们最常用的字体。

隶书又宽又扁，把小篆弯曲圆润的笔画，变成了点、提、横、竖、撇、捺、折钩等笔画，不仅书写起来很方便，而且方正美观，对后世书法影响很大。

楷书形成之后，出现了很多书法大家。唐朝的欧阳询、颜真卿、柳公权和元代的赵孟頫分别开创了四种不同的风格，合称"楷书四大家"。

■相传，隶书是秦朝的程邈创立的。程邈是一名狱吏，他的工作没做好，被关进了监狱里。闲着没事儿，程邈就想起当差的时候用小篆写公文太慢了，影响工作进度，于是对小篆的笔画进行改良，发明了隶书。秦始皇看了之后，对他大加赞赏，不仅把他无罪释放，还给他升了官。

■在中国书法史上，颜真卿是公认的继"二王"（王羲之、王献之）之后成就最高、影响最大的书法家。他的楷书大气磅礴，气势雄浑，代表作有《多宝塔碑》《麻姑仙坛记》等。人们形容他的字就像"荆卿按剑，樊哙拥盾，金刚瞋目，力士挥拳"。

行书（写字也要一鼓作气）

行书介于楷书和草书之间，比楷书飘逸，但又比草书容易辨认，所以很多人都喜爱行书。

行书讲究运笔而不停，意思就是只要一落笔，写起来就不能停，要一气呵成，直到最后一个字写完。所以，行书的书写速度和楷书相比，大大提高了。

■行书在汉朝末年就已经出现了，但直到晋朝时才盛行起来，这要归功于王羲之。王羲之从小刻苦练习书法，后人评价他的行书"飘若浮云，矫若惊龙"。他的书法作品《兰亭集序》被称为"天下第一行书"。

草书（仿佛一阵风）

草书，顾名思义，就是写得很潦草的字体。潦草没关系，主要是写起来快。

草书产生于汉代，是从隶书的基础上发展起来的。草书也是为了解决书写速度太慢的问题，但是草书实在是太快了，除非专门学过，否则普通人是很难辨认的。

后来，草书也有了变化，变得更容易辨认了，这就是"章草"。章草进一步发展，笔画变成了简单的符号，字与字之间经常连起来，慢慢变成了"今草"。

唐代时，今草更加放纵，笔画连绵环绕，字形更是千奇百怪，根本就认不出来，称为"狂草"。

■唐代有两个非常著名的草书书法家，他们合称"颠张狂素"，分别指的是张旭和怀素。张旭奔放不羁，书法一气贯注，就好像疾风骤雨一样，再加上他狂放不羁，被人们称为"颠张"。怀素的草书像一阵风，变化莫测，飘逸自然，被人们称为"狂素"。

组建古风乐队需要什么乐器？
——古人用什么演奏曲子？

现代乐队中，我们经常看到钢琴、小提琴、架子鼓、吉他等这些西洋乐器。但是你知道吗？几千年前，我们的老祖宗就已经能够使用传统乐器组成乐队，演奏大型音乐会了。

宫商角徵羽（五音走天下）

我们经常说一个人"五音不全"，指的就是"宫、商、角、徵、羽"——我国传统乐曲中五个不同音阶，对应着现代音乐中的1（Do）、2（Re）、3（Mi）、5（So）、6（La）。

《礼记》记载："宫音"代表天子，统率"众音"，"商音"代表臣子，"角音"代表百姓，"徵音"代表政事，"羽音"代表万物。

> 春秋时期，齐国丞相管仲就在他的著作《管子》里记录了一种数学方法——三分损益法。利用这种数学方法，可以获得标准的五音，还能生出十二律。这是世界上最早的"十二律"理论，比古希腊毕达哥拉斯的音乐论要早一百年左右。

编钟（乐器中的皇亲国戚）

编钟，是古代汉族的大型打击乐器。一般是用青铜铸造的扁圆形的钟，上面有人、兽、龙等精美装饰，悬挂在架子上，通过敲击发出不同的乐音。编钟越小，音调就越高，音量也越小；编钟越大，音调就越低，音量也越大。

古代的编钟起源于西周时期的战争和祭祀。因为古人相信，每逢征战敲一敲，每逢祭祀敲一敲，好运就来了。一方面是祈求好运，一方面也表示对上天的尊重。

琴丨瑟（它俩在一起才和谐）

琴，指的是我国古代乐器——古琴，又叫"绿绮""丝桐"。最早关于琴的记录是在《诗经》里，"窈窕淑女，琴瑟友之"。

> 曾侯乙是战国时期曾国的君王，他特别喜欢制作乐器和研究音乐。曾侯乙在40多岁的时候去世了，楚惠王命人铸造了一套编钟，送到曾国，祭祀曾侯乙。这就是中国迄今发现数量最多、保存最好、音律最全、气势最宏伟的曾侯乙编钟。

后来，编钟逐渐成为帝王或者贵族的专属，用于宫廷宴会演奏，是等级和地位的象征，普通老百姓可能连见都没见过。

编钟的乐音清脆明亮，有很强的穿透力和感染力，天生具备神圣、肃穆的特质。

瑟，是汉族古代的弹弦乐器。先秦时还是大明星呢，后来就逐渐没落了。湖南长沙浏城桥楚墓出土了春秋战国时期的瑟，是已知年代最早的瑟的实物。

琴和瑟，经常在一起使用，代表和谐和美的意思。实际上，琴是一头大，一头小，瑟是标准的长方形。琴一般是7根弦，瑟多为25根弦。

> 琴本来只是一件很普通的乐器，后来孔子把古琴比作君子的品德，再加上伯牙、子期的故事也和琴有关系，于是弹琴就成了读书人的标配。

箜篌（躺着站着都能弹）

箜篌是一种古老的乐器，主要分为竖箜篌和卧箜篌。

> 卧箜篌诞生于春秋时的楚国，由远古狩猎者的弓箭演变而来，是横卧着的，使用竹片弹奏。汉朝时，汉武帝征战西域，打通了丝绸之路，竖箜篌传入中国，也就是现代的竖琴。

箜篌在古代主要是宫廷乐队使用。唐朝时，皇宫里经常演奏箜篌乐曲。箜篌的声音很有特点，曾经有人形容它的声音好像是从水上发出的，伴随着水面轻微震动，清亮并且飘忽。

> 李凭是唐宪宗时期著名的宫廷乐师，尤其擅长箜篌演奏。每次他的音乐会都是大型追星现场，有人形容"天子一日一回见，王侯将相立马迎"，由此可见他当时的受欢迎程度。著名诗人李贺专门写了一首诗《李凭箜篌引》，赞美他的技艺出神入化。

排箫（人多力量大）

排箫是中国古代发明的乐器，由很多根长短不同的管子组成，就好像很多笛子绑在一起。历史上，排箫又叫参差、云箫、凤箫等。到了元朝，为了和单管的洞箫做区别，才改名为排箫。

排箫一般是竹子、檀木、酸枝木等制作而成的，管子数

量从 10 根到 24 根不等，一根管子发一种音阶。排箫的音色非常纯净，轻柔细腻、空灵飘逸，如同仙境一般。

琵琶｜羌笛
（"混血儿"）

琵琶是中国传统的弹拨乐器，至今已经有两千多年的历史了。

秦朝时流传着一种下面是圆形，上边带有长柄的乐器，弹奏时向前弹叫"批"，向后挑叫"把"，所以人们就叫它"批把"，后来才改称为"琵琶"。所以，琵琶两个字本来是指一种弹奏技法。

> 到了南北朝，从西域传来一种类似的乐器，下面不是圆形而是梨形，和中国传统琵琶结合之后，形成了现在的琵琶。所以说，如今常用的琵琶其实是混血儿。

琵琶的声音穿透力很强，具有很好的感染力，中国十大古曲中的《阳春白雪》就是琵琶曲。

> 唐朝时，著名诗人白居易被贬官到江州（今江西九江），在船上遇到了身世悲惨的琵琶女。她演奏了一首琵琶曲来叙述自己的不幸遭遇，白居易被她高超的弹奏技艺感染，听到最后忍不住掉下了泪水。为此，白居易特意写了一首长诗《琵琶行》。

羌笛，是秦汉时期生活在西北高原上的游牧民族羌族发明的，至今已有两千余年历史。早期的羌笛用鸟腿骨或羊腿骨制成，既能吹奏，又能当马鞭。后来经过改造，成为独奏的乐器。

羌笛的声音清脆婉转，经常用来弹奏含有思乡之情的曲子，或者倾诉悲伤哀婉的情感。

> 唐朝国土辽阔，很多士兵为了保卫西域边塞，离开家乡和亲人，来到西域的沙漠戈壁。他们当时有很多人都战死沙场，尸骨也没有办法回到故乡。著名诗人王之涣为他们写了一首《凉州词》，其中就有一句"羌笛何须怨杨柳"。

古代流行金曲榜
——十大名曲

中华文化有着独特的音乐形式,五千年来名曲不断。人们还给这些曲子进行了评选,最终选出十首最具代表性的曲子。那么究竟哪些曲子获此殊荣了呢?让我们一一揭晓吧!

《高山流水》(兄弟友谊曲)

《高山流水》是中国最著名的古曲了。关于它的故事,几乎是家喻户晓!

传说,俞伯牙和钟子期是一对特别要好的朋友。俞伯牙善于弹琴。当他弹出巍峨雄浑的琴声时,钟子期就会说:"弹得太好啦,就好像高山一样。"当他弹奏得急促激荡时,钟子期就会说:"弹得太好啦,就像江河流水一样!"于是这首曲子后来就取名"高山流水"。

俞伯牙总是对别人说:"子期太了解我啦,他就是我的知音呀!"

不久后,钟子期去世了。俞伯牙可伤心了,他在坟前大哭一场,还摔断了琴,从此以后再也不弹了。

由于伯牙和子期的神仙友谊,"高山流水"成了一个成语。除了比喻乐曲的高妙之外,还表示"知己"和"知音"。

《广陵散》（悲壮复仇曲）

关于《广陵散》，也有一个故事，讲的是战国四大刺客之一聂政的复仇。据说，战国时期，韩国大臣严遂与相国韩傀有仇，就找到聂政去刺杀韩傀。

不过呢，在《琴操》这本书里，却有不一样的版本。传说聂政的老爸为韩王铸剑，因为耽误了项目进度，就被韩王杀了。聂政当然很生气啦，为了报仇，隐居到泰山苦练弹琴。十年之后，聂政在身上涂上漆料改变了肤色，吞木炭改变了声音，回到韩国。韩王听说国都来了一位技艺高超的琴师，就把他召进宫。聂政趁演奏的机会，刺死了韩王。为了避免连累母亲，聂政毁容自杀了。

后人根据聂政刺韩王的故事，谱成了《广陵散》。这首曲子旋律激昂，是我国现存古琴曲中，唯一一首蕴含着杀伐战斗和浩然正气的曲子，古人称之为"纷披灿烂，戈矛纵横"，表达了聂政为父报仇的反抗精神。

> 相传，三国末期有个思想家、音乐家叫嵇康。有一天夜里，嵇康失眠了，就跑到一个亭子里弹琴。琴声打动了一个鬼魂，那个鬼魂见他弹得不错，就将《广陵散》传授给了他，并与他约定：此曲不可教人。嵇康对《广陵散》爱不释手。不久后，嵇康得罪了司马昭，司马昭下令将他处斩。临死之前，他又弹了一遍《广陵散》，流着眼泪说："唉，袁孝尼之前要跟我学《广陵散》，我没教他。现在这首曲子要失传了。"

幸运的是，明太祖的儿子朱权酷爱音乐，专门命人收集古曲，编撰成了《神奇秘谱》，这里面就有《广陵散》。也是因为这样，这首曲子才能保留到今天呢！

《平沙落雁》（自然景色曲）

平沙落雁，其实是一处优美的风景。沈括在《梦溪笔谈》中记载了潇湘八景，其中就有平沙落雁，就在今天的湖南省衡阳市回雁峰。

《平沙落雁》这首曲子用音乐描述了黄昏时分，在烟波浩渺的洞庭湖边的白沙上，一群大雁或在水中嬉戏，或在天空翱翔的恬淡山水风景。

> 《平沙落雁》的节奏非常舒缓，琴音活泼，甚至还可以用琴声模仿大雁的叫声，听起来好像有大雁在身边飞过，简直太神奇啦！

这首曲子不仅描绘了黄昏美景,也借助大雁表达了古人的高远志向。自诞生以来的三百多年里,《平沙落雁》是曲谱最多、流传最广的曲子之一。

> 🔖 关于《平沙落雁》的作者还存有争议,有人说是唐代诗人陈子昂,也有人说是宋代琴师毛敏仲。因为没有确切的史料记载,也没办法证实。

《梅花三弄》(植物之曲)

《梅花三弄》,又名《梅花引》《梅花曲》。相传原本是东晋名将、"笛圣"桓伊写的一首笛子曲。后来据说由唐代的颜师古改编成古琴曲(此说待考)。

"三弄"是一种特殊的演奏技巧,指的是同一段曲,反复演奏三次。《梅花三弄》正是通过这种手法,用音符刻画了梅花在寒风中绽放的英姿,以此来表达不畏强权的个性,赞扬了节操高尚的人。

> 🔖 东晋时,"书圣"王羲之的儿子王徽之也是有名的书法家。有一天,他坐船出门,正好看到桓伊在岸上走路。王徽之听说他的笛子吹得很棒,就邀请桓伊来船上坐坐。桓伊也不推辞,就来到船上,为他吹奏了一首曲子,正是《梅花三弄》。

《十面埋伏》
（战场背景音乐）

秦朝末年，刘邦和项羽争夺天下，打得特别惨烈。刘邦幸亏有韩信的帮助，才取得了楚汉之争的胜利。《十面埋伏》这首曲子就来自这段故事。它用音乐的形式展示了楚汉相争的战争场面，就像一首长篇叙事诗。当你听这首曲子时，眼前仿佛能看到将士们冲杀时的场面，那真的是很激烈、很残酷，不愧是最佳战场背景音乐。

《夕阳箫鼓》
（浪漫进行曲）

《夕阳箫鼓》是一首经典的琵琶曲，描绘了暮鼓送走夕阳，箫声迎来圆月的傍晚，人们在月光下划着小船，在小河上缓缓漂荡的画面。想想都觉得很美呢！

《夕阳箫鼓》有很多版本，比如《浔阳琵琶》《浔阳夜月》等。很多人认为这首曲子的立意来源于白居易的《琵琶行》。不过呢，大部分人认为，它是根据张若虚的《春江花月夜》写出来的。看来古人真是文艺不分家呀！

《渔樵问答》（躺平曲）

《渔樵问答》是一首古琴曲。"渔"就是打鱼的人，"樵"就是砍柴的人。这首曲子采用渔樵对话的方式，描绘了他们对日出而作、日落而息的简单生活的享受。从青山绿水中发现生活的乐趣，是多么惬意呀！古人有一种渔樵情怀，希望摆脱所有的烦恼和生活琐事的羁绊，去拥抱美丽的大自然。

> 在很多人眼里，打鱼和砍柴不是什么好工作，但是历史上也有人因为打鱼砍柴名留青史的。东汉的严子陵喜欢钓鱼，光武帝刘秀多次请他做官，他都不去，没事儿就钓钓鱼，唱唱曲，这种生活谁不喜欢？西汉的朱买臣从小家里很穷，每天只能砍柴卖钱，但是他更喜欢读书，经常坐在树下读书，连砍柴都忘了。

《胡笳十八拍》（思乡曲）

东汉时，天下大乱，曹操的好朋友蔡邕在监狱里被处死。蔡邕的女儿蔡文姬不幸被匈奴掳走，在塞外生活了十二年。蔡文姬太想念自己的家乡啦，一直想要回中原。东汉末年，曹操几乎统一了北方，想到好朋友的女儿还在匈奴人手里，十分痛心。他派人用钱把蔡文姬赎了回来，这就是"文姬归汉"的故事。

相传，《胡笳十八拍》就是蔡文姬创作的。胡笳是一种匈奴乐器，蔡文姬回到家乡之后，用古琴把胡笳的音调演奏出来，开创了当时流行音乐的新风格。

这首曲子表达了蔡文姬遭受的苦难和对故乡的思念，反映出了东汉末年战乱带给普通百姓的深重灾难，听起来令人十分伤感。

《汉宫秋月》（哀怨曲）

《汉宫秋月》是一首琵琶曲。很多人认为，它和元代戏剧家马致远的元杂剧《汉宫秋》有关系。这首曲子主要描写的是汉代皇宫里宫女们的生活。她们一生只能待在皇宫里，不能出去。她们失去了自由，多像笼子里的小鸟啊！

《汉宫秋月》用看似简单的音符，展现出宫女们悲惨的一生，让人忍不住为她们感叹。

《阳春白雪》（高冷曲）

相传，《阳春白雪》是春秋时期晋国的音乐大师师旷所作。

《阳春白雪》其实是两首曲子，包括《阳春》和《白雪》。《阳春》描写的是春天万物复苏，温暖的风吹走了寒冬的场景；而《白雪》写的是冬去春来，雪竹在微风中轻轻摇曳，发出美玉撞击般琳琅的声音。两首曲子都迸发出欣欣向荣的气息，让人忍不住感叹：春天是多么美好呀！

战国时，楚襄王召见宋玉，问他："听说先生德才兼备，为什么从没听老百姓夸赞过你？"宋玉不慌不忙讲了一个故事：楚国有个流浪歌手，他唱《下里》《巴人》时，数千人围着他一起唱；他唱《阳阿》《薤露》时，剩下一百多人；最后他唱《阳春》《白雪》时，只有十几个人了。这就是成语"曲高和寡"的来历。宋玉说这个故事，其实是想告诉楚王："哥其实很优秀，只是懂我的人太少。"

国画中的偶像天团
——国画四君子

中国传统国画中，出镜率最高的四种植物是梅花、兰花、竹子和菊花，它们有一个响亮的称号——"国画四君子"。就像是今天最受欢迎的偶像团体一样，它们拥有无数的粉丝，不仅拉高了中国文人的审美格调，更是成为中国士大夫人格的象征和隐喻。

梅

梅花是"四君子"中的老大，和松、竹并称"岁寒三友"。

晚冬和早春，所有的花都畏怯冰寒，不敢开放，只有梅花"凌寒独自开"，勇做春天的报幕使者。梅花的这种品质，多像那些不畏强权的仁人志士啊！

梅花不仅是国画中的超模，还是诗词中的流量明星呢！在中国文学史上，以梅花为题材的诗词和绘画，数量太多了，其他任何花卉根本比不了。

此外，梅花还有很多寓意，比如梅花和喜鹊画在一起，表示"喜上眉梢"；梅花、竹子和喜鹊画在一起，代表"梅竹双喜"。看，多么吉祥，多么美好呀！

■宋朝时，临安（今杭州）有个诗人名叫林逋。他特别喜欢梅花和仙鹤，房前屋后种了好多梅花，家里养了好几只白鹤。他一生都没有结婚生子，把梅花当作妻子去爱护，把仙鹤当作儿子去照料。这就是"梅妻鹤子"的典故。

兰

兰花一直是画家们心里的白月光，被称为"君子之花"。为什么兰花被称为"君子"呢？这就不得不说一下兰花的特点了！兰花天生有一种娴静和淡然的气质，它生长在无人的山谷里，不沾染世俗之气，有着清婉淡雅的姿态。

兰花这种无人观赏也能独自幽香的品格，像不像古代的隐士呢？隐士们远离世俗纷争，不沽名钓誉，不取悦谄媚，不正是孔子所说的君子风格嘛！

■孔子非常喜欢兰花，他对学生曾子说："与善人居，如入芝兰之室，久而不闻其香，即与之化矣；与不善人居，如入鲍鱼之肆，久而不闻其臭，亦与之化矣。"意思就是，和品德高尚的人交往，就好像进入了摆满兰花的房间，久而久之就闻不到兰花的香味了，这是因为自己和香味融为一体了；和品行低劣的人交往，就像进入了卖臭咸鱼的店铺，久而久之就闻不到咸鱼的臭味了，这也是因为自己与臭味融为一体了。

竹

竹子和梅花、松树一样，都是抗冻专家。无论严寒酷暑，竹子都严格要求自己。如果你见过竹子，一定也被它挺拔、修长、从不弯曲的骨气所感染吧！

在古人看来，竹子的竹节代表了不屈的骨气和傲气，竹子的中空代表了虚心向上的追求。大文豪苏东坡就曾

经说:"我宁愿吃饭不吃肉,也不能院子里没竹子。不吃肉人就会瘦,没有竹子人就会俗气。"古人对于竹子真是青睐有加呀!

■北宋时有个画家叫文同,他喜欢竹子简直到了痴迷的程度。无论寒冬酷暑,文同都坚持观察竹子的形态,仔细研究竹子的颜色,以及叶子摇摆的姿态。后来,文同成了画竹大师,画起竹子来惟妙惟肖。有人说,文同画竹子前,竹子已经在胸中了。后来就有了"胸有成竹"这个成语。

菊

菊花一般盛开在寒秋,那时,所有的树木和花朵都已经衰败了,只有菊花还精神抖擞,一点都不怕冷,多像一个真正的战士呀!怪不得黄巢会说"待到秋来九月八,我花开后百花杀",这么看来,菊花代表了一种锐意进取、无所畏惧的精神呢!

同时,菊花选择在寒秋开放,不跟别人争抢,看起来就像个淡泊名利、超凡隐逸的高人,所以菊花也是隐士的象征。

■晋代诗人陶渊明不愿意在官场同流合污,于是辞官回家,过起了"采菊东篱下,悠然见南山"的生活。

传世名画的自我修养
——聊聊十大名画

中国传统绘画称为国画，以水墨风格为主，在世界绘画艺术史上别具一格。其中有十幅画的名气极高，受到古今中外人们的追捧。

洛神赋图（长卷绘画的老祖宗）

东晋画家顾恺之读了曹植写的《洛神赋》，被曹植和洛神的爱情故事所感动，他突发奇想，把它画成一幅画应该相当完美。

顾恺之带着激动的心、颤抖的手准备动笔，很快遇到一个难题：这个故事太长了，一幅画根本画不下！顾恺之开动脑筋，把整个故事切分成几段，分别画出来，然后连在一起……就这样，《洛神赋图》诞生了。

> 曹植是曹操的儿子，三国时期的文学家。他有一次回家，路上经过洛水，"有感于宋玉对楚王神女之事"，虚构了自己和传说中的洛水女神宓妃的爱情故事，写下了《洛神赋》。

清明上河图
（伪装成画作的谏）

北宋皇帝宋徽宗认为，不会画画的书法家不是一个好皇帝。他是琴棋书画门门功课满分，但就是不用心治国。宫廷画家张择端看到国家出现了衰败的迹象，想要劝劝宋徽宗，但又怕挨板子，于是选择曲线救国。

张择端跑到东京城（今开封）外，沿着汴河走啊走，最后画了一幅画，进献给皇帝。这就是中国传世古画中最伟大的作品之一《清明上河图》。整幅画有5米多长，人物、牛马、房屋、车船不计其数，同时也画出了城防松懈的问题。

谁知道宋徽宗看了之后，故意装糊涂，不愿花心思治理，还把这幅画送给了大臣。可惜了张择端的一番心血。

富春山居图
（因为太美而身世坎坷）

这幅画是元代画家黄公望创作的水墨画，描绘的是浙江富春江两岸的山水景色，被称为"绘画界的《兰亭集序》"，由此可见这幅画是多么漂亮。

黄公望把它当作礼物送给了师弟郑樗，郑樗看了之后直呼："好家伙，这也太好看了吧！"紧接着，他化身预言家，认为这幅画如果流传下去，后世一定非抢破头不可。果不其然，之后的六百多年里，《富春山居图》被各路人马争相抢夺，以至于最终成了两半。

清朝时，宜兴收藏家吴洪裕得到《富春山居图》，喜爱到了痴迷的程度，立下遗嘱——死后要把这幅画烧了陪葬。吴洪裕去世后，家人按照他的遗嘱要焚烧《富春山居图》，幸亏侄子吴静庵是个懂事理的人，他赶忙拦了下来，才挽救了这幅画。

汉宫春晓图
（宫女生活一瞥）

工笔重彩是中国传统绘画的技巧，用工整、细致的手法描绘景物和人物的细节，然后用矿物颜料一层层铺陈上色。明代画家仇英就非常擅长这种画法。

仇英生活在崇尚奢侈之风的明代中晚期，也受到时代风尚的影响，他借《汉宫春晓图》表达了对汉朝浮华美好的宫廷生活的赞美。这幅描绘汉代宫廷生活的《汉宫春晓图》成了仇英的得意之作，被誉为中国"重彩仕女第一长卷"。

> 《汉宫春晓图》里面有后妃、宫女、皇子、太监等115人，他们衣着鲜丽，姿态各异，有的化妆，把自己打扮得美美哒；有的在浇花或者折花，准备开启全新的一天；还有的唱歌跳舞、下棋读书，这样才够文艺范儿……瞧，汉朝的宫廷生活多么丰富多彩！

百骏图
（中西合璧的大乘之作）

中国传统绘画中，无论是山川河流，还是花鸟鱼虫，都是用水墨风格去表现的。但是清朝时，这种传统被一个外国人打破了，他就是郎世宁。

郎世宁原本是意大利人，后来跟随船队来到了中国，进入朝廷当了宫廷画家。同事们为了完成皇帝的工作任务，每天绞尽脑汁琢磨怎么画出更好的水墨画。郎世宁则一方面通过大量的创作向皇帝展示西画明暗透视画法的魅力，一方面积极借鉴中国水墨画的画法，融入自己的创作。

一天，郎世宁带着自己的《百骏图》给同事们看，小伙伴们都惊呆了：水墨画还能这么画？原来呀，《百骏图》中画了100匹姿态各异的骏马，不同的是，郎世宁画马的时候，把中国的毛笔和水墨，与西方画法相结合，把马的毛发、肌肉都表现得淋漓尽致。正是由于这种画法，《百骏图》创造了"中西合璧"的新风格，对于中国传统绘画的发展产生了巨大的冲击。

步辇图
（大型相亲现场）

相传，吐蕃的禄东赞很聪明，唐太宗决定出几道题考考禄东赞：如果考了满分，就把文成公主嫁给松赞干布。禄东赞微微一笑，轻松解答出所有问题。唐太宗十分吃惊，觉得他是个人才，想留他在大唐工作，并给出了优厚的待遇。然而禄东赞心系吐蕃，唐太宗也没为难他，让他带着文成公主回到了吐蕃。

唐朝贞观年间，松赞干布统一了吐蕃。为了表达和唐朝的友好关系，他派遣使者禄东赞到大唐，向唐太宗提出迎娶大唐公主的请求。唐太宗亲自接见了禄东赞，阎立本就把这个场景画了下来，这就是《步辇图》。

《步辇图》在绘画技巧上不用多说，毕竟是大画家阎立本的画作。它更重要的价值是，就像一张老照片，是汉、藏两族深厚友谊的直接见证。

唐宫仕女图
（唐代贵妇的生活百态）

张萱和周昉是一对好搭档，他们特别擅长画美女，尤其是皇宫的仕女和贵族千金。《唐宫仕女图》是张萱和周昉合作绘画的五幅图的合称，主要描述了唐代贵族女子生活的场景。在描写她们的闲情雅致的同时，也暗含了深宫生活的艰难和身不由己。

> 在《唐宫仕女图》里，有的人在春游，有的人在挥动扇子静静发呆、思考人生，还有的三五成群品茶玩游戏，生活悠闲自在……不过，还有一些人可就苦了，她们白天干杂活，晚上还要捣练制衣，太难了。

五牛图
（神气活现，牛气冲天）

唐朝有个宰相叫韩滉，他还有一个身份——画家。韩滉明白一个道理：当官不为民做主，不如回家卖红薯。他非常重视农业生产，当时牛是发展农业的主要生产力，所以他画了很多以牛为主题的画，表达了"勇敢如牛，不怕困难"的精神。

《五牛图》就是他的代表作，这是现存最古老的纸本中国画，也是少数几件唐代传世纸绢画真迹之一。

> 韩滉画牛和别人不一样，别人画出来的牛都是平面的，韩滉画出来是立体的，所以他的《五牛图》非常生动，就像真的一样。

韩熙载夜宴图
（达官贵人的夜生活）

五代时，南唐有一个画家叫顾闳中，无论什么场景，只要看一眼就能原封不动地画下来。他明明是个画家，偏偏被皇帝派去当了"特务"。《韩熙载夜宴图》就是他监视大臣韩熙载时而画的。

> 据说韩熙载在南唐很有影响力，南唐后主担心他干预政治。韩熙载也怕被皇帝穿小鞋，就天天饮酒作乐，假装玩世不恭。李后主不相信，派顾闳中暗中监视。顾闳中把韩熙载举办宴会的场景画下来，上报给李后主，李后主看了之后，认为韩熙载只会吃喝玩乐，也就不管他了。

千里江山图
（少年天才的传世佳作）

这幅画描绘了韩熙载在家里举办宴会的场面。顾闳中监视了韩熙载一晚上，把他做的所有事情画成了连续剧，包括"琵琶独奏""六幺独舞""宴间小憩""管乐合奏"和"宾客酬应"五集。

《千里江山图》是北宋画家王希孟创作的绢本设色画。王希孟为了画出自己满意的作品，特意公费旅游了半年，到处采风。他来到庐山和鄱阳湖，发现这里的景色太美了。他凭借惊人的记忆力，把烟波浩渺的江河、层峦起伏的群山、静态的渔村野市、水榭亭台和动态的游船、集市全都记了下来，回到画院里，画出了一幅以"青绿"为主色调的长卷，这就是《千里江山图》。

王希孟是宋徽宗设立的宫廷画院的学生。宋徽宗独具慧眼，看出了他的天赋，亲自指导他绘画。王希孟18岁那年创作了《千里江山图》，进献给宋徽宗，受到徽宗的赞赏，可惜英年早逝。王希孟是中国绘画史上仅有的以一张画而名垂千古的天才画家。

在悬崖山壁上普度众生
——石刻浮雕中的瑰宝

佛教是从印度传到中国的，因得到中国统治者的大力支持和老百姓的追捧，很快就普及开了。随着佛教的普及，人们对佛像很痴迷，开凿了很多闻名中外的摩崖造像。

大足石刻
（佛 | 儒 | 道齐聚一堂）

南宋时，有个叫赵智凤的人，他母亲得了重病，怎么治都治不好。这可怎么办呀？赵智凤急得像热锅上的蚂蚁。为了给母亲治病，他出家当了和尚，祈求佛祖保佑。没多久，母亲居然奇迹般地康复了！

为了让更多人得到佛祖的保佑，赵智凤担任总设计师，前后耗费了70余年时间，在老家大足的宝顶山建了一万尊造像，其中有一尊1 006只手臂的千手观音。

后来，这里又出现了儒家和道家人物造像，形成了儒、释、道齐聚一堂的场景。

乐山大佛（弥勒佛治水）

乐山大佛，又叫"凌云大佛"，是弥勒佛像，高71米，位于四川省乐山市南岷江东岸凌云寺，是世界上第一大佛像。据说，光是大佛的脚面，就能站一百多人，真不愧是中国最大的摩崖石刻造像啊！

乐山大佛的总设计师是海通和尚。当时，岷江、青衣江、大渡河三条大河在乐山汇聚，动不动就发水灾，百姓的生活简直是太难了。怎么才能解决水患呢？海通和尚经过苦思冥想，决定修建弥勒佛像。为什么偏偏要建造弥勒佛像呢？因为呀，在佛教中，弥勒佛象征光明和幸福。

这个工程进行了一年，海通和尚就去世了，后来一度中断，直到贞元十九年（公元803年）竣工，前后总共用了90多年呢！

■相传，海通和尚为了修建大佛，四处化缘，奔波了20多年终于众筹了一笔善款。开凿当天，当地一个见钱眼开的地方官吏故意刁难，非要让他交保护费。修建大佛是为了祈福，海通当然不允许恶霸抢钱，就义正词严地表示："挖我的双眼可以，但抢我的钱不行。"于是，海通挖出自己的一颗眼珠，地方官吏吓得撒腿就跑，从此再也没有为难过他。

莫高窟
（民族之殇）

莫高窟又名"千佛洞"，位于甘肃敦煌。南北朝前秦时，有个和尚路过敦煌鸣沙山，突然看到莫高窟附近出现了万丈金光。天哪，这是怎么回事？他当时都惊呆了，以为是佛祖显灵，立即跪在地上。金光消散后，他心里美滋滋的：一定是我的诚心感动了佛祖！他这么想着，决定不走了，要在这里开窟造像，这就是莫高窟第一个洞窟的由来。后来经过了历代的不断开窟造像，规模越来越大。

莫高窟保存了大量的佛像、经卷和壁画，是非常了不起的艺术宝库。为了研究莫高窟，甚至形成了专门的敦煌学呢！

■莫高窟是在民国时期被王道士偶然发现的。当时中国到处都是战争，政府没有能力保护文物，王道士又不知道文物的价值，就把其中一部分卖给了贪婪的外国探险家。现在，我国自己的学者想要研究敦煌，还要跑到国外博物馆，得到允许才能近距离观看。

云冈石窟
（开启中国特色）

云冈石窟位于山西省大同市以西的武周山，是佛教的石窟艺术开启中国特色化的标志。

最开始建造的佛像都是外国人的样子，因为佛教就是从外国传来的。但是等到北魏迁都洛阳后，开始推行"汉化改革"，佛像和菩萨呈现出"秀骨清像"的艺术形象，由此形成了独特的中国佛教雕像。

龙门石窟
（中国石窟艺术最高峰）

龙门石窟位于河南省洛阳市区南面，现存石窟1 300多个。开凿于北魏，历经东西魏、北齐、北周、隋、唐、宋等朝代，共计1 400多年，是建造时间最长的石窟。奉先寺的卢舍那大佛是龙门石窟最大的佛像，被国外游客誉为"东方蒙娜丽莎""世界最美雕像"。

■唐高宗李治特别宠幸武则天，有一天李治突发奇想，要把武则天的美貌画下来。武则天却说："画终有一天会褪色的，保存不了多久。"李治犯了难，武则天提议按照自己的样貌在龙门建造一尊佛像。李治于是命令工匠立即动工。武则天主动拿出自己的小金库，再加上朝廷出钱出人，这才建造了卢舍那大佛。

麦积山石窟
（泥塑艺术的集大成者）

麦积山石窟在甘肃省天水市。这里的泥塑雕像多得数不清，而且多种多样。因为这个，它得到了一个霸气的称号——"东方雕塑馆"。

如果你胆子小，可以来麦积山石窟试试。相信你来了之后，就能把胆子练大了！因为麦积山石窟的大多数洞窟位于很高的悬崖峭壁上，洞窟和洞窟之间没有路，只有一条悬空的栈道连接。走在悬空栈道上，脚下就是万丈悬崖。这里不仅能看到精美的泥塑，还可以练胆呢！

唐诗圈里的大佬
——无人不晓的诗坛三杰

说起诗歌最辉煌的年代，非大唐莫属！唐朝人写诗，大概就和吃饭一样普遍吧。也因此，在唐朝历史上，诞生了很多位著名的诗人。

诗仙李白

李白，字太白，号青莲居士，后世称他为"诗仙"。李白的诗歌形式多样，有五言绝句，也有七言律诗，更有长短不齐的杂句，代表作有《蜀道难》《将进酒》《梦游天姥吟留别》《黄鹤楼送孟浩然之广陵》《望庐山瀑布》等。

李白是继屈原之后伟大的浪漫主义诗人，他凭一己之力把浪漫主义诗歌推向了顶峰。他的诗歌里有大量的梦境、神话、传说，描绘的场景充满了丰富多彩的想象力和创造性。

当然，李白也很关心国家大事，"中夜四五叹，常为大国忧"，写了很多批判现实的诗歌。由于当时政治黑暗，李白报国无门，他也不愿意趋炎附势，就像他自己说的那样，"安能摧眉折腰事权贵，使我不得开心颜"。

李白年轻的时候就喜欢游山玩水，足迹遍及大半个中国。这么看来，他还是个资深"驴友"呢！

唐玄宗听说李白很有才华，曾把他招进长安。李白一

直有报效国家的愿望,喜滋滋到了皇宫,没想到只当了一个翰林待诏。这是个什么官儿呢?大概就相当于皇帝的陪读吧!没事儿给皇帝写写诗,开心一下,其实根本没什么发挥的舞台。当时宰相李林甫一手遮天,李白不愿意和他同流合污,还在一次宴会上得罪了宦官高力士,没过多长时间就被迫辞职了。

传说李白晚年去了族叔李阳冰那里,有一次他在船上喝醉了,看见一轮明月倒映水中,于是醉醺醺地去捞月亮,就这样落水而死。

杜甫出身于书香门第,爷爷杜审言是武则天时期的著名诗人。杜甫曾到京城长安求职,一直没有找到合适的工作,当了好几年的无业游民。安史之乱爆发后,杜甫的日子更苦了,生活非常艰难。为了躲避战乱,杜甫带着家人四处漂泊,见证了很多民生疾苦。后来他到四川投靠好友严武,过了一段相对安稳的生活。在严武的举荐下,他得到了检校工部员外郎的工作。

> 比起李白豪放的一生,杜甫的生活惨多了。所以在杜甫的诗歌里,没有那么多的浪漫主义,有的只是现实的苦难,"三吏三别"(《新安吏》《石壕吏》《潼关吏》《新婚别》《无家别》《垂老别》六篇诗歌的合称)就是他的代表作。

杜甫亲眼见证了唐王朝是如何走向衰败的,所以他的诗歌总是把个人的遭遇和国家命运联系起来,抒发爱国思想。

诗圣杜甫

> 杜甫,字子美,由于做过检校工部员外郎,所以人们都叫他"杜工部"。他的诗记录了安史之乱前后20多年的社会全貌,因此被称为"诗史",而他自己被尊为"诗圣"。

诗佛王维

王维，字摩诘。王维的母亲信奉佛教，对他的诗歌影响很大，所以人称"诗佛"。

王维善于把各种绘画技巧用在诗歌里，增强了诗歌的画面感。就连唐宋八大家之一的苏轼都说："味摩诘之诗，诗中有画；观摩诘之画，画中有诗。"

王维不但诗歌写得好，是个出色的画家，而且擅长音乐。据说当年王维进京赶考，京城的名门望族都想和他结交，一时间成了京城名流圈儿里的大明星。

王维的当官之路也不平坦。唐玄宗开元九年（721年），王维考中了进士，当了一个管理朝廷音乐和舞蹈的小官，后来被下属连累招贬。40岁以后，他以侍奉母亲为由，在辋川过着半官半隐的生活。安史之乱爆发后，王维被叛军抓住，被迫给安禄山当官。长安收复后，王维得救了，但因为曾在叛军阵营里当官，被关押狱中。因他被俘期间曾做过一首思念朝廷、抒发亡国之痛的诗，被朝廷宽宥，但降职使用。王维后来官至尚书右丞，所以后世人称"王右丞"。

> 王维的田园诗传承了谢灵运开创的山水诗传统，吸取了陶渊明清新自然的风格，把盛唐山水田园诗推到了空前繁荣的高峰，被唐代宗誉为"天下文宗"。其中脍炙人口的诗作有《山居秋暝》《赠裴十迪》《春中田园作》《新晴野望》《田园乐》等。此外，王维也写下了好多军旅和边塞诗歌，比如《从军行》《陇西行》《燕支行》等。

叹为观止的古文出自谁手？
——唐宋八大家

唐朝和宋朝时，出现了八个文章高手，他们分别是唐朝的韩愈、柳宗元，宋朝的欧阳修、苏洵、苏轼、苏辙、王安石、曾巩。这八个人可了不得，不仅作文写得好，还发起了古文运动，号召大家一起向古人学习。明朝朱右把他们八人的文章编成了一本作文集——《八先生文集》，后来人们就把这八个人合称为"唐宋八大家"了。要想轻松记住这八个人，可以用"韩柳欧王曾三苏"概括。

韩愈 | 柳宗元（唐代古文运动）

唐朝经过唐太宗和武则天的治理，逐步繁荣昌盛起来。人们吃饱喝足之后，就喜欢仿照六朝的诗词，写一些对仗工整、讲究音律的文章，也就是骈文。这种文章的特点就是，文采飞扬，辞藻华丽，读起来朗朗上口。当时的读书人都喜欢这类文章。但是，它也有个大毛病，那就是光注重文辞优美，内容显得空洞无物。

试想一下，假如所有人都去写这样的文章，那大家的思想不就僵化了吗？文学不就停滞不前了吗？尤其是安史之乱爆发之后，随着大唐一步步衰落，读书人越来越觉得救国救民才是最重要的,写那些浮华却空无一物的文章没有用。

就这样,韩愈第一个站了出来,大声喊着:"反对骈体文,我们要学习先秦古文,文章应该求真务实,要抒发真实情感,要对社会、对国家有用处。"轰轰烈烈的唐代古文运动由此揭开了帷幕。

韩愈的古文运动,立即得到了柳宗元的支持。他们在"复古"的口号下,掀起了一场文学革命。

■韩愈,字退之,是唐代文学家、哲学家、思想家。由于他的祖籍是河北昌黎,所以人们也管他叫"韩昌黎"。作为发起者的韩愈当然就是作文高手啦!韩愈不仅文章写得好,还善于创造新词语,"落井下石""动辄得咎""杂乱无章"这些成语就是他创造的。他写过很多著名的文章,比如《师说》批判了年轻人不向老师学习的社会现实;《杂说》《获麟解》以幽默的笔调嘲讽社会现象;《柳子厚墓志铭》是为了祭奠好朋友写的,感情真挚饱满,感人至深。

■柳宗元,字子厚,唐代文学家、哲学家、散文家和思想家,因为最后一次当官是在柳州当刺史,所以后人又称呼他为"柳柳州"。柳宗元也很厉害,他擅长用寓言故事讽刺社会现实,其中最著名的莫过于《黔之驴》——讽刺了那些无能而又肆意妄为的人,影射了当时官位显赫却又无才无德的高官们,表现了高超的讽刺艺术。

欧阳修｜"三苏"｜王安石｜曾巩
（宋代古文运动）

唐宋八大家里的另外六个人表面上看起来没啥联系，其实可是沾亲带故的！三苏不用说了，是父子三人。苏洵是苏轼和苏辙的老爸，苏轼和苏辙是亲兄弟。另外，苏轼是欧阳修的学生，王安石和曾巩也曾经拜欧阳修为师。所以按现在的说法，这六个人是一个朋友圈的。

■欧阳修，字永叔，号醉翁，平日里写诗写词写文章，工作上也不耽误，一直当到了刑部和兵部的部长。他看不惯当时充斥着大量浮夸的诗词，认为这些东西严重脱离了社会现实。于是，欧阳修继承了唐朝的古文运动，发起了北宋的诗文革命。他提倡文章一定要内容充实，构思曲折严谨，《朋党论》《醉翁亭记》等都是历代传诵的名作。

欧阳修善于发现人才，相继提拔了王安石、曾巩、苏氏父子等人。他们是北宋文坛的中坚力量。

苏洵字允明，号老泉，主张写文章要写当今社会的事情。他的散文主要谈论治国兴邦的国家大事，语言犀利，说服力很强。他的《六国论》《衡论》等都是名篇。

■苏轼，字子瞻，号东坡居士。他是宋代六大家里成就最高的，无论是词还是文章，都无出其右。他的叙事纪游的散文艺术价值也最高，《赤壁赋》《石钟山记》等，都广为传诵。

苏辙字子由，他擅长写政论和史论，文章多针对时弊，气势不凡。《六国论》《三国论》等都是名篇。

王安石字介甫，号半山，当官一直当到了宰相，还主持过变法革新。王安石非常看重文章的实际作用。他最擅长写议论文，《上仁宗皇帝言事书》很有名。

曾巩字子固，擅长写议论文和叙事文，代表作有《上欧阳舍人书》《道山亭记》等。

在戏曲圈当大佬
——戏曲五大剧种

你知道中国戏曲吗？它被外国人称为"东方的歌剧"。其实呀，中国戏曲是一种比歌剧要复杂得多的艺术形式。不信你瞧，中国戏曲里面包含着文学、音乐、美术等，服装、化妆、武术、杂技等都是戏剧艺术的重要组成部分，是多么丰富多样的艺术啊！

中国戏曲有360多种，假如每天听一种，一年都不带重样的，种类实在是太多啦！其中，有五大戏曲种类是最具影响力的。

京剧
（多种戏剧融合的精华）

京剧，被称为"国粹"，是中国影响最大的戏曲剧种。

> 相传乾隆皇帝80岁的时候，要举办隆重的生日宴会，当然少不了热热闹闹的戏曲班啦！于是，全国各地的戏曲班从五湖四海赶到北京。其中有三庆、四喜、春台、和春为主的四大徽班，还有来自湖北的演艺人。他们凑到一起，相互学习和借鉴，又把昆曲、秦腔等戏曲形式中的优点提取出来，慢慢融合，最终形成了京剧。

很多人认识京剧，是从庙会集市上的脸谱面具开始的！京剧有着独特的脸谱文化，用颜色来表示角色的特点：红脸代表忠勇，黑脸代表勇猛，蓝脸和绿脸代表草莽英雄，黄脸和白脸代表凶诈和阴险。

京剧里最负盛名的艺术家是梅兰芳，他是"四大名旦"之首，开创的表演体系别具特色，是世界三大表演体系之一。

> 抗战时期，日寇占领上海，邀请梅兰芳到电台讲话，梅兰芳严词拒绝，带着家人来到香港。在香港期间，他留起了胡须，表现出不为民族敌人演出的决心。

越剧
（江南吴越的钟灵毓秀）

越剧，号称"第二国剧"，是流传最广的地方剧种。

1939年之前，越剧一直没有统一的名字。每个地方的叫法都不同，每次演出介绍时，主持人都很头疼！后来，一个叫樊迪民的记者在《戏剧报》上发了一篇文章，介绍越剧起源于绍兴，绍兴又是越王勾践复兴越国的地方，建议定名为"越剧"。自此之后，这类戏剧就统一称为"越剧"了。

越剧讲的故事大多是才子佳人的爱情题材，具有代表性的表演艺术家有袁派的袁雪芬、尹派的尹桂芳、范派的范瑞娟等。

黄梅戏
（轻松愉悦，朗朗上口）

黄梅戏，原名黄梅调、采茶戏。它的老家是湖北黄梅，后流传到了安徽安庆，在这里发展壮大，名扬全国。《天仙配》是黄梅戏中最出名的，连外国人也知道。

黄梅戏曲词流畅，节奏明快，唱起来朗朗上口，每个人都能哼唱几句。黄梅戏中著名的代表人物有严凤英、王少舫、张云风等。

> 邢绣娘本名秀莲，因为会绣花，所以改名绣娘。乾隆十四年（1794年），她出生于黄梅县，从小喜爱歌唱，尤其擅长当时流传的采茶戏（黄梅戏），很快就成了名角。就连乾隆皇帝都成了她的粉丝，前后四次点名听她唱戏，并御赐"采茶名伶"的称号。

评剧（融合北方乡土气息的说唱艺术）

评剧，主要流行于北方，起源于河北滦州、唐山一带，是由"对口莲花落"和民歌、梆子等相融合形成的。评剧出身于乡村，曲词通俗易懂，十分热闹欢快，带有浓郁的乡土气息，我们熟悉的小品演员赵丽蓉就是评剧表演艺术家。

> 今天的人们无聊的时候可以来杯奶茶，唱唱摇滚。然而旧社会的人们可没有这种条件，他们平时只能忙着做苦力，干农活，闲下来的时候就唱莲花落。莲花落又叫"落子"，是一种长期流行在民间的说唱艺术，评剧就是在莲花落的基础上发展起来的。后来人们把东北的民间歌舞"蹦蹦"也吸收了进来，形成了评剧的样子。

评剧的代表作有《王二小赶脚》《王二姐思夫》《杨二舍化缘》《王大娘锯大缸》等，名字听着就很接地气，农民们当然喜爱啦。

豫剧（东方咏叹调）

豫剧也叫"河南梆子"，被称为"东方咏叹调"。

早在清朝乾隆年间，豫剧就已经很流行了，只不过当时还不叫豫剧，而是叫"梆子戏"。豫剧的风格粗犷豪放，表演的时候特别热闹红火，所以很受当地百姓的喜欢。

中华人民共和国成立以后，豫剧也与时俱进，出现了很多贴合现代生活、叫好又叫座的地方戏曲，如《朝阳沟》《刘胡兰》《李双双》等。主要的代表艺术家有马金凤、张宝英、虎美玲、吴碧波、贾廷聚等。

中国戏曲的老祖宗
——昆曲

你听说过昆曲吗？它可是汉族最古老的戏曲，被称为中国戏曲的"活化石"。

明清两朝，昆曲一直都是全国影响最大的戏曲。我们熟悉的京剧、川剧、湘剧、越剧在昆曲面前，都是小徒弟呢！所以昆曲也称为"中国戏曲之母"。

发源地（苏州昆山）

昆曲的老家在苏州昆山，是元末明初的戏曲家顾坚创立的。当时的昆曲是没有伴奏的，只能清唱。明朝中期，有个叫魏良辅的音乐家来昆山进行文化交流，听到昆曲之后，觉得太好听啦！他把这种唱腔加工整理，经过大胆改革，形成了昆曲。所以魏良辅也被称为"昆曲之祖"。

这种创新的曲调一经问世，立刻流行起来，吸引了一大批粉丝。人们恨不得天天都能听到昆曲！昆山剧作家梁辰鱼一看昆曲这么受欢迎，心想：如果用在我的《浣纱记》里，肯定会大卖！果然，《浣纱记》一上演，大受欢迎，昆曲也跟着传播开来。

> 🍃 元朝末年，元朝名将王保保（扩廓帖木儿）到处镇压起义军。王保保听说顾坚会唱戏，就邀请他给自己表演。顾坚想也没想就拒绝了。

美似一场梦

昆曲最大的特点就是一个字——美!

唱腔美

昆曲中的很多故事都是古代大作家写的。他们写的故事辞藻华丽、场景优美，配上昆曲独特的水磨腔，再加上完美的舞台置景，可以说在戏曲表演的各个方面都达到了极高的境界。昆曲的唱腔华丽婉转，声音轻柔，词曲优美，简直像仙女在唱歌！

服饰美

昆曲的服饰也是一门艺术！它把明清两朝服饰相结合，色彩种类很多。上面的花纹有龙、凤、鸟、兽、花卉等。穿上它，你会觉得自己顿时变得典雅和高贵了！

角色美

昆曲的脸谱样式丰富多彩，角色比京剧还要多，最被人熟知的是"闺门旦"。她们通常扮演千金小姐，一颦一笑都美得不可方物！

盛极一时，人人喜欢

昆曲这么美，无论是古代还是现在，当然都非常受欢迎啦！

尤其是明代万历年间，只要你能想到的地方，都在表演昆曲。无论亭台戏院，还是乡间草台，甚至游船上……处处都有。昆曲真是太受欢迎啦！也因此，出现了很多才华横溢的剧作家。

汤显祖是明代戏剧家的佼佼者，被誉为"东方的莎士比亚"。他的《牡丹亭》在当时大受欢迎，家传户诵，几乎让著名的《西厢记》都减色了。

> 明朝时，娄江有一名叫俞二娘的女子，从小聪明伶俐，特别擅长诗词歌赋。她是汤显祖的粉丝，特别喜欢《牡丹亭》，以至于入戏太深，把自己想象成了杜丽娘。后来，俞二娘得了抑郁症，不幸华年早逝。临终前，她手里还抱着《牡丹亭》。汤显祖听到这个消息后，非常感叹，为她写了《哭娄江女子二首》。

元明清戏剧四座大山
——四大古典戏曲

中国的戏剧在元明清三朝达到了巅峰。当时人们就喜欢在茶余饭后，搬着小马扎在茶楼酒肆，甚至露天舞台观看戏剧表演。历史上，有四大戏剧独占鳌头，在当时拥有大量粉丝，每次演出甚至都抢不到票呢！

《窦娥冤》

《窦娥冤》全称《感天动地窦娥冤》，是"元曲四大家"之首关汉卿创作的杂剧。

关汉卿生活的年代，贵族阶级经常欺负汉族百姓。关汉卿想成为惩奸除恶的英雄，但他只是个读书人，能有什么办法呢？突然有一天，关汉卿灵感爆棚，决定写一出好戏，来批判社会的不公正，这就是《窦娥冤》。

这个故事讲的是，窦娥的丈夫因病去世，当地无赖张驴儿想霸占窦娥，被窦娥的婆婆一顿臭骂。张驴儿怀恨在心，给窦娥婆婆下毒，却意外毒死了自己老爹。张驴儿勾结官府嫁祸窦娥，使她屈打成招。处斩当天，窦娥发誓：如果上天证明自己是清白的，此地就要六月飞雪，大旱三年。果然，窦娥死后，天上飘起了大雪。

■朱帘秀是元朝著名的杂剧明星,她和关汉卿是非常要好的朋友,很多关汉卿的作品都是她主演的。相传,关汉卿在创作《窦娥冤》时,担心惹怒官府,朱帘秀大义凛然地说:"只要你敢写,我就敢演!"《窦娥冤》问世后,两个人被捕入狱,但朱帘秀坦然面对,把自己活成了真正的窦娥。

《西厢记》

《西厢记》全称《崔莺莺待月西厢记》,是元代王实甫创作的杂剧。宋朝以后,封建礼教对年轻人的迫害太严重了。王实甫为了倡导"自由恋爱",鼓励年轻人冲破礼教的束缚,于是就写了《西厢记》。

■张生是个穷书生,崔莺莺是大家闺秀。两人在相国寺一见钟情,却遭到崔母阻挠。小丫鬟红娘操碎了心,出各种主意帮助张生和崔莺莺私订终身。最终,张生进京高中状元,与崔莺莺有情人终成眷属。

《西厢记》出版后,大受欢迎,被改编成各类戏曲。要是当时也有电影节,这部剧肯定能拿最佳电影奖。

《牡丹亭》

《牡丹亭》全称《牡丹亭还魂记》,是明朝剧作家汤显祖的代表作品。

汤显祖出身于书香门第,考上公务员后,觉得官场简直太腐败了,就写揭发检举书,反被同事陷害,只得裸辞回家。居家期间,汤显祖心情很糟糕,于是拿起笔,写了一个故事。

■世家千金杜丽娘在梦里与书生柳梦梅私订终身,梦醒后发现是假的,一伤心就病逝了。她变成鬼魂,偶然遇到进京赶考的柳梦梅,一眼就认出他是自己梦见的人。后来,杜丽娘起死回生,与柳梦梅永结同心。

这个故事打破了人鬼殊途的教条规则，体现了汤显祖反封建礼教的主题。

《长生殿》

《长生殿》是清初剧作家洪昇创作的戏剧，他与戏剧家孔尚任并称"南洪北孔"。

洪昇于康熙年间在国子监上学，毕业之后参加科举，一直落榜，后来开始全职写作。当时戏剧非常受欢迎，但是关于唐明皇和杨玉环的爱情故事并没有令人满意的剧本，于是他就写出了《长生殿》。

和普通爱情故事不同，洪昇由于官运不佳，家庭也曾经遭遇迫害，所以在《长生殿》里加入了对唐王朝政治腐败的描写，可谓浪漫爱情与悲惨现实兼而有之。

■《长生殿》第一次演出就引起了不小的轰动。不巧的是，第二年表演时，正好赶上康熙帝第三任皇后孝懿仁皇后的忌日。洪昇被抓进监狱，还被国子监除名。好在康熙皇帝只是处罚了观看演出的人，并没有禁演《长生殿》。从此以后，洪昇就远离了官场。可能他也想开了：做官有什么好？还不如每天喝喝小酒，写写诗呢。

古典小说界的扛把子
——四大古典名著

我国古代文学在世界文学史上有着非常重要的地位,其中有四本书并称为"中国古典小说四大名著",分别是《水浒传》《三国演义》《西游记》和《红楼梦》。

《水浒传》

元朝末年,各地起义军开始反抗元朝的统治。张士诚号称"吴王",在平江拉了一帮兄弟起义,传说施耐庵就在他手下打工。张士诚眼看打不过元朝,说:"不行就投降吧!"施耐庵很生气:"你怎么能投降呢?"张士诚不听劝,施耐庵就辞职不干,回老家江阴去了。施耐庵万万没想到,后来朱元璋攻打张士诚,江阴也不安全了,自己只能跑到兴化的朋友家里避难,在那里写出了《水浒传》。

《水浒传》是中国历史上第一部用白话文写成的长篇章回体小说。它讲述了北宋末年,宋江被朝廷逼得走投无路,带着一百零八条好汉占据梁山造反的故事。宋江当了山大王以后,在梁山的小日子过得红红火火。朝廷眼看着这帮人的势力越来越大,怕威胁到政权,就想了个办法——招安他们。招安之后,让他们干那些危险又不讨好的事儿,导致后来梁山好汉被慢慢瓦解了。

💧《水浒传》最突出的艺术成就在于塑造了一百零八个性格迥异、有血有肉的英雄。及时雨宋江、玉麒麟卢俊义、豹子头林冲、黑旋风李逵、智多星吴用、行者武松、花和尚鲁智深等，都是家喻户晓的人物。后来《水浒传》被改编成戏剧、影视剧等，广受人们的喜爱。

加入了民间流传的三国故事传说。罗贯中经过二次创作，写出了这部长篇章回体小说。书里主要讲的是东汉末年魏、蜀、吴三国争夺天下的故事，一直写到西晋初年，讲述了差不多一百年的历史。

💧后来由《三国演义》衍生出来的戏曲、文学作品无数，脍炙人口的经典故事有：关羽"温酒斩华雄""过五关斩六将"，赵云"单骑救幼主"，诸葛亮"七擒孟获""空城计""借东风"等。

《三国演义》

《三国演义》是历史演义小说的开山之作。所谓"演义"其实就是把正史改编得通俗易懂。

《三国演义》的作者罗贯中，据说他是施耐庵的学生，他们俩同时在张士诚那里工作，都是因为反对张士诚投降元朝而离开了他，从此开始著书立说。

《三国演义》基本取材于陈寿的《三国志》，同时也

《西游记》

唐朝贞观年间，有一个叫玄奘的和尚非常喜欢研究佛经。不过当时的佛经，都是人们翻译过来的，翻译水平不过硬，错误百出。很多人念了一辈子经，发现自己的念的经是错的，这得多郁闷呀！

玄奘觉得这事儿太严重了，关系到佛教在唐朝是否能更好地传播发展！经过深思熟虑，玄奘有了一个大胆的计划——去天竺求取真经！

> 不过当时唐朝规定，不能随便离开中国去外国，玄奘几经周折才出了国界线。他一路跋山涉水到了天竺，把真正的佛经带了回来。回国后，玄奘立即成了大明星，唐太宗还下令给他修了大雁塔，让他安心翻译佛经。在唐太宗的督促下，由玄奘口述，他的弟子辩机执笔，写成了反映他西行所见所闻的《大唐西域记》。

自那之后，唐朝的群众茶余饭后，根据《大唐西域记》又编了很多玄奘西天取经的故事。后来越编越神奇，甚至有人说玄奘身边跟着三个徒弟，路上还遇到了很多妖怪。

到了明朝，吴承恩根据这些传说，写成了中国第一部浪漫主义章回体长篇神魔小说——《西游记》。

> 《西游记》主要写的是唐僧、孙悟空、猪八戒和沙僧师徒四人去西天取经的故事。他们一路上经历了九九八十一难，最终得到了真经并成佛成圣。其中，不服就干的孙悟空、好吃懒做的猪八戒都是人们津津乐道的人物形象。

《红楼梦》

在康熙当皇帝那会儿,要说起江宁曹家,那绝对没人敢招惹。曹雪芹就出生在这个人人羡慕的大家族里。为什么曹家这么厉害呢?因为呀,曹雪芹的曾祖母给康熙皇帝当过保姆,所以曹家是皇帝身边的大红人。他们一家子在江宁担任江宁织造的职位,主要负责给皇宫里进贡丝织品。别看官位不高,但油水多。据说康熙帝六下江南,有四次都住在曹家,真是羡煞旁人呢!不过到了雍正的时候,曹家管理的江宁织造因为亏空,被雍正治罪,曹家一下子就衰败了。

曹雪芹正好经历了从锦衣玉食到吃糠咽菜的剧变,顿时感到世态炎凉。他在极度艰苦的环境里,创作出了文学巨著《红楼梦》。

《红楼梦》以贾、史、王、薛四大家族由盛而衰的故事为背景,主要讲了贾宝玉与林黛玉、薛宝钗的恋爱悲剧,刻画了大观园里一群丫鬟小姐的人生百态。此外,书里还涉及风俗礼节、中医、建筑、园林、家具装饰、服饰、诗词歌赋等方方面面的知识,被后代称为"中国封建社会的百科全书"。

《红楼梦》一经问世,就受到文学大家的推崇。它不仅文学成就高,思想内涵也很深刻。后世为了研究这部书,甚至形成了专门的学科——红学。

传承至今的手艺活儿"姊妹花"
——民间艺术的代表

中国五千多年的文化长河中,涌现出了多种多样的艺术形式,尤其是民间,隐藏着很多艺术明珠,其中刺绣和剪纸就是典型代表。我们快去了解一下吧!

> 据说三国时期的孙权有个妃子叫赵夫人,她又能画画,又能刺绣。她为孙权作了一幅画绣,把当时九州五岳的地形图绣在了衣服上。文武百官看了以后,都佩服得五体投地。

刺绣

刺绣是一门很古老的民间手艺。据《尚书》记载,4 000多年前的章服制度就规定"衣画而裳绣"。

如今,心灵手巧的匠人们用针穿上丝线,在各种颜色的布匹上绣上装饰图案,就好像一幅幅美丽的画,好看极啦!

> 刺绣可不是随随便便什么人都可以做的,它要求图案要工整美观,绣歪了可不行!而且,图案的颜色清新高雅,大红大绿就显得俗气了!刺绣时,针法要细腻,两针之间要是离得太远,看起来就太不美观了!

刺绣的题材很广泛,从山川草木、河流湖泊,到飞禽走兽、各类人物,应有尽有。刺绣的门派很多,汉族刺绣中有四大名绣,分别是苏绣、湘绣、粤绣和蜀绣。

苏绣和湘绣都擅长绣可爱的小动物,不过湘绣更注重写实,绣出来的动物毛发就跟真的一样,让人忍不住想要摸一摸呢。粤绣的花纹样式复杂,喜欢用丝线、孔雀羽毛或者马尾做材料,外围再用金色的丝线勾出轮廓,看起来富丽堂皇的。蜀绣的图案大部分使用方格、花条等,色彩鲜艳。

> 清朝时，江苏有个刺绣大师沈云芝，她十几岁时就成了苏绣能手，被人称为"苏绣皇后"。慈禧太后七十大寿时，沈云芝绣了一幅《八仙上寿图》。慈禧太后喜欢得不得了，就赐给她一个名字"寿"，从此沈云芝就改名为"沈寿"了。1911年，沈寿制作了《意大利皇后爱丽娜像》，作为国礼赠送给意大利。当时意大利皇室看到这幅作品，全都惊呆了。他们没想到，世界上还有这么精美又独特的艺术品。

剪纸

中国最早的剪纸作品，是新疆吐鲁番火焰山附近出土的北朝时期五幅团花剪纸，至今已经有1 500多年历史了。这意味着，真正的剪纸技艺在南北朝时期已走向成熟。

人们用剪刀或刻刀在纸上剪刻镂空的花纹，然后贴在窗户上、家具上，甚至举行节庆活动时，还可以贴在灯笼上。总之，剪纸可以说是百搭的时尚品呢！

剪纸技艺在民间备受欢迎，其中著名的剪纸有南京剪纸、扬州剪纸、安塞剪纸、陇东剪纸、浮山剪纸、蔚县剪纸等。

> 清朝时，河北蔚县有个银匠叫刘老布，他喜欢琢磨手工艺品。有一天，他看到邻居把绸缎上的精美图案剪下来，贴在窗户上，看上去很漂亮。他也想剪一个，但是绸缎很贵呀，有点舍不得。他突发奇想，用刻刀在纸上刻了花纹，又染上鲜艳的颜色，拿到集市上卖。没想到，生意异常火爆，人们都争相购买。从此，刘老布就成为蔚县剪纸的鼻祖。

古代读书人常用四件套
——文房四宝

在古代,读书人无论上学还是考试,无论写字还是画画,要靠四件东西走天下。这就是我们平时所说的文房四宝——笔墨纸砚。为什么叫四宝呢?因为这些是真的宝贝,当时很多人买不起的那种。

笔

笔,指的是毛笔。在我国的文化传承中,毛笔占据了非常重要的地位。它就像文人的武器一样,写字和画画都要靠它。拥有一支称心如意的笔,那自然是文人的幸事。

毛笔通常是由兽毛和竹子或者木头制成的。根据兽毛的不同,毛笔可以分为硬毫和软毫。硬毫笔一般使用狼毫和猪鬃制作,笔毛弹性大,写字锐利;软毫笔一般使用羊毫制作,笔毛柔软,写出的字笔画圆润。

■相传，秦朝将军蒙恬在外带兵打仗时，需要经常向秦始皇汇报军情。当时是用竹签蘸着墨汁在绢上写字，不仅速度慢，而且经常划破绢本。蒙恬非常苦恼。有一天，他看见一个士兵拎着一只兔子，兔子的尾巴在地上画出了长长的印迹。蒙恬灵机一动：为什么不用兔子的毛做一支笔呢？就这样，蒙恬造出了第一支毛笔。如今，河北衡水侯店和浙江湖州善琏都与蒙恬造笔的传说有关，都被誉为"毛笔之乡"，每年农历三月初三，都会举办盛大的庆典，纪念蒙恬创造毛笔。

墨

古人通过在砚台上加水用墨锭与砚台摩擦，研磨产生墨汁，用于书写。墨一般是用煤烟、松烟、胶加入香料制成的，分为松烟墨和油烟墨。松烟墨是用松树烧成的烟制成的，墨色深但缺乏光泽；油烟墨是用桐油或者菜籽油燃烧的烟制成的，墨色黑有光泽。

现在保存下来的墨锭一般是明清时期的，外部刻有精美的纹饰，是不可多得的艺术收藏品。

■据传周朝时，有个叫邢夷的人，某天做饭时，发现木头烧成黑炭之后，可以把手染黑。后来，他把木炭碾成粉，混合一些米饭揉成饼，晒干之后就能用来在石头、木片上写字了。这就是最初的墨。

纸

文房四宝中的纸，指的是宣纸。宣纸，产生于唐朝的宣州泾县（现安徽宣城），至今已经有1 500年的历史。

宣纸是用青檀树皮和沙田稻草经过很多道工序制作而成的，看起来柔软，但很有韧性，能防止腐败，不会被虫蛀。清朝的《四库全书》原本距今已经800多年，纸张仍然光滑如新，所以宣纸被称为"纸中之王""千年寿纸"。

■纸是东汉蔡伦发明出来的,被誉为"中国古代四大发明"之一。当时人们书写主要用竹简,不仅笨重而且很难保存,动不动就被虫子咬了,还不方便携带。后来蔡伦用树皮、麻头、渔网等制造出纸,不仅影响了中国,还传到了欧美,促进了文化传播。所以,这种纸又被称为"蔡侯纸"。

不过,最常见的是石头,其中以甘肃洮州的洮河砚、广东肇庆市的端砚、安徽歙县的歙砚、山西新绛县的澄泥砚最为出名,被称为"四大名砚"。

■武则天曾经把一块名贵的端砚赐给狄仁杰。狄仁杰拿到以后,看见上面居然刻有五星连珠的图纹。武则天告诉他,这是石匠们辛苦得来的。狄仁杰很受触动,上奏请求武则天减少石匠们的贡品数目。

砚

砚,指的是砚台,是古代书写时用来研磨墨的工具。其实就是一块石头,却硬生生把自己玩成了艺术品。

砚台最初就是一块光滑的石头。汉朝时,有人觉得石头也要美美的,就在上边雕刻花纹。唐、宋时期,砚台从单纯的文房用品变成了艺术品。

制作砚台的材料有很多,比如铜砚、陶砚、象牙砚台等。

美好的代名词

——古人敬重的玉

在古人心目中,玉是美好、高尚的代名词,可以用来形容、比喻一切美好的事物。"玉女""玉食""玉颜""温润如玉""玉洁冰清""玉树临风""亭亭玉立"……总之只要贴上"玉"的标签,就是美的、好的、珍贵的。据统计,偏旁、部首带"玉"的汉字高达1 200多个。没有哪个国家、哪个民族比我们更爱玉,更懂玉,更善于使用玉。

> 我国现存最古老的玉器是内蒙古敖汉旗的兴隆洼遗址和辽宁阜新县的查海遗址出土的玉玦、玉匕……它们也是全世界目前已知最早的真玉器。距今约八千年左右。

古人认为玉有主宰天地宇宙和人间祸福的神秘力量,能代表四方神明和人间帝王,还能祛病延年,辟邪保平安,所以古人用玉做祭祀礼器、帝王印信,以及各种各样的饰品、用具,甚至离开了这个世界也要让玉陪伴在自己身边……

玉玺

皇帝专用的大印叫玺。绝大多数的玺是玉石做的。汉史上说,皇帝有七方玉玺。其中六方是他们自己定做的,用于处理各种国家事务。另外一方就是传说中的传国玉玺了。它是皇权天授、正统合法的凭证、信物。据说是秦代丞相李斯奉始皇帝之命,用和氏璧镌刻的。方圆四寸,顶端交缠着五条龙,刻有"受命于天,既寿永昌"八个篆字,中正端庄,自带一股唯我独尊的贵气。历代帝王都将它奉若神明。得之象征受命于天,失之则表现气数已尽。没有这个吉祥物,即使坐上皇位也不硬气。

- 秦始皇死后，传国玉玺经常在各个朝代神秘现身，再神秘失踪，充满了传奇色彩。明清两代皇帝比较任性，自制了很多大印。乾隆的不算多也有25块，其中用各种玉石做的玉玺就占23块之多。

就像是把圭竖着切成了两半。玉璜是一片弧形玉片，两头有小孔，可以挂在身上。琥有虎形轮廓，或者刻着虎纹。

- 相传春秋时，有个叫卞和的楚国人发现了一块璞玉（还没琢开，里面蕴藏着玉的石头）。他觉得这是一块稀世珍宝，于是兴冲冲地去找楚厉王献宝。楚厉王不识货，以为卞和就是来捣乱的，以欺君之罪砍了他的左脚。后来厉王死了，他弟弟武王即位，卞和好了伤疤忘了疼，又跑去献宝，结果把右脚也献丢了。没了双脚的卞和命还挺硬，又耗死了武王。武王的儿子文王即位后，听说卞和整天抱着块大石头在山下痛哭，就派人去了解情况："天下被砍掉脚的人多了，怎么就你哭得这么悲伤？"卞和告诉他们，他哭的不是自己的脚，让他痛心的是没有人相信他，真宝玉被当成了石头。楚文王决定给卞和一个机会，就让人琢开了这块石头。没想到，还真开出了一块稀世美玉。于是，楚文王给卞和平了反，并把琢成的玉璧命名为"和氏璧"。

礼玉

礼器是古代贵族举行祭祀、婚礼、葬礼等重要活动时使用的物品，也是使用者身份和权力的象征。古代礼玉主要有璧、琮、圭、璋、璜、琥六种，合称"六器"或"六瑞"。它们分别用来祭祀天地和东西南北四方神明，同时也是辟邪增福的祥瑞之物。

圆圆的像轮满月，中间有个大圆孔的叫璧。内圆外方的筒形玉器叫琮。长条状顶部带尖的是圭。璋的形状

玉饰和玉器

"君子比德于玉。""君子无故，玉不去身。"春秋时期，儒家学派认为玉品格高尚，是君子学习的好榜样。一个有理想、有追求的好青年应该时时刻刻有玉相伴左右。所以从那时候起，好男人都佩玉戴玉，像玉佩、玉玦、玉扇坠、玉剑饰……都成了君子的标配。女孩子们当然更喜欢戴玉，玉镯、玉环、玉簪、玉串……环佩叮当，别有一番韵味。

> 楚汉相争时，有一块玉玦差一点改变了历史的轨迹。那年项羽、刘邦还是反秦队伍中的好战友，项羽破釜沉舟大战秦军主力的时候，刘邦捡了个大便宜，抢先入关摘取了胜利果实，项羽非常气愤。那时候项羽实力雄厚，刘邦惹不起他，赶紧去鸿门跟项羽赔礼道歉。道完歉大家开始喝酒叙旧，项羽的军师范增不断举起自己佩戴的玉玦向项羽示意，让他赶紧下决心除掉刘邦这个祸患。可惜项羽下不了决心，结果错失良机，放虎归山，最终被刘邦打败。

成枕头,用来消夏保健。

> 🍃 传言武则天、康熙、慈禧都喜欢枕玉枕头。唐太宗也有一块羊脂玉枕,是他继位之初,东突厥颉利可汗进献的。太宗喜欢得不得了,用金盒子装起来,一直舍不得用,后来送给他最宠爱的高阳公主做了嫁妆。

除了当装饰品,玉还有很多用途。在人类还没有学会冶炼金属之前,玉曾是重要的生产工具,它们被打磨成玉斧、玉凿、玉锛、玉铲、玉纺轮……为人们提供方便,和人们并肩作战。即便到了后来的唐宋盛世,像玉杯、玉碗、玉壶、玉杵、玉梳、玉耳勺、玉汤匙等物件,依然是文人墨客的心头爱。"一片冰心在玉壶""玉碗盛来琥珀光"……玉在唐诗宋词里玲珑剔透,熠熠生辉。

> 🍃 传说杨贵妃因为长得胖,非常怕热。一到夏天就会烦闷干渴,浑身不舒服。后来她得到一个偏方,说是口含玉片可以缓解症状。试了一下,果然有效。从那以后每到盛夏,她都要含玉消暑,不但身体好了,还更加容光焕发。

玉清凉莹润,含有多种矿物质,据说还有解热去燥、健身美容的功效。所以古人也会把玉做

我们的祖先对玉情有独钟,我们的历史跟玉有着掰不开、扯不断的关系。一抹温婉莹润的玉色,早就深深地沁入我们的文化基因,成为中华文明的一部分。

有故事的宝玉
——说说它们背后的故事

我国的玉文化源远流长，留下了很多神奇、瑰丽的传世之宝。它们或端庄大气，或巧夺天工。有的销声匿迹很多年，但江湖上依然流传着它的故事；有的在黑暗中沉睡数千载，一朝现世华彩斐然，仍有着打动人心的魅力。它们都曾惊艳过时光，温润了岁月，都有着别样的精彩和传奇……

和氏璧

提到传世宝玉，价值连城的和氏璧是怎么都绕不过去的一个。千百年来它一直是人们心中一轮皎洁的明月，凌空高照又遥不可及。充满传奇色彩的和氏璧到底长什么样？有人说它的真身是和田羊脂玉，有人说它其实是颗大号夜明珠，也有人认为它属于蓝田玉家族。史书上对它的描述是"侧而视之色碧，正而视之色白"。它在黑暗处，能闪闪发光，灰尘遇到它会自动回避。

> 前面讲过，和氏璧最初的主人卞和历尽磨难，终于献宝成功，把它交给了楚文王。后来楚文王又把它赐给了宰相昭阳。一天，昭阳请客时拿出来显

摆,不想被人神不知鬼不觉地给顺走了。几十年后,它突然出现在赵国。当时的"黑老大"秦昭襄王听说了,声称要用十五座城池跟赵国交换(成语价值连城就是这么来的)。赵王不傻,明白秦昭王的意思就是让他乖乖去献宝,心疼得直抹眼泪。赵国名臣蔺相如自告奋勇去处理这件事,跟昭襄王斗智斗勇,保住了和氏璧,顺便又创造了一个"完璧归赵"的成语。不过,几十年后赵国被秦国吞并,宝贝还是归了秦国,落到了秦始皇手中。从那以后,和氏璧就退隐江湖,变成了一个传说。有人说它被秦始皇做成了传国玉玺,有人说它被秦始皇带进了棺材。和氏璧究竟去哪儿了,到现在还是个无法破解的千古之谜。

渎山大玉海

在我们的印象里,玉器都是优雅高贵的。渎山大玉海却有点特别,它可以用"豪横""彪悍"这些字眼来形容。因为它是用整块超级大墨玉雕成的大酒瓮,是元世祖忽必烈为犒赏三军让人特制的,能装下1 800公斤酒。忽必烈经常用它盛酒,和大臣、武士们大碗喝酒,大口吃肉。

它身量不高挑,只有半米多,体重却高达3 500多公斤,膀大腰圆,是个敦敦实实的大家伙。别看它外形彪悍,却粗中有细,身上雕满了精美的图案。只见波涛汹涌的海面上浪花翻滚,各种神奇海兽腾跃其间,鳞甲分明,活灵活现。曾经被专业部门评为"镇国玉器之首"。现藏于北京市北海公园团城承光殿前玉瓮亭。

元代灭亡后,大玉海"抛家傍路无人识",曾一度沦落为道观里腌咸菜的咸菜缸,直到清代才被发现。乾隆皇帝花重金买下它,把它请进了北海团城,还为它修建了一座精致的小别墅——玉瓮亭,这尊大宝贝才得以重见天日。写诗像拧自来水似的乾隆爷,还在它的"肚子"里刻了3首诗,留下了乾隆到此一游的印记。

大禹治水图玉山

大禹治水图玉山,也是个大块头。高两米二四,重五吨。真的就像一座小山。不,是一片崇山峻岭。上面瀑布急流,山崖峭壁,古木苍松,洞穴深渊……应有尽有。还有成群结队的劳动者在开山治水,完美再现了大禹治水的情景。现藏于故宫博物院。

> 这玉山是乾隆皇帝亲自筹划的，耗费了15万个工作日，15 000余两白银。它是中国玉器宝库中个头最大、耗时最久、费用最高、雕琢最精、气势最雄浑的玉雕作品，也是世界上最大的玉雕之一。

翠玉白菜

传说慈禧太后生前最钟爱的宝贝是一棵翠玉大白菜——绿叶白心，菜梗上趴着一只振翅鸣叫的蝈蝈，还有两只红白相间的马蜂。这个贪婪的老太太临死也舍不得放手，把它带进了棺材。后来军阀头子孙殿英炸开了慈禧陵，里边的宝贝被洗劫一空，这棵举世闻名的翠玉白菜也不知所踪。

> 慈禧的白菜不见了，另一棵"白菜"脱颖而出。据说这一棵是光绪帝瑾妃的陪嫁，大小和真白菜一样，颜色也十分接近，简直可以以假乱真。它现在被收藏在台北故宫，是当之无愧的镇馆之宝。许多人到那里，第一个要看的就是这棵"菜"。

一捧雪

"一捧雪"是一只玲珑剔透的白玉杯。杯子主体被雕成一朵盛开的蜡梅，杯壁是花瓣，花心装在杯子里。杯子外面又雕上了攀缘的梅枝，17朵大小不等的梅花点缀其间，和杯身巧妙地连接在一起，宛若天成。

这样一只杯子光看颜值已经很能打了，偏偏人家还天赋异禀，夏天能冰镇，冬天可温酒。还有一项绝技，加水后捧在手中轻轻搓动，杯中就会水花飞溅，宛若雪花飞舞。"一捧雪"的名号就是由此而来。现藏于河南省新野县文化馆。

> 《明史》中记载：明嘉靖年间，权臣严嵩想霸占太仆寺卿莫怀古的"一捧雪"玉杯。老莫知道严嵩坏得冒泡，不交出杯子是没有好果子吃的，可交出来他实在舍不得，那是他的命根子。思量再三，老莫索性拍拍屁股走人，官也不当了，改名换姓去他乡隐居了。后来明末书画名家范允临、戏剧达人李玉还分别根据这个故事创作了《一捧雪传奇》和剧本《一捧雪》，告诫世人莫要收藏、莫要怀古。

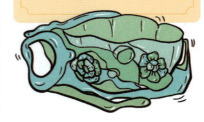

石头家族的佼佼者

——四大名石

我国盛产美玉也盛产美石，有些石头甚至比玉还好看。比如有"四大名石"之称的寿山石、青田石、昌化石和巴林石。它们不但颜值高、气质好，而且生性随和，不像玉那么难以驯服，一把刻刀就能轻松搞定，所以深受人们喜爱。除了做文玩摆件，还经常被制作成方寸之间的印章，或俏立案头，或钤于书画，做一些红袖添香的雅事。

早在1 500多年前的南朝，寿山石就已经被作为雕刻的材料，元代篆刻家更是使寿山石名冠"印石三宝"之首。

寿山石不但长得好看，而且软硬适度，很适合做章料。一传十，十传百，寿山石名声大噪。就连康熙、雍正、乾隆都为它着迷。

寿山石

寿山石出生在福建省福州市一个叫"寿山"的小山村。其绝世容颜和超凡脱俗的气质，想藏都藏不住。

- 寿山石花色品种众多，最有名的要数田黄和芙蓉冻。田黄产于寿山溪水旁的稻田里，以黄色居多，所以叫田黄。田黄光滑细腻，莹润如玉。芙蓉冻颜色艳丽，微微透明，似玉非玉。它们都是皇家御用石，有"石王"和"石后"的美誉。

康熙曾经用田黄制了一枚天子宝玺。宝玺可不是普通的印章，而是"国印"，帝王权力的象征。有它代言，田黄自然人气爆棚，身价疯涨，出现了"一两田黄三两金"的现象。因为资源有限，到后来，多少两黄金也买不到了。

- 相传有一天，乾隆皇帝做了个梦，梦见玉皇大帝赐给他一块黄色石头，还给他写了"福寿田"三个大字。乾隆觉得这个梦很吉利，就向大臣们显摆，让他们给自己圆梦。一位福建籍大臣想起了家乡的特产，赶紧禀告："玉皇大帝赐给您的一定是福州寿山的田黄石。福、寿、田三个字正好暗合了这个意思。"乾隆很高兴，认为这是老天爷对自己的恩赐。从此，每年元旦祭天的时候，都要在供案中央供上一块田黄，祈求上苍保佑自己多福多寿。乾隆还有一枚心爱的三链章，是用整块田黄石雕刻的，被大清王室当作传家宝代代相传。末代皇帝溥仪被逐出紫禁城时什么也不要，就把那枚三链章缝在棉衣里带出了皇宫。

青田石

浙江省东南部有座小县城叫"青田"，青田县不远处有座白羊山，这里出产一种著名的石料叫"青田石"。青田石色彩也很丰富，温润如玉，滑腻如脂。但和浓艳华贵的寿山石比，似乎有点朴素。不过朴素里，透着一丝飘逸出尘的清雅气质。

青田石有10大类108种，封门青和灯光冻名列前茅。封门青青黄色微微透明，清俊淡泊，被称为"石中之君子"。灯光冻是灯光发出的那种黄色，半透明的质感像冻上了，温润可人，给人一种平和温暖的感觉。

1989年，考古学家在江西省新干县商代墓葬遗址中，发现了一件造型奇特的玉"羽人"。经鉴定，石质为青田石。由此证明，人们认识并使用青田石至少有3 000多年的历史了。

■乾隆皇帝80岁生日时，有人进献了两套《宝典福书》，由青田石雕刻的100个不同的福字组成。如今，这两套《宝典福书》被珍藏在北京故宫博物院。据统计，北京故宫博物院收藏的青田石雕、印章多达1000多件，可见青田石之广受欢迎。

■齐白石生前十分喜爱昌化石，经常用昌化鸡血石和昌化冻石刻印。他还曾精心挑选昌化石印章作礼物，赠送给毛泽东主席。

除了鸡血石，巴林黄石、巴林冻石、巴林彩石也很迷人。

■成吉思汗统一蒙古各部落开庆功宴时，属下献给他一只巴林石碗。大汗喜欢得不得了，用它盛满美酒，频频举杯。这时候他脱口而出的不是"干杯"，居然是"腾格里朝鲁"（意思是"天赐之石"）！清朝时，巴林石碗成了蒙古部落上奉朝廷的贡品。

昌化石｜巴林石

昌化石产于浙江省西北部的玉岩山。古时候那里属于昌化县，所以叫昌化石。巴林石来自内蒙古赤峰市的巴林右旗，是草原的女儿。昌化石色彩艳丽，石质细腻；巴林石温润坚实，瑰丽灵秀。另外它们还有一个共同的特点——都以鸡血石闻名。鸡血石里含有朱砂，鲜红似血。

中国名片
——瓷器

中国是瓷器的故乡，很早以前，我们勤劳智慧的祖先就创造出了各种精美的瓷器。它们在世界的舞台上一露面，立刻迷倒众生，成了光芒四射的国际巨星。英文中干脆用同一个词——"china"来代表"瓷器"与"中国"，瓷器成为中国走向世界的闪亮名片。

西方的贵族、大佬都是中国瓷器的忠实粉丝，都以拥有中国瓷器为荣。1603年，荷兰军队在葡萄牙商船上截获了一批来自中国的瓷器，上市拍卖的消息一放出去，整个欧洲都沸腾了，法王亨利四世、英王詹姆斯一世都争先恐

后地加入了竞拍的行列。波兰国王奥古斯都二世对中国瓷器的痴迷更是到了走火入魔的程度。这家伙不爱江山爱美瓷，竟用600名萨克森龙骑士去交换普鲁士王国威廉一世的100多件中国瓷瓶。要知道，这支部队可是精锐中的精锐，后来让战神拿破仑都闻之胆寒。

陶瓷的由来

陶是泥巴和火携手合作的产物。自从人类学会了使用火，它们的相遇相知似乎就成了水到渠成的事情。世界上很多地区的远古先民都在原始社会就陆陆续续学会了制作陶器。

🍃 我国现存最早的陶器出土于江西省仙人洞。这些陶器经过中外考古学家用专业仪器鉴定，距今已有近2万年的历史。

和陶相比，瓷的出现要复杂、偶然得多。无论在原材料还是工艺、火候上，它们都完全不同。瓷是独一无二的，是华夏文明特有的瑰宝。

我国的原始瓷起源于商代晚期，是古人为了提高陶器质量，在不断研究、创新的过程中摸索出来的。经过2 000多年的摸爬滚打，到宋代已经形成了一个百花齐放的瓷江湖。各大名窑都有自己的独家法门，美瓷美器层出不穷，斗艳争奇各领风骚……而西方世界直到17世纪（我国清朝时期），经过偷师、模仿，才摸到了一些门道，烧出了自己的瓷器。

四大名窑

磁州窑、龙泉窑、景德镇窑、德化窑是我国古代的四大名窑。它们是民间瓷器行业的四大长老，功力深厚，技艺非凡。

磁州窑

磁州窑位于今天的河北邯郸磁县，成立于北宋中期，一直传承到明清时期。它是古代北方最大、最著名的民间瓷窑。做出的瓷器朴实大方，物美价廉。独门绝技"铁锈花"，也就是白地黑花，清清白白的，有种水墨画的韵味。

龙泉窑

龙泉窑因产地浙江龙泉市而得名，开创于三国时期，清代才画上句号，经营了1 600多年，是历史上存在时间最长的瓷窑。龙泉窑以烧制青瓷闻名，产品畅销于亚洲、非洲、欧洲等许多国家和地区，影响深远。

🍃 传说宋朝时候，龙泉一带有户人家祖祖辈辈靠烧窑制瓷为生。这家有两个儿子，父亲去世后分家单过，各自经营瓷窑。哥哥喜欢创新，做出的瓷器釉色漂亮，非常受欢迎。弟弟做的东西老套，跟哥哥的一比，根本卖不动。弟弟便心生妒忌，给哥哥搞破坏，偷偷往他窑里泼凉水。几天后，打开窑一看，哥哥傻了眼，一窑瓷器表面都是细碎的裂纹。怎么办呢？哥哥一想，反正已经这样了，就调了些釉涂上再烧烧看。没想到误打误撞，重烧后的瓷器花纹清雅别致，比没有裂纹的更好看。从那以后，哥哥潜心研究这种有裂纹的瓷，成就了宋代五大名窑之一的"哥窑"；弟弟专心做釉色葱翠、没裂纹的瓷，人称"龙泉窑"。

景德镇窑

江西景德镇窑诞生于五代时期，至今已有1 000多年，依然活跃在陶瓷行业第一线。景德镇长盛不衰的秘诀就是——与时俱进，紧跟时代潮流。五代流行青、白瓷，就烧青瓷白瓷。元代创烧青花，明代开始研发彩釉……既能做仿古瓷，又能不断推陈出新，质量一直在线，从来不掉链子。所以一跃成了全国瓷器行业的龙头老大，其地位至今无人撼动。

德化窑

福建德化窑是福建沿海地区古外销瓷重要产地之一。白瓷做得特别好，像白玉一样，被赞为"象牙白""奶白""天鹅绒白"。除了普通的

器物,还擅长做瓷盒。从元代开始,德化窑的青白瓷在东南亚就很受欢迎。近年来,在东非也出土了一些清代德化窑青花瓷器。

瓷器之王元青花

说到青花瓷,大家一定不陌生。没错,就是那种白底蓝花的瓷器。据说唐代它就露过面,没被看好。可能有些小家碧玉,不符合大唐气质。但是清清爽爽的蓝白色调,很对蒙古贵族的胃口。所以到了元代,青花终于等来了它的春天。

🍃 关于青花的由来,有一个动人的传说。相传元朝时,景德镇有个专门给瓷器雕花的工匠叫赵小宝。小宝有个未婚妻叫廖青花。一天,青花问小宝:"为什么不试试在瓷坯上画花?"小宝说,他早就想过,可是找不到合适的颜料。青花听后暗下定决心,要帮小宝找到这种颜料。

青花有个舅舅是找矿师傅,青花跟着他上山找作画的石料。这一走就是三个多月,大雪封山了还没回来。小宝放心不下,进山寻找。几天后,终于找到了青花。青花已经被冻死了,她的身旁堆着各种选好的石料。小宝悲痛不已,回去后把青花采挖的石料研成颜料,画到瓷坯上,果然烧出了明艳的蓝色花纹。为了纪念青花,人们就把这种蓝色花纹称为青花,把青花找的彩料叫作青花料。

以前的瓷器虽然多纯色,但讲究纹饰雕刻和釉色的质感,自带贵气。青花的纹饰全靠一支笔在瓷器表面描画,单一的白底蓝花,不但琐碎还容易产生审美疲劳。聪明的匠人们就在细节上下功夫,除了一些花鸟虫鱼、吉祥纹饰,还将老百姓喜闻乐见的故事画在了瓷器上。什么"萧何月下追韩信""文姬归汉""三顾茅庐"……简单的青花变得热闹起来,雅俗共赏,人见人爱,一下子成了时尚的顶流。

品茶的高级感从哪儿来？
——那些名满江湖的茶壶、茶杯

"从来名士能品水，自古高僧爱斗茶。"虽然我国是茶的故乡，茶很早就和柴米油盐酱醋一起，成了平常人家的"开门七件事"。但在古人心中，品茶一直都是件高大上的文艺活动。苏东坡研发过"提梁壶"，乾隆特制过"三清茶诗碗"……帝王贵族、文人墨客品茶用的那些茶具，具有很高的艺术品位，有的更是名满江湖。

■《红楼梦》中有一段"栊翠庵品茶"。贾母带刘姥姥逛大观园，来到栊翠庵，主人妙玉请大家喝茶。她的茶杯没有一件是俗品，给贾母用的是成窑五彩泥金小盖钟，给众人用的是官窑脱胎填白盖碗。妙玉对黛玉、宝钗另眼相看，请她们去吃"体己茶"时，更是拿出了两只珍贵的古董杯……

宜兴紫砂壶

说到茶壶，必须夸夸紫砂壶。紫砂壶出产于江苏宜兴丁蜀镇，是用当地特有的一种紫砂泥烧制的。这种壶天赋异禀，泡出来的茶格外甘香，而且隔热性好，不烫手又很保温。另外紫砂壶自带保鲜功能，茶水放在里面，不容易变质。更神奇的是，用久了的紫砂老壶还能吸收茶水中的精华，修炼出内丹——即使不放茶叶，一壶清水也能泡出芳香四溢的茶味。

从外貌上看，它们不属于肤白貌美那一类，但黑得油亮，红得润泽，古色古香，沉稳大气，既有质朴的亲和力，又有儒雅的书卷气。紫砂壶虽然创始于明代，只有五百多年的历史，却给人一种德高望重的感觉，一出道就碾压众壶，成了茶具中数一数二的大咖。

■相传第一把紫砂壶出自一位叫供春的书童之手。有一年，他陪主人在宜兴附近的南山上读书，看到人们做泥缸、泥罐时沉积下的一些泥膏非常细腻，就挖了些，悄悄捏了把壶。

没想到,这把壶烧出来后十分雅致,轰动了附近的窑场。人们纷纷效仿,紫砂和茶壶从此结缘,创造了一段传奇。

嘉兴锡壶

锡壶顾名思义,就是用锡做的壶。锡是一种银白色金属,白白亮亮很好看,而且熔点低,很容易熔化,可塑性强。所以我们的祖先早在3 000多年前就开始用锡打制器具。浙江嘉兴历来盛产锡器,遍地都是锡器作坊。人们平常使用的烛台、酒壶、水壶、饭盂、暖锅、茶叶罐、文具盒……很多都是锡器。

到了明代,随着饮茶方式的改变,大家都泡散茶喝,茶壶的需求大增,市场上出现了很多锡茶壶。文人雅士们都想拥有一把与众不同、能彰显自己个性与才情的茶壶,积极地参与到锡壶的创制中来——设计新款式、新纹样,甚至亲手在壶上面雕刻诗文、图画……

就这样,穿上文化外衣的锡茶壶火了起来。直到中华人民共和国成立后,它们才慢慢淡出人们的视野。

■ 传说苏东坡有一回和文友们泛舟西湖,不小心把酒壶碰入湖中,触景生情,出了一联"提锡壶,游西湖,锡壶落西湖,惜乎,锡壶"。朋友们绞尽脑汁,怎么也对不出下联。

盖碗

　　盖碗是一种上面有盖,底下有托盘的茶碗,也叫"三才碗"。一手端着底托,一手拿碗盖拨开浮在茶汤上的茶叶,轻轻啜饮,说不出的优雅斯文。

■据说盖碗的创始人是大唐中期西川节度使崔宁的女儿。古时候的茶杯都没有手柄,水太热会烫手。聪明的崔小姐就在茶杯底下加了个小木盘,还用蜡在木盘中央做上一圈圆环,用来固定杯子,防止滑落。这就是盖碗的老祖宗。

　　加了底托的杯子方便、实用,慢慢在四川一带流行起来。木托变成了漆托、瓷托……经过不断的改进,变成了真正的盖碗。不过很长一段时间,盖碗都是比较小众的地方特色茶具,直到清代才得到王公贵族的青睐,火遍京城,传到了大江南北。

建盏

　　建盏是福建建窑出产的一种黑釉小瓷碗儿,黑沉沉、厚墩墩,看上去憨憨的,却是大宋王朝的茶器大当家,中国黑瓷的领军人物,风靡了一个时代。连阅美无数的"艺术家皇帝"宋徽宗都为之着迷,主动为其代言。

　　这种黑乎乎的小茶杯,到底有什么魅力?其实它的"黑"里别有洞天,一些神秘瑰丽的花纹隐现其间,十分奇妙:有的像细笔勾勒的兔毫,有的如浮泛着七彩光华的细碎油珠,有的像野鸽子身上的斑点,有的似浩瀚的宇宙星空……而且每只建盏都是独一无二的,那些花纹、色彩非人力所为,是窑烧过程中天然形成的。实乃神来之笔,可遇而不可求。

古代饮酒神器
——"品貌双全"的传奇酒杯

我们的祖先是一群浪漫到骨子里的人。他们不但创造了博大精深的中华酒文化,还创造出了精彩绝妙的酒器文化——给我们留下了很多"品貌双全"的传奇酒杯、酒碗。

《西游记》中,女儿国国王设宴款待唐僧师徒,拿出了鹦鹉杯、鸬鹚杓、金叵罗、银凿落等八种珍奇的杯盏。《笑傲江湖》里金庸先生借故事里的人物给我们科普了一个小知识:喝汾酒用玉杯,"玉碗盛来琥珀光"能增酒色;喝关外白酒用犀角杯能增酒香;葡萄美酒必须用夜光杯;高粱酒要配青铜酒爵……

青田核

青田核出自千古奇书《山海经》，真实身份是枚果核，个头很大，像个大葫芦瓜。它天赋异禀，有点石成金的本事，能把倒进去的水，变成甘醇的美酒。

金叵罗

金叵罗是古时候用黄金打造的酒碗，虽然不太清楚它究竟长什么样，但古代知识分子、诗坛大咖的审美眼光是可以信赖的。李白曾高歌"蒲萄酒，金叵罗，吴姬十五细马驮"；岑参曾低吟"交河美酒金叵罗"；苏东坡写下过"归来笛声满山谷，明月正照金叵罗"。可见，金叵罗虽然姓金，但绝非土豪味的俗品。

据史料记载，北齐神武帝高欢大宴群臣时用过一只金叵罗。他手下有个叫祖珽的大臣，风流倜傥满身才华，就是有"三只手"的毛病。金叵罗太漂亮了，让祖先生一见钟情，技痒难耐——于是乎，开席不久，这只漂亮的酒碗就莫名失踪了。有人建议大家摘下帽子搜查，结果人们在祖珽的发髻上发现了它……

鹦鹉杯

鹦鹉杯和鹦鹉没什么关系，是用鹦鹉螺的壳加工成的酒杯。鹦鹉螺是海里的"少数民族"，比较稀有。它们的螺壳又薄又轻，十分漂亮。所以用鹦鹉螺做的酒杯特别受欢迎。相传，鹦鹉杯曾经是唐代文化圈的团宠，诗仙李白的最爱。李白曾为它发出"鸬鹚杓，鹦鹉杯，百年三万六千日，一日须倾三百杯"的万丈豪情。

夜光杯

夜光杯是敦煌特产，又叫阳关玉杯，据说是用祁连山美玉，经过近30道工序，精心雕琢而成的。杯壁薄如蛋壳，光洁莹润。倒入美酒，在月光下会熠熠生辉。

九龙公道杯

九龙公道杯又叫平心杯，相传是景德镇官窑为明太祖朱元璋特制的。杯子下面有个高高的底座，显得很高挑。杯子外画着八条龙，杯子里面雕着一条龙，总共有九条龙，代表皇帝九五之尊的威严。除了外形与众不同，它还有个特殊才艺：正常斟酒，滴酒不漏；要是斟得太满，酒就会全部漏进底座里，让人一滴都喝不到。

> 相传大明王朝刚刚成立时，朱元璋宴请开国功臣。席间，老朱拿出一只酒杯给大家赐酒，说这次玩个新鲜的，斟多少酒让受赐人自己说了算，觉得自己功劳大的可以要求多斟点。徐达第一个上前领赏。这家伙一点也不谦虚，一个劲儿让朱元璋给他满上，斟得都溢出来了，才志得意满地接过酒杯。可奇怪的是，他一滴酒也没喝着，杯子里的酒凭空消失了。而排在他后面的人却都喝到了美酒。这是怎么回事呢？大家百思不得其解。朱元璋笑着告诉大家，这是一只神奇的公道杯，并让大家不要忘记"谦受益，满招损"的道理。

这只杯子为什么这么神奇？其实是有科学道理的，运用了虹吸现象的原理。杯子里的瓷龙与杯底衔接处有一个小孔，杯底外面、底盘中心也有小孔，当往杯中注水超过限定水位时，水便从杯底里面小孔进去，又顺着外面的小孔流出去了。

斗彩鸡缸杯

斗彩鸡缸杯是明代成化皇帝的御用酒杯。工艺十分讲究，要经过高温、低温两次烧制。瓷质莹白剔透，图画色彩鲜艳，趣味盎然。大公鸡威风凛凛，小鸡跟着妈妈悠闲啄食，山石花草点缀其间，充满了浓郁的生活气息。

> "成窑以五彩为最，酒杯以鸡缸为最。"鸡缸杯在古时候就很昂贵，现在更是价值连城。据说2014年，一只明成化斗彩鸡缸杯在中国香港古玩拍卖会上，拍出了2.8124亿港元的天价。

金瓯永固杯

金瓯永固杯是乾隆皇帝亲自设计的，金碧辉煌、溢彩流光，堪称杯界至尊，很符合乾隆的气质。杯子用黄金打造，杯子外面装饰着点翠，镶满珍珠、红蓝宝石组合的宝相花图案，两侧各有一龙形杯耳。杯子底下藏着3头大象，它们稳稳地托起杯子。杯足就是象鼻子，象征着吉祥平安，江山稳固。

> 传说为了打造这个大清国之重器，乾隆爷曾经接连下达十几道圣旨、口谕，一改再改，好不容易才敲定了方案。

此后，金瓯永固杯就成了大清皇室的吉祥物、传家宝。每年正月初一子时，皇帝们都要在养心殿明窗下，点烛焚香，把"金瓯永固"摆放在紫檀长案上，斟上屠苏酒，恭恭敬敬地书写祈求国泰民安的吉祥话，开启崭新的一年。

> 金瓯永固杯原本只有一只，一年后，乾隆又让人做了两只，其中有一只不是纯金，用的铜鎏金材质。到了嘉庆二年（1797年），因早先一只受损又补做一只，世上就有了四只金瓯永固杯。现在这四只杯子，有两只流落到海外，另外两只分别收藏在北京故宫博物院和台北故宫博物院。

这些精美绝伦、别具匠心的杯子装下的不仅仅是玉液琼浆，还有历史、传奇、劳动人民的智慧巧思和博大精深的中华文明。

放在家里好养眼
——美翻天的古代家具

一座房子，有了家具才有人气，才像个家的样子。我们的日常起居，吃、穿、坐、卧……都离不开家具。现代家具的品种、风格十分丰富：中式的、西式的，奢华风、简约风，餐桌、沙发、茶几、床、柜子、橱子……五花八门，应有尽有。其实古代也有很多实用又好看的家具，它们的精美、巧妙远远超出我们的想象，有的简直可以用设计逆天来形容。

屏风

屏风是一种很特别的古典家具。既不能坐、卧，也不能储物、摆放东西，好像没什么实用功能，却总是占据房间C位。它们到底有什么功能呢？难道只是因为长得好看？其实屏风的主要工作是挡风、保密。古代的房屋密封性不是很好，容易透风，用屏风遮挡一下有益健康。摆上一道屏风，不但可以把不想让外人看到的区域遮挡起来，还能让房间变得含蓄、雅致、有层次感。

> 苏东坡生性率真没有防人之心，夫人王弗怕他口无遮拦招惹是非，所以每有客人来访在前厅高谈阔论，她就在屏风后面细细聆听，替丈夫把关。

屏风起源于西周，一开始是周天子专用器具，宝座的后

面的靠山，代表着至高无上的权力。后来才慢慢变成家具，走进了平常百姓家。

🌀 唐太宗李世民曾经命人特制一扇书法屏风，由当时的名臣书写一些精警的座右铭于其上，时刻提醒自己"亲贤臣，远小人"。朱元璋也曾经让人把一首"南朝天子爱风流，尽守江山不到头……"的唐诗写在自己寝宫的屏风上，告诫自己不要像南唐皇帝那样，因沉溺享乐断送了大好河山。

古代的屏风花色品种非常丰富，有金屏、银屏、石屏、玉屏、绢屏、木屏、竹屏……有固定式的，还有可折叠的。屏风上的图案也多姿多彩，人物、山水、花鸟、诗文书法……

"珠箔银屏迤逦开""云母屏风烛影深""人行明镜中，鸟度屏风里""何处一屏风，分明怀素踪"……它们或华贵，或旖旎，或清新雅致，或意境高远，总之是古典家具中最唯美浪漫、最诗情画意的一种。

🌀 古代四大才女之一卓文君和大才子司马相如的故事，也是从一扇屏风开始的。那年到卓家做客的司马相如，以一曲《凤求凰》打动了屏风后面的卓文君。两人一曲钟情，创造了一段爱情佳话。

跋步床

跋步床被誉为"世界上最豪华的床"。它还有一个名字叫"千工床"，意思是做这样一张床得花费一千多天的时间。跋步床其实更像是一座精巧别致的小木屋，有栏杆、回廊，雕刻着精美的花纹图案。里面除了有床，还能放下一些桌椅、梳妆台等小型家具。跋步床起源于明代晚期的江浙一带，这么奢华的床当然只有财力雄厚的大户人家才能拥有。

🍃 巴渝古床博物馆有一件镇馆之宝,叫六柱五檐满金雕花大床,号称"天下第一床"。高2.9米,宽2.8米,这座大床金碧辉煌,里里外外一共有五层,每层的栏杆和木板上都雕刻着梅兰竹菊、蝙蝠、蝴蝶、牡丹、石榴等寓意吉祥的图案。据说是清代同治年间一大户人家为心爱的女儿定做的嫁妆。女儿把它带去婆家后世代相传,民国时期不知为什么,这户人家将床转让给当地另一大户,那户人家又把它当嫁妆陪嫁给了自己的女儿。直到20世纪90年代,这座大床的传人把它捐赠给了文管部门,世人才有幸一睹它的真容。

罗汉床

榻是古人用于白天坐、卧、小憩的大沙发,三面有雕花护栏。罗汉床是男士专用榻,比较宽大。据说罗汉床最早是高僧用来打坐的,因为四条腿通常都有向外突出的弧度,像弥勒佛的大肚子,所以叫"罗汉床"。

美人榻

美人榻与罗汉床相比,更精巧玲珑些,是女士专用。经常被放置在闺房或室外的凉亭水榭中,供大家闺秀、贵族小姐休息。相传杨贵妃很喜欢这种榻,所以美人榻也叫"贵妃榻"。

燕几丨蝶几丨七巧桌

宋代有个叫黄伯思的人,制造了一套由6张小桌子组成的大桌子,被叫作"宴几"或"燕几",宴请宾客时可以根据需要灵活组合。

明朝有个能工巧匠,在燕几的基础上又设计出了一套由

🍃 东汉时期乐安有个叫周璆的名士很清高,很多达官显贵想结交他,他都懒得搭理。可周璆唯独喜欢和乐安太守陈蕃来往。两人称兄道弟非常投缘。为了招待周璆,陈蕃还专门定制了一张榻——平时高高挂起,周璆来的时候才取下来用。就这样,他们创造出了一个名词——下榻。后来人们就把留客住宿称为"下榻"。

13张案几组成的套装,能摆拼出蝴蝶翅膀的形状,称作"蝶几"。据说蝶几有1600种玩法,能拼出130多种样式。

七巧桌出现在清代,跟益智玩具七巧板同源同宗,都是根据燕几发展出来的。

🍃 相传清代末年,泉州玉记巷有户姓蔡的人家,兄弟几人分别经营着典当、银行、杉行等不同的商号,过得都不错,人称"玉记商号"。传承至今,他们家七支后人共同保存着一件祖传宝贝,每年祭祖的时候会拿出来,拼在一起,祈福家族团圆和睦。这件宝贝就是"七巧桌"。

鲁班枕

鲁班枕又叫"瞎掰"板凳,意思是拿着它随手瞎掰,就能掰出不同的造型。传说是2 600年前,木匠的祖师爷鲁班发明的。它是用一块整木板做成的,十分巧妙,可以掰成枕头、马扎等十余种不同造型。

闻名天下的殉葬品
——兵马俑和唐三彩

古时候人们相信人死后会去另一个世界生活,带进坟墓的东西可以继续享用。所以帝王和贵族们的地宫里都有大量的殉葬品,什么金银珠宝、日用百货、文玩字画……应有尽有。在这些五花八门的殉葬品中,最有名、最令人称奇的要数兵马俑和唐三彩。

兵马俑

兵马俑又叫秦兵马俑或秦俑,是秦始皇的"地下部队",驻扎在西安市临潼区秦始皇陵东面的兵马俑坑内。虽然是用陶土制作的,但是它们比真人真马还要威武雄壮,而且编制齐全,装备精良。将军、文书、步兵、骑兵、弓箭手……一应俱全。大家各就各位,各司其职,俨然就是一支真正的王牌部队。

■据说秦始皇希望自己死后还可以雄霸天下,威震四方。所以除了金银财宝,他打算把手下的三军将士也一起带走。这怎么行?这个决定把丞相李斯吓出了一身冷汗。如果三军将

士都去地下陪他，国家谁来守卫？岂不是要天下大乱！而且秦始皇让他承办这件事，这"祸国殃民"的锅不得他李斯背？怎么办呢？李斯想破了脑袋，终于想出一个好办法：烧制和真人一样大小的陶俑替代。秦始皇一听，觉得这个主意不错，马上拍板同意，命令李斯全权负责……

1974年的春天，陕西临潼几位农民打井的时候，不小心挖出一些陶俑碎片，这支潜伏了两千多年的神秘部队才暴露在大众的视野中。它们的出土轰动了整个世界。1987年，秦始皇陵及兵马俑坑被联合国教科文组织列入《世界遗产名录》，并被誉为"世界第八大奇迹"。先后已有200多位国家领导人前来一睹它们的风采，兵马俑也成了中国古代文明的一个金字招牌。

唐三彩

唐三彩盛行于唐代，所以姓唐，大名"唐代三彩釉陶器"。因为最早是在洛阳被发现的，洛阳出土的又最多，所以也被叫作"洛阳唐三彩"。

唐三彩造型丰满圆润，简洁大气。色彩艳丽但一点都不俗媚，自带一股高贵典雅气质，很有大唐做派。其实它们并不是只有三种颜色，只不过黄、绿、白三种釉色最典型，最常见。烧制的时候，不同釉色相接的地方还会互相浸润融合，形成浓淡渐变、斑驳淋漓的色彩，显得堂皇富丽，非常有特色。

■唐三彩这么美，然而刚被发现时，却并不受待见。因为它是陪葬品，很多人觉得不吉利。清末民初就屡有发现，大部分被就地砸毁了。有一些流落到古玩市场，也无人问津。直到20世纪20年代，国学大师王国维和罗振玉偶然看到了它们，为之倾倒，中外收藏者们才开始重视它们，竞相收购，奉它们为珍宝。

以往出土的唐三彩大部分都是马匹、骆驼、仕女、乐伎俑等造型。尤其是三彩骆驼，有浓郁的异域风情，让人忍不住会联想到"大唐盛世"和"丝绸之路"的繁华景象。

■唐代之后，唐三彩的制作工艺就完全失传了，所以后世再无唐三彩。可是在20世纪90年代，古玩市场上突然出现了大量的唐三彩。传言是河南某个大墓被盗。为了防止文物流失，国家各大博物馆，开始花巨资抢购，可奇怪的是，这东西越抢越多，总是抢不完。警方调查后发现这些宝贝都出自一个叫高水旺的农民之手，他是专门做古玩高仿品的，技艺高超，制作的唐三彩可以达到以假乱真的程度。至今这个惊天大案还是收藏界的一大笑谈。现在这位高人早已成为国家级非物质文化遗产唐三彩项目的代表性传承人，立志于把这项国粹发扬光大。

第七章 职官

原始部落越聚越大，逐渐确立了国家制度。我国古代国家最高领导人称为"天子"。普天之下，每天都会发生很多事情，如果全都要天子管理，把他切成八瓣儿也管不过来呀。于是，天子物色了一些看着顺眼并且有才能的小弟，只需要付给他们工资就好了。这就是最初的职官制度。

国家发生的事情有的是关于农业生产的，有的是关于财政税收的，有的是关于军队的，这就需要不同的人去管理。分工不同，等级也不同。古代老百姓识字的人很少，但只要看到官员身上的衣服颜色和图案，就能知道他是什么官。

那么古代要怎样才能当上官呢？一种是世袭制，就是你的祖辈必须是贵族，如果是老百姓就别想了，好好种地吧。世袭制有弊端，不能真正地选拔优秀的人才，所以才出现了科举制度。只要肯读书，普通老百姓也能一步登天、获得当大官的机会。

本章中，我们将要和大家一起回到古代，认识一下古代的官职，了解一下古人是如何进入朝廷当大官的，顺便看一看古代学子的考场进阶之路。还等什么？走吧！

拼爹时代
——子承父业没商量

我们知道，从禹把帝位传给儿子启开始，帝位就从禅让制变成了世袭制。那么王公贵族们的儿子是不是也有类似的特权呢？当然！

世卿世禄制

春秋战国时期，普通百姓想要当官光宗耀祖几乎是不可能的，因为当时只有一种选官制度——世卿世禄制！

> "卿"就是当官的人，是贵族阶级，是天子和诸侯的臣属。"世卿"就是一个家族好几代甚至十几代人一直当官。"世禄"意思就是贵族们的后代，即使你什么都不干，国家也会一直给你发工资，直到你的家族灭绝。

世卿世禄制简单说就是：假如你爹是官，那么你爹退休后，你就能继承他的官位。等你退休了，你的儿子还可以继承……

世卿世禄制有一个最大的弊端，就是整个国家的权力都被贵族把持，普通人没有出头之日。这样时间一长，贵族们就腐败堕落，鱼肉百姓。百姓不愿再被压迫，于是爆发了起义。

> 春秋时期，晋文公登上君位以后，设置了六卿掌管晋国军政大事，分别由狐氏、先氏、栾氏、韩氏、赵氏、魏氏等11个世族轮流担任。他们为晋国做出了巨大的贡献，使得晋国的国力十分强盛。但是春秋末年，韩氏、赵氏、魏氏瓜分了晋国，真是"成也六卿，败也六卿"啊！

题！比如你是县长，让你推荐你们县里的人才，你首先想到的是不是推荐自己的亲戚朋友呢？所以汉朝的朝廷里有很多官员都是老熟人。

到了魏朝，曹丕当了皇帝，想改革察举制，但怎么也想不出好办法。这时，陈群给他出了一个主意："在地方上设立一名'中正官'，专门给人才评定等级。国家按照等级高低，给他们安排职位。"曹丕一听，这个办法不错啊！于是，"九品中正制"就这么确立下来。直到隋朝创立了科举制度，才被停用。

当然啦，如果你仔细想一下：其实"中正官"同样可以徇私舞弊，他也可以推荐自己的亲戚朋友嘛！所以魏晋时期，朝廷里就形成了很多门阀家族，比如琅琊王家、陈郡谢家、陈郡袁家、兰陵萧家等。他们控制着朝廷，成为显赫一时的大贵族。

> 战国时期，商鞅在秦国主持变法，废除了世卿世禄制，实行"二十等爵"的军功制度——在战场杀敌建功就能获得爵位。虽然贵族们怨声载道，恨不得杀了商鞅，但秦国的百姓们却热情高涨。他们纷纷参军立功，促使秦国国力不断强盛。后来，秦始皇统一了中国。

> 西晋末年，爆发了八王之乱。琅琊王司马睿在琅琊王家的资助下，逃到南方建立了东晋。司马睿特别感谢王导，甚至要和他一起坐龙椅。所以当时民间流传着一句话："王与马，共天下。"这里的"王"就是指琅琊王氏家族。可见，当时的门阀贵族实力多么雄厚啊！

九品中正制

废除了世卿世禄制，那管理国家需要的人才去哪儿找呢？其实汉朝时，确定了察举制，就是让地方官推荐人才到朝廷当官。但察举制有个大问

草根也能当大官
——人穷志不短，我命由我不由天

春秋时期，人们很看重出身，但是也有很多人相信"我命由我不由天"。他们不仅有学识，还敢于拼搏进取。其中管仲、百里奚和孙叔敖更是创造了草根逆袭走上人生巅峰的奇迹。

管仲

管仲年轻的时候特别穷，穷到连饭都吃不上，经常跟朋友借钱。他借了钱又还不上，很多人都不愿意跟他在一起了。只有鲍叔牙很欣赏管仲的才能，一直帮助他。

二人踏上仕途后，管仲辅佐齐国公子纠，鲍叔牙则跟随公子小白。后来齐国发生内乱，公子纠和弟弟公子小白都抢着赶回齐国争夺王位。管仲一看，公子小白跑得也太快了吧？于是就半路伏击，刺杀公子小白。然而公子小白福大命大，装死骗过了管仲，抢先一步回到齐国登基，成了齐桓公。

齐桓公登基后第一件事儿，就是把公子纠逼死。想到当年管仲刺杀自己，他心里这个气呀，恨不得把管仲千刀万剐。但是鲍叔牙说："如果大王只想当个齐国君王，有我就够了；但如果想要称霸天下，那只有管仲能帮您实现。"

齐桓公一听：嚯，管仲这么厉害吗？于是就给了管仲一个面谈的机会。两个人这一聊可不要紧，齐桓公一下子就被管仲的才华折服了——不仅没杀他，还让他做了国相！管仲的人生也迎来了高光时刻。他一面利用齐国靠近海滨的优势，积极开展贸

易，发展经济；一面进行军事改革，增加军队战斗力。最后，妥妥地把齐桓公推上了春秋第一霸主的位子。

齐桓公非常看重管仲，把齐国大大小小的事情都交给他处理，甚至称他为"仲父"。有人找齐桓公，齐桓公就说："有事就去找我的仲父，我都听他的。"

百里奚

百里奚从小家里也很穷，在齐国求学的时候，甚至沿街乞讨当过乞丐。即使这样，他也通过自己的努力，后来在虞

国当了官。

当时晋献公想要攻打虢国，他找到虞国国君，送给他一堆碧玉和宝马，请求让晋国的军队借道虞国。虞国国君见了金银财宝就挪不动腿了，任凭百里奚极力劝阻也不听。结果晋国军队灭掉虢国之后，回来的路上顺手把虞国也灭了。虞国的国君、大臣（包括百里奚等人）都成了俘虏。

看到晋国这么强大，秦穆公赶紧娶了晋献公的大女儿，和晋国结盟。晋国公主的陪嫁自然不能少呀！晋献公不仅给了秦穆公一堆金银珠宝，还送了好多奴隶，其中就有百里奚。

百里奚哪受得了这种侮辱呀！他偷偷找机会逃到了楚国，但悲催的是，他又被楚国人抓住了。

秦穆公听说百里奚很有才能，就想花重金把他从楚国手里赎回来。但是谋臣公子絷说："不行啊！我们花这么多钱赎人，楚国国君一定会猜到百里奚很厉害，那肯定就不会给我们了呀。"

怎么办呢？秦穆公派人拿着五张羊皮到了楚国，对楚国君王说："百里奚是我家夫人的陪嫁奴隶，成天好吃懒做，没有规矩，趁乱逃走了。我家国君想把他抓回去杀掉，以此警告其他奴隶。"楚国国君一听，原来百里奚是个低贱的奴

215

隶，就把百里奚放了。

百里奚来到秦国之后，秦穆公立刻把他奉为座上宾，后来又任命他为国相。为了报答秦穆公的知遇之恩，百里奚辅佐秦穆公励精图治，使得秦国逐渐强大起来。

孙叔敖

孙叔敖小的时候，家境也不好。但他心地善良，乡亲们都很喜欢他。

有一天，他像往常一样上山砍柴，突然在路上看到一条两头蛇。传说两头蛇是不祥之物，看到的人都会死。孙叔敖定了定心神，勇敢地把蛇打死了。想到自己就要死去，再也不能孝敬母亲，他伤心极了，一路哭着跑回家，把刚才的事情告诉了母亲。母亲听了，欣慰地说："你是为民除害，老天爷一定不会让你死的。"

后来，楚庄王听说孙叔敖是个贤才，心想：这么厉害的人才可不能浪费了！于是让他当了楚国的令尹。

孙叔敖果然没有辜负国君的信任。他当政以后，平息了国内的叛乱，又修建了我国最早的大型蓄水灌溉工程——芍陂（今安丰塘），解决了淮河洪水的问题。

芍陂的建造，让当地粮食产量大增。楚国的百姓肚子吃饱了，当然就更有力气了！楚国的军队实力也增强了，楚庄王成为春秋五霸之一，这都多亏了孙叔敖啊。

官大一级压死人
——爵位和官位

官场上可没有长幼尊卑，哪怕年龄再大，遇到官位高的人都要下跪。古代官职大体可以分为两种——爵位和官位。

五爵

爵位代表了贵族的身份，这种称号可没办法通过考试获得。那要怎么才能得到爵位呢？只有两个途径，要么你是君王的亲戚，要么你为国家立了很大的功。

商朝时就有爵位制度了。商王为了方便管理国家，把商朝分为内服与外服。商王管理内服；外服分封给各个诸侯，赐予他们爵位，比如公、侯、伯等。不过当时的爵位没有高低之分，只代表和君王的关系远近。

直到战国时期，公、侯、伯、子、男才成为正式的爵位，并且带有明显的等级高低的分别。

商朝时期，周国的领主是姬昌，他的爵位是伯，人们称他"西伯"。商纣为了压制周人的崛起，就囚禁了姬昌，又放松警惕把他释放了。姬昌被释之后发愤图强，周国一步步壮大，到了他儿子周武王继承王位后，推翻了商纣的统治，建立了周王朝。

三公九卿

春秋战国时,各个国家的官职制度都不一样,非常混乱。秦始皇统一六国之后,立即下令改革。

秦始皇规定,朝政事务主要交给丞相、太尉和御史大夫处理。丞相相当于国家总管,处理各种国家大事;太尉相当于总司令,主管军事;御史大夫负责监督各级官员,主管纪律监察。三个人定期向秦始皇做工作总结和报告,这就是"三公"。

> 东汉末年的袁绍家庭条件很好,号称"四世三公",意思就是他的祖辈有四代人连续担任了三公的职务。后来,袁绍靠着雄厚的家底,以及在士人中的威望,成了威震一方的诸侯。

国家那么大,丞相一个人能管理过来吗?这就要说到九卿啦!

第一是奉常,是九卿中最主要的,主管宗庙礼仪和文化教育;第二是郎中令,负责领导宫廷侍卫;第三是卫尉,主要负责守卫皇宫大门;第四是太仆,皇帝的御用马车夫,同时掌管全国马政;第五是廷尉,相当于最高人民法院院长;第六是典客,主要负责管理外交和民族的事情;第七是宗正,专管皇室亲属事务;第八是治粟内史,主要征收盐铁钱谷租税和国家财政收支;第九是少府,负责山海池泽之税和官府手工业制造。

> 秦朝将领章邯最初并不是将军,而是少府。等到农民起义军打到骊山附近的时候,秦二世慌了神,不知道该怎么办。这时候章邯站了出来,他建议赦免骊山的刑徒,给他们发放武器去抵抗起义军。就这样,章邯从一名掌管手工制造的九卿,变成了威风凛凛的大将领。

三省六部制

三省六部制的雏形出现在西汉时期,一直到了隋朝时才最终确立下来。

三省指的是中书省、门下省和尚书省;六部指的是吏部、户部、礼部、兵部、刑部、工部，每个部门下边各管理4个司。

三省的关系总结成一句话就是：中书省决策，门下省审议，尚书省执行。

> 🍃 中书省主管全国行政，说简单点就是制定政策和发号施令的部门；门下省最早是皇帝的侍从官，主管监察、审查诏令、签署章奏，还能封驳中书省的政令；尚书省原本是皇帝身边的秘书，后来发展成主要政令具体执行的部门。

六部是尚书省下边6个执行具体事情的部门：吏部主管人事，掌管全国官员的任免大权；户部主管国家财务；礼部主管教育、礼仪和外交；兵部主管军事；刑部主管刑罚；工部主管工程建设。

> 🍃 胡惟庸是明朝开国功臣，后来一路当上了丞相。慢慢地，胡惟庸就膨胀了，最后被朱元璋以谋反罪处死。之后朱元璋觉得三省的权力太大了，于是一气之下废除了丞相制度，自己直接统领六部。从那之后，中国就没有丞相这个职位了。

九品十八阶

当官也不是那么容易的！

清朝时朝廷把官职分成了9个品级，每个品级又分正品和从品，也就是正级和副级。

如果从最低的从九品开始当官，要闯过17道关卡，才能成为正一品的大官。可见啊，

> 🍃 明朝著名的大清官海瑞，初入官场时就是在海南南平当教谕，相当于国立学校的校长，是正八品的小官。因为海瑞教育事业做得好，后来一路高升，最高做到了正四品的佥都御史。

怎么分辨谁的官大，谁的官小？
——区分官员等级的窍门

怎样一眼识破一个人的身份，知道他是不是当官的，官职有多大？这在古代一点也不难。因为他们的身份信息都清清楚楚、明明白白地披挂在身上，答案一目了然。

服色

最简单粗暴的方式，就是看他们衣服的颜色。大秦帝国崇尚黑色，官员的官服也是漆黑一片。但是如果在万黑丛中发现一点养眼的绿色，那人一定是个大官。因为秦朝三品以上的官员才可以穿绿官服。

汉朝的"皇老板"审美水平有所提高，允许"员工"们按不同季节分别穿青、红、黄、白等不同颜色的官服。不过重要场合，还是以黑色为主。

盛世大唐百花齐放：三品以上穿紫袍，四、五品穿绯（红）袍，六、七品穿绿袍，八、九品穿青袍。而且同一色调，颜色越浓官位越大。比如深绿是六品，浅绿是七品。

宋代和唐代差不多。

■宋代大文学家苏东坡原本只是六品官，却曾经穿过绯色的官服，这是怎么回事呢？那时候，有个有趣的现象：官员去外地做官或当使臣时，可以借穿高一级的官服满足一下虚荣心，被称作"借紫""借绯"。

补服的图案

补服就是在官服的前胸、后背打上绣着飞禽走兽的"大补丁"，用上面的图案表明身份。

这东西是大明王朝的发明创造。具体规则如下：文官贴鸟形"商标"，一品大员绣仙鹤，二品是野鸡（锦鸡），三品孔雀，四品云雀，五品白鹇，六品鹭鸶，七品鸂鶒（xī chì），八品黄鹂，九品鹌鹑。武官的吉祥物是野兽。一、二品绣狮

子,三、四品绣虎豹,五品是熊,六品和七品是彪,八品犀牛,海马代表九品。其他上不了台面的小官,统统绣练鹊。

咱们熟知的"衣冠禽兽"一词就是从这儿来的。据说原本是个用来夸人的好词,后来嘛,被那些不干人事儿的贪官恶吏硬生生折腾成了贬义词。

清代的图案大体差不多,就是"补丁"小一些,绣得更精致,还加了圈妖娆的小花边。

绶带

绶带现在也有,是参加庆典时佩戴在身上的彩色丝带。古时候区分官员段位的绶带叫"印绶",是系官印的丝带。

官员把官印放在腰间的荷包里,丝带露在外面。这样,谁的官大、谁的官小就一目了然了。

诸侯王爷金玺配黄绿色丝带,一品高官金印紫带,再往下是银印青带、铜印黑带……小官小吏的官印上不系丝带。

另外,丝带越长官越大。要是身兼数职,还可以有多枚印章。丝带越多,表示权力越大。

■补服的图案不能乱用。乾隆年间,有个姓金的司空被破格提拔为尚书兼都统。尚书是文一品,都统是武一品。一下子得了个"双黄大金蛋",这家伙高兴坏了,恨不得让全世界都知道。可是按规定,他只能穿一品文官的补服。金司空不甘心,就自作聪明,在胸前同时绣了仙鹤和麒麟。结果被乾隆狠狠训斥了一顿,还扣了半年的工资。

■东汉的汉灵帝是个昏庸顽劣的荒唐皇帝。他曾经给一条狗穿上官员的朝服，佩上绶带找乐子。他大喊"好一个狗官"，伤透了大臣们的心。恶有恶报，果然，他没当多久皇帝，全国各地就爆发了农民起义。

■武则天当皇帝后，把"鱼符"改成了"龟符"，规定三品及以上用金龟符、金龟袋。大家都觉得有一个戴"金龟"的女婿，是一件特别荣耀的事情。所以民间就有了"金龟婿"的说法。

鱼符 | 鱼袋

鱼符是隋朝官员们的"工作证"。最早是用木头做的，鱼形，上面刻着官员的身份信息。后来改为铜铸。

唐代又开发出了配套产品——鱼袋，就是存放"鱼符"的专用袋子。

亲王和三品及以上官员用金鱼符、金鱼袋，四、五品用银鱼符、银色鱼袋，六品及以下的鱼符为铜质，没有鱼袋。

宋代皇帝不喜欢鱼符，就把它废除了，只留下了鱼袋。

笏板

笏板又叫"手板""朝笏"或"朝板"，是古代官员上朝时随身携带的"笔记本"和"提词器"。用来记录皇帝的重要讲话，或者事前把要上奏的问题标记在上面，省得在朝堂上一紧张忘了词。

唐代五品及以上官员拿的是象牙做的笏板，六品及以下用竹笏。

到了明代，五品及以下的官员就没有资格用笏板了。原则上一人配备一块笏板，但公务繁忙的官员允许用几块。

■《旧唐书》里有这样一个故事：大唐的官员去上朝的时候，都会把笏板插在腰带上，随身携带。大文学家张九龄当宰相的时候，年纪已经很大了，他的笏板又多，插在腰带上很不方便。他想了个办法——缝一个大袋子，把笏板装在里面，让随从背着，陪他一起上朝。皇帝居然也没怪罪，默许他可以带"秘书"。

■《西游记》第七十回写孙悟空打死一小妖怪，小妖怪的腰间就有一个镶金的牙牌。上面写着：心腹小校一名，有来有去。五短身材，圪垯脸，无须。长用悬挂，无牌即假。

帽饰

当然，官帽也是判断官员品级的重要依据。历朝历代都对官帽的款式做出过明文规定。比如："冠冕堂皇"的都是王侯大吏。

隋朝官帽上装饰的玉块越多官越大。明代乌纱帽翅膀越窄官越大……

清代比较另类，用帽子最顶端的一颗珠子来区分：七品官用金帽珠，六品贝壳珠，五品水晶珠，四品青晶珠，然后依次是蓝宝石、珊瑚珠、红宝石。一个比一个值钱。一路数下来，是不是有种鉴定珠宝的感觉？

牙牌

牙牌的功能和鱼符差不多。宋代叫"腰牌"，明代叫"牙牌"。就是用象牙、兽骨、木材、金属等制成的板片，上面刻有持牌人的姓名、职务、履历以及所在的衙门。

读书人要经历哪些"考"？
——明清考试进阶之路

如果问你上学的时候，最害怕什么，你一定脱口而出"考试"！其实，古人上学读书也要经历各种考试，而且一点也不比现代人轻松！

明代嘉庆年间，吏部尚书、大儒湛若水回到家乡以后，创建了莲花书院。他收了九个学生，又请了一个杂工负责学生的起居饮食。到了出成绩的那一天，大家都惊呆了，因为莲花书院竟然一下子有10个人都上榜了。原来，湛若水的9个学生去参加考试的时候，杂工也跟着去了，最后也考中了。

县试

假如你现在穿越到了明清时期，成了一名读书人，那么从现在开始，你就要为人生第一次考试做准备喽。

第一次升学考试叫"县试"，顾名思义，就是县里举办的考试。县试每年二月举行，主考官是县长。你可要用心准备，因为县试要考四五场，包括八股文、诗赋、策论等，任务很繁重！

府试

如果你顺利通过了县试，恭喜你，你有资格继续参加府试了。

府试在管辖本县的府进行，由知府主持，一般在四月举行，每次考三场。如果你通过了府试，就是童生了。成了童生，你可以进入公立学校，跟着名师学习啦！

院试

院试由省教育局主持，每三年举行两次，考试内容和县试、府试基本相同。成功通过院试，你就是一名秀才了！

秀才和童生相比，可是有特权的，比如见到县长不用下跪，不用服徭役，犯了事儿也不能随便对你用刑！

如果你考了第一名，就叫"廪（lǐn）生"。什么意思呢？就是国家按月给你发粮食。

> 1901年，浙江仙居人张任天年仅14岁就考取了秀才。但是他并没有为清政府当官，而是投身于革命事业。1995年，张任天因病去世，享年108岁。

乡试

秀才虽然有些特权，但还没有当官的资格。想要当官，你还要继续努力，参加三年一次的乡试。

乡试一般八月开始，所以又叫"秋闱（wéi）"，主考官是皇帝亲自任命的。乡试在省里的贡院举行，这算是正规的考场了！乡试主要考《四书》、《五经》、策问、八股文等。

如果你通过了乡试，恭喜你，你现在可是举人老爷喽！从现在开始，你从一个平民百姓正式进入贵族阶级了。你不仅有了当官的资格，普通百姓见到你还要下跪磕头呢！

如果你才识过人，在乡试里得了第一名，被称为"解元"，更是会光宗耀祖哦。

> 清朝时，有一个叫谢启祚（zuò）的老先生。他98岁参加乡试，考中了举人。在庆功宴上，还有一位12岁中举的少年，两个人几乎差了三代人。而谢启祚也创造了科举史上年龄最大的举人的记录！

会试

参加完乡试，下一步就要参加会试。这是礼部主持的，全天下所有的举人都要去京城的贡院考试，所以又叫"进京赶考"。会试每三年一次，一般在春天举行，所以又叫"春闱"。

如果你通过了会试，就由举人变成了贡士！会试的第一名，叫"会元"。

殿试

经过十年寒窗苦读，你终于迎来了最后也是最重要的考试——殿试。据说殿试是唐朝武则天创立的。

打起精神来，殿试可是皇帝亲自主持的，这是全天下读书人的荣耀。参加殿试的读书人，也被称为"天子门生"。

殿试一般在紫禁城的保和殿举行。你必须天还没亮就进宫，经过复杂的礼节后，由皇帝亲自出题，直到黄昏才考完。

如果你通过了殿试，就是一名进士了,进士可以直接当官了！殿试的第一名，称为"状元"。

> 有一次，唐太宗李世民去参观科举考试，看到许多新进士鱼贯而入，得意地说道："天下英雄，入吾彀（gòu）中矣！"意思就是，天下英雄，都在我的掌握之中了！

小三元和大三元

当然，状元还不是古代读书人考试的最高荣誉，比状元还要厉害的是大三元和连中六元。

县试、府试、院试三次考试都得第一，叫"小三元"。乡试、会试、殿试都得第一名，叫"大三元"。而六次考试全部第一名，就是考神中的考神——连中六元。

历史上，只有14个人中了大三元，而连中六元的只有两位，分别是明朝的黄观和清朝的钱棨。

> 相传，黄观在明朝洪武年间，连中六元，是历史上第一位连中六元的超级考神。当时朱棣发动了靖难之役，夺取了朱允炆的皇帝宝座。黄观认为朱棣是大逆不道。为此，朱棣把黄观连中六元的事迹抹去了。直到万历二十四年（1596年），黄观才被平冤昭雪，补得谥号"文贞"。

选官不容易，贬官不由你
——仕途一路多坎坷

现代人想要进入政府机构当官，必须通过公务员考试。古代人想要当官则要通过科举考试。不过，科举是隋朝才出现的，那么在此之前，皇帝又是如何选官的呢？

察举制（在科举选官之前）

汉朝时，地方官在自己管理的地方进行考察，发现人才就举荐给皇帝，这就是"察举制"。皇帝觉得行，就先试用。如果试用期考核没问题，就正式录取。有了察举制，当官不再是贵族的特权，普通百姓只要有才学，也可以当官啦！

> 察举制考察人才，分为几个科目，比如孝廉、茂才、察廉、光禄四行。其中的孝廉就是孝顺父母、清廉勤政，这是考察人才最重要的标准。曹操20岁的时候，被举为孝廉，进入朝廷当了郎官。后来，他凭借才学和胆识，一步步当上了丞相。

察举制的缺点也很明显，它很容易成为贪污腐败的温床。东汉后期，那些地位高、权力大的公卿大臣、名门望族之士，纷纷举荐自己人。还有很多人为了迎合察举制，表面上假装自己是个道德很高尚的人，其实人品低劣，活脱脱的一个伪君子。

铨选（挂号排队）

到了隋朝时，科举制度出现了。读书人过五关斩六将，通过各种考试，皇帝就能根据成绩排名，安排官位了。

> 不过，并不是所有人都能得到官位。比如你考过了乡试，却没有通过会试，这时你只能是举人。举人要想当官就要排队参加"大挑"，被挑中的人也不能立即得到官位，要在吏部拿个号排队等待分

配。如果哪儿有了空缺，就抽签决定谁去哪儿当官，这种方法叫"铨选"。

这么看来，靠着"铨选"当上官，全凭运气好坏呀！

党争（拉帮结派）

假如你真的当上了官，还可能会卷入一场斗争中。

官场上经常能看到许多小团体：有科举出身的读书人集团，有世家贵族集团，有老乡团，还有太监团……这些小团体的成员们抱团取暖，称为"结党"；他们在利益的诱惑下，斗争不断，称为"党争"。在古代，党争往往发展为内斗，对国家的危害很大。

🍃 唐朝末年，国家处于风雨飘摇之中，但是朝廷里的大官们还在斗个不停。他们分成两派：其中一派的老大是牛僧孺，被称为"牛党"；另一派的老大是李德裕，被称为"李党"。最后，他们斗了个两败俱伤。这就是著名的"牛李党争"。

弹劾（离被贬不远了）

假如你没有陷入党争的旋涡，也要小心谨慎。因为一旦你做错事，或者得罪了人，就要遭到"弹劾"。被弹劾多了，就免不了会被贬官降级。

"弹劾"就是检举和揭发。最初只有谏官领导的监察部门才有弹劾的权力，但是到了明朝时，官员们似乎弹劾上了瘾，不管大事小事，只要看谁不顺眼，哪怕是皇帝，官员都敢弹劾。

🍃 明朝大奸臣严嵩担任首辅，他结党营私，贪赃枉法。御史邹应龙上书决定弹劾严嵩。为了避免遭到报复，他决定先弹劾严嵩的儿子严世蕃。严世蕃仗着有父亲撑腰，做了很多坏事。嘉靖皇帝看到奏章以后，非常生气，下令把严世蕃抓捕，并且勒令严嵩退休。邹应龙把大奸臣严嵩扳倒了。

"我们的工作就是挑毛病！"
——让人讨厌让人恨的谏官

古代朝廷里有一种官是最不好当的，容易被人记恨，还可能惹得皇帝讨厌，他们就是谏官。谏官是干什么的呢？说简单点，他们是专门挑毛病的。

■谏官在各朝各代有很多称呼，比如春秋时是"大谏"，秦、汉、宋时是"谏议大夫"，唐朝时叫"拾遗"，明清叫"都察院御史"和"六科给事中"等。

皇帝为什么要招聘这种人，给自己添堵呢？其实呀，谏官相当于纪律委员，帮助官员和皇帝改正错误，这样才能管理好国家。所以，历朝历代规定，无论谏官说什么，都不能轻易治罪。

董仲舒（惹怒了汉武帝）

汉武帝当了皇帝后，因为一件事很心烦，他总担心诸侯王造反。董仲舒建议他推崇儒家思想，施行仁政，那样诸侯王就不会造反了。汉武帝哪听他的话呀，直接让他去辅佐江都易王刘非。

这是为什么呢？因为汉武帝听说江都王想要造反，所以想为难董仲舒。没想到，董仲舒协助刘非把江都治理得非常繁荣，刘非也没有了造反的念头。

■长陵高园殿和辽东高庙发生了火灾，董仲舒抓住机会给皇帝写信说："让您做个好人，施行仁政，您不听。看，这是上天在警告您呢！"汉武帝一看，气得头发都竖起来了，但又不能杀他，于是免去董仲舒的官，让他回家去了。

白居易
（唐宪宗不听他的）

唐朝时，有一年科举考试，一个考生写了篇抨击宰相李吉甫的文章。当时的主考官杨于陵也很讨厌李吉甫，于是顶住压力，录取了这位考生。李吉甫知道后，立即向唐宪宗打报告。唐宪宗就让白居易等人调查这件事。

■白居易刚刚当上拾遗，也不喜欢李吉甫。经过调查，他觉得那个考生的文章明明写得很好，杨于陵也没做错。李吉甫看到调查结果，肺都气炸了，天天在皇帝身边唠叨，唐宪宗就处置了杨于陵等人。白居易心想：明明是李吉甫颠倒黑白，皇帝怎么能处罚杨于陵呢？他很生气，专门写了《论制科人状》为杨于陵辩护。可惜，唐宪宗完全不听白居易的话。

后来，白居易在太子身边担任左赞善大夫，出了一件大事儿——宰相武元衡被杀了！白居易认为朝廷里隐藏着大祸害，极力要求皇帝彻查此事。当时白居易已经不是谏官了，唐宪宗觉得他多管闲事，就把他贬为江州司马。

杜甫（帮人求情，自己倒霉）

唐朝还有一位大诗人，也因为直言进谏被贬，他就是杜甫。

安史之乱爆发后，唐玄宗逃到四川避难，他的大儿子登上了皇位，就是唐肃宗。唐肃宗很喜欢杜甫，让他当了左拾遗。

宰相房琯带兵攻打安禄山，吃了好几次败仗，唐肃宗一气之下罢免了他的宰相职位。杜甫和房琯是好朋友，上书为他求情。唐肃宗因此讨厌杜甫，就说："你也累了，回家看看去吧！"就这样，杜甫被贬官了。

人在官场，身不由己
——能不能回老家，自己说了不算

项羽曾经说过："富贵不归故乡，如衣锦夜行，谁知之者！"可见，人混得好了，难免希望功成名就，衣锦还乡！不过，哪怕你中了状元，皇帝也不会让你回老家当官的！为什么？因为皇帝讨厌手下的官员不好好工作，贪污腐败。如果把公务员安排到老家当官，很容易拉帮结派搞事情。为此，皇帝专门制定了"仕宦避本籍"制度。

想当官，那就离你家远远的

"仕宦避本籍"制度第一条就是属籍回避制。顾名思义，就是不能在自己的老家当官。就拿县长来说，哪怕是本省外县或者外市的都不行，必须是外省人。

这种官员异地任职的制度，可以追溯到秦朝。没错，是秦始皇发明的。秦始皇统一六国之后，为了防止贵族阶级造反，特意采用了这种制度，把各大家族势力分崩瓦解。

到了唐朝时，就有了较完善的《回避条例》，规定老家周围方圆三百里内的地方，你都不能去当官，到后来这个范围扩大到了一千里以内。后来，甚至还规定北方人去南方当官，南方人来北方当官。

不过呢，这些只针对县长以上的官职，县长以下的低级官员比如县长助理、主簿、学校校长等，就不用严格遵守这种制度了。

 曲阜是孔子的老家，从董仲舒罢黜百家独尊儒术以来，儒家思想都是古代读书人的正统思想，所以孔子也被历朝历代皇帝所敬重。曲阜县的县长，是唯一不用遵守"仕宦避本籍"制度的。而且历朝都规定，曲阜县的县长必须由孔子的后人担任。

231

三年一届 任满轮换

"仕宦避本籍"制度第二条就是三年一届的"流官"制度。为什么要有这条规定呢?

因为有些当官的特别擅长交际,就算远在外地,照样可以在当地结党营私。这时,"流官"制度就发挥作用了。

> 规定要求,每个地方官的任期不能超过三年。三年期满之后,经过考核,能力优秀的,升官到其他地方;能力一般的,也要平调到别的县。

父母去世,辞官回家

"仕宦避本籍"制度让官员们有家不能回,还有一种制度让他们有家必须回,那就是"丁忧"制度。父母去世了,无论你是多大的官,都要向皇帝提出辞职,回家守孝三年。

历朝历代都对丁忧有一套完整的流程。如果你是文官,首先提出申请,皇帝批准之后,就能回家奔丧。如果你是武官,恰好守卫边疆重镇,必须等待替代的武官到位后,才能回家奔丧。

> 明朝时,张居正经过党派斗争,终于坐上了首辅的位置,开始一条鞭法改革。不巧这时,他的父亲去世了。按照规定,他应该申请辞职。可是改革进行到关键时期,皇帝离不开张居正,不允许他回家奔丧,这就是"夺情"。夺情是不被社会伦理所接受的,所以很多人批评张居正不守孝道。

激动人心的休假
——不同朝代公务员的假期

现代社会，无论是政府官员还是打工人，都能享受到人性化的休假，比如双休日和各种节假日。那么，你知道古代的公务员有哪些假期吗？

秦朝没有假期

秦朝和秦朝以前，公务员可真是太惨了！因为呀，他们必须每天按时上班，没有假期！那如果遇到突发急事怎么办呢？有两种情况可以请假，一种是生病，一种是退休。如果是病假，必须提前申请，皇帝批准之后，才能休息。擅自离岗会受到严厉的处罚呢！

■不过也有例外。公元前222年，大将王翦率兵攻克了楚国，秦王嬴政很高兴，宣布举国上下放假，喝酒庆祝。

汉朝有休假啦

汉朝时，公务员终于可以休假了，主要分为例假和节令假。节令假包括夏至、冬至、春节等。

例假又叫"休沐"，听起来是不是怪怪的呢？当时的公务员并不是每天上下班的。

■司马迁在《史记》中写道："官员每五日洗沐归谒亲。"意思就是，官员每五天可以回家洗澡、洗衣服休息一下，这就是"休沐"的来历。

此外，公务员还有病假和丧假。小病休假叫"予告"，不允许回家，只能在宿舍里休

息；大病请假叫"赐告"，可以回家休养3个月。丧假称为"取宁"，不过只有父母、伯叔兄弟去世才能请丧假，一般是守孝3年。

■汉朝有个叫赵宣的人，父亲去世以后，他在墓前搭了个草庵，一住就是20多年，在当时引起了轰动。但是后来人们发现他在此期间生了5个儿女，这说明他根本不是认认真真在守孝，只是装装样子骗人罢了，赵宣因此就成了天下人的笑柄。

隋唐皇帝生日也可以休假

隋唐时，例假叫"旬休"，上10天班才能休息1天。虽然比汉朝时惨了点，但节令假多呀！

■那时，清明节、端午节、冬至、中秋节、重阳节、春节等都要休息。唐朝时首次规定皇帝、孔子、老子和佛祖的生日也要放假1~3天。

另外，唐朝公务员还有探亲假，每3年一次，每次长达35天。而且，结婚还有九天婚假呢。

宋代休假最多

宋朝的公务员有50多个节假日，全年加起来能休90多天。

宋朝也遵循旬休制度，每个月休3天。此外元旦、寒食节、冬至各休7天，夏至休3天，立春、清明各休1天。每年十二月二十到正月二十这一个月是探亲假。

这么一对比，宋朝公务员可真让人羡慕呀！

明朝好惨

除了秦朝以外,明朝公务员是最惨的。明太祖朱元璋规定一年只放3天假,分别是春节、冬至和朱元璋的生日。

因为缺少休假,公务员上班打瞌睡,工作效率很低,后来朱元璋也不得不在春节前后又增加了一个月的假期。

到了明朝中后期,休假制度才改善了,每月可以休3天,加上元旦、元宵、中元、冬至等节日,每年有50天的假日。

■朱元璋是个工作狂,当上皇帝后,每天凌晨两点起床处理公务,一边上早朝一边吃早餐,处理奏章一直到半夜才睡觉,更别提休假了。朱元璋可真是劳模啊!

清朝直接用明朝的

清朝的休假制度和明朝基本差不多。不过到了清朝末年,尤其是鸦片战争之后,由于接受了西方思想,有了礼拜天。例假由原来每月3天,变为了每周日休假。

■苏轼在京城当官的时候,非常盼望休假,因为他太喜欢游山玩水了,每次出去游玩都要写文章。

■乾隆皇帝可能是有史以来最喜欢过中秋节的皇帝,他写的赏月诗有100多首。他喜欢在承德避暑山庄里过中秋节,每次作完诗以后,还让大臣们也即兴作诗。

古代公务员挣钱多吗？
——论不同朝代的公务员待遇

无论是古代还是现代，公务员都是让人羡慕的铁饭碗。他们除了按月领工资外，逢年过节，还会发各种福利——从生活用品到福利券、优惠券，应有尽有。

商朝和周朝
（家产和官位一起继承）

商朝和周朝时，公务员的官位都是世袭制的。老爹退休之后，儿子继续当官。他们自己有封地，都是地主。他们一般是让奴隶种地，然后给天子或者诸侯上贡，剩下的都是自己的。

秦朝
（上班领工资）

秦朝废除了分封制，所以公务员不能世袭了。没有了封地，只能上班领工资了，主要以米、谷物等粮食为主。比如一个县长的年薪是300石，相当于900公斤粮食。如果皇帝高兴，也会发个红包，有黄金或者钱币。

在秦朝，官位较低的公务员，生活还是挺艰苦的。日常工资根本养不活自己，怎么办呢？当时办公没有纸，公文都写在竹简上，竹简要用袋子装起来，然后送给皇帝批阅。有些人发现，皇帝每次看完竹简，袋子就不要了，于是就收集起来，把废袋子卖了赚钱。

汉朝
（有了正式的年终奖）

到了汉朝，公务员的福利待遇就好多了。工资主要以粮食为主，根据官职大小分成几个等级，比如三公的年薪是10 000石、九卿的年薪是2 000石。

虽然是年薪，但也是按月发放，比如年薪万石，折算成月工资就是350斛粮食，相当于现在的5 000公斤粮食。

东汉时，公务员就已经有年终奖了。分别在立春和腊月发两次，叫"春赐"和"腊赐"。按照品级不同，得到相应的奖励也不一样。比如三公和大将军这种国家栋梁，年底发钱20万，牛肉200斤，大米200斛，几乎比一年工资还高呢。

隋唐（我们发"钱"，还有工资条）

唐朝初期，基本沿用了隋朝的制度，公务员的工资以粮食为主，半年发放一次，一般在春季和秋季。京城和主要大城市设置了"太仓"，每到发工资的日子，大家拎着袋子排队领粮食。唐朝时，公务员就有工资条了，只需要拿着工资条就能兑换上面的物品。

唐玄宗时期，官员的工资由发放粮食彻底改成了钱币，并且严格按月支付，可以说是现代工资制度的雏形呢！

每到发工资的日子，公务员们一家老小拿着米袋子到太仓排队领粮食。一些官位比较高的，不想亲自去领粮食，那样多没身份啊！后来太仓附近，出现了"快递"和"代排队"服务。只要花点钱，不用亲自去领，有专门的人帮你排队领粮食，然后送货上门。

宋朝
（福利待遇最好）

宋朝官员的福利待遇应该是最好的了，尤其是官位比较高的人，工资特别丰厚。

> 比如宰相，正常工资是每月钱300贯，此外，春、冬两季有布20匹、绢30匹、绵百两，每月禄粟100石，每年炭1600斤，盐7石。宰相身边还会配备随从70人，随从的工资都是朝廷提供，同时还会有几十顷的良田。

官员日常办公，朝廷会赐给服装、办公费、伙食费等，时不时发放一些福利券，比如参观券、驿站券等，可以凭借这些福利券享受各种服务。

不过到了宋朝末年，经济严重崩溃，官员全部降薪，工资连养家糊口都难了。

> 北宋文学家欧阳修从江西老家到开封北漂当官的时候，一直租房子住，因为开封的房价太高了。后来，欧阳修还给他的朋友写信吐槽这件事。

明朝
（活儿多，钱少，还挨骂）

明朝公务员应该是历朝历代最惨的！因为朱元璋是出了名的憎恨贪官，规定公务员的工资只要养家糊口就行了。

我们来对比一下，唐朝时，一品官每月8 000石粮食，另外有60顷田地，还有2 000贯钱。而到了明朝，一品官每个月只有90石粮食，后来还降薪到87石。

💧 海瑞是明代著名的清官，从不贪腐，生活十分贫苦。平日里穿的衣服打了好几层补丁，猪肉都舍不得买。媳妇和母亲还得天天织布赚钱，贴补家用。后来母亲生病，他才买了点肉。当时的人们都觉得很惊奇：竟然能看到海瑞买肉了，简直是太阳从西边出来了！

清朝
（待遇比明朝好些了）

清朝时，公务员的福利得到了改善。

乾隆之前，公务员的工资只有钱，比如一品官年薪180两银子，相当于现在的63 000元。乾隆在位时期，国家有钱了，于是给官员加薪！除了发固定工资外，官员还有恩俸和粮食奖励。比如一品官员，除了180两银子的年薪，还有恩俸180两，粮食360斛。

清朝还给官员发"养廉银"，就是为了让公务员生活好点，让他们不用被生活逼着去贪污。

💧 清朝时，每年年末，皇帝会给公务员发年终奖。一般装在荷包里：一对大荷包，里面装着各种玉石八宝；四对小荷包，装着金银八宝；一枚微荷包，装四枚金银钱、四枚金银锞。啧啧，看来清朝官员的年终奖确实很丰厚呀！

贪官污吏难逃厄运
——反腐大戏

自古以来，反腐都是历朝历代政府机关的重中之重。各个朝代为了打击贪污腐败，那可真是想破了脑壳！

设置监察机构

秦朝为了打击腐败，设置了监察机构"御史台"，可以说，它是最早的"反腐办"！它的长官叫御史大夫，是副丞相级别！

汉朝时，御史大夫已经和丞相平级了，可见，皇帝是多么重视啊！

 除了官方的监察机构，民间百姓也可以打小报告。比如汉武帝就规定基层官员可以越级打小报告。南北朝时，北魏皇帝有专门的百姓信箱，普通民众也能监督和检举贪污。

五花八门的惩治

真的出现了贪官，要怎么惩治呢？这个呀，皇帝们早就想好了对策！

秦朝时规定，哪怕是行贿受贿一个钱币，就要在脸上刻字，然后发配到边境去修长城。那时修长城可是九死一生，相当于判了死刑。

汉朝时规定，受贿250钱，就免去官职。据说250钱在当时连一件衣服都买不到。

 东汉时期，梁冀把持朝政20多年，贪污了无数金钱。后来，汉桓帝联合其他大臣一起扳倒了梁冀，梁冀被迫自杀。被抄的家产居然有30亿钱，相当于当时天下百姓一半的租税。

宋朝对贪污腐败的打击力度更大了，贪赃五贯钱就要被处死。五贯钱是多少呢？只相当于一个县令半个月的工资。

以上惩罚措施，和明朝比起来，那简直就是小儿科了！在打击贪污腐败这一块，明朝皇帝朱元璋排第二，没人敢排第一！

朱元璋是穷苦放牛娃出身，对贪官恨之入骨。他当上皇帝后，当即颁布了《大诰》，里面有无数种处理贪官的办法。

规定，百姓家里有一本《大诰》，即使犯了法，也可以从轻发落。

朱元璋规定，贪污60两银子以上的，当街问斩，以此来警告那些贪官污吏。尽管如此，明朝的官员们还是前赴后继地贪污腐败。因为大家的工资太低了，根本养不活一家老小。

后来朱元璋震怒了，重新修改法令：但凡是贪污的，不管多少，一律杀无赦。

● 明朝的官衙门里经常出现官员们戴着脚镣手铐办公的画面，这是怎么回事呢？原来呀，朱元璋杀的贪官太多了，导致没人干活儿。于是朱元璋制定了一套戴死罪制度，意思就是官员犯了死罪，先拉出去打屁股，打完之后让他们继续工作，等活干完了再打死。

● 朱元璋想让百姓监督贪腐，但他发现普通百姓都是文盲，根本看不懂相关法律。朱元璋想了一个办法，把贪污腐败的案例编成了故事，《大诰》就这样问世了。朱元璋甚至

第八章 礼制

俗话说，无规矩不成方圆。中国向来被称为"礼仪之邦"，那什么是"礼"呢？"礼"指的是礼仪和礼法，也就是规矩。

"礼"起源于周礼，是周朝著名的思想家、政治家和军事家周公旦制定并实施的。也许他自己都没有想到，他所制定的"礼乐"制度会一直影响中国几千年吧。

周武王推翻商朝之后，急切需要把商纣糟蹋后的国家整顿一下。当时国家乱七八糟，到处都没有规矩，管理起来很费劲儿。武王苦思冥想，也没有办法。这时，周武王的弟弟周公旦提议，应该制定一套全国通用的礼制，无论大小事情全部按照这套礼制去做，这样国家管理起来就方便多了。周武王一听，连连竖起大拇指："高，实在是高啊！"于是，周公旦将从远古到殷商时的礼乐进行了大规模的整理、改造，形成了一套系统化的社会典章制度和行为规范。

"礼"，简单理解就是生活中的一系列守则。从吃喝拉撒到国家大事，从行立坐卧到生老病死，都规定得一清二楚。直到现在，"礼"依然存在于生活的方方面面，成为华夏文明基因的一部分。

本章中，我们将着重从祭祀、宗亲、姓名、日常礼节等几个方面，介绍一下古代有意思的礼节和礼仪，让你从中感受到中国古代礼仪的魅力。

皇帝祭祀那些事
——祭天、祭地、祭祖、祭圣贤

《左传》里说："国之大事，在祀与戎。"一个国家有两件事情最重要，一个是祭祀，一个是战争。由此可见，在古代，祭祀可是国家大事啊！

作为一国之君的皇帝，当然要义不容辞地担负起祭祀的重任，那么皇帝要做哪些祭祀呢？

封禅

泰山封禅，指的是去泰山祭祀天地。封是"祭天"，在泰山山顶的圆坛举行；禅是"祭地"，在泰山山脚下的方坛进行。

为什么皇帝喜欢在泰山封禅呢？据说战国时，鲁国的知识分子认为泰山是五岳中最高的。皇帝贵为天子，祭天当然要离天近一点了，所以就选在泰山。

不过也不是哪个皇帝都有资格在泰山封禅，必须得是贤明的皇帝，把国家治理得非常好才行！如果没有管好国家，就去泰山封禅，说不定还会受到老天爷的惩罚呢！

> 秦始皇统一六国之后，认为自己的功绩超过了三皇五帝。公元前219年，秦始皇决定到泰山封禅。但是由于很久没有封禅了，大家都不知道具体的程序，讨论了半天也没个结果。气得秦始皇把他们大骂一顿，说："朕自己来！"于是，秦始皇自己设计方案，在泰山顶上立了碑，率领文武大臣及儒生博士70人，举行了封禅大典。

祭天

一般情况下，皇帝登基、册立太子和皇后、御驾亲征或庆祝重大节日时，皇帝都要带领文武百官祭天，祈求老天爷的保佑。

其实，从西周开始，就已经有特别完善的祭天活动了。西周祭天一般都在国都的南郊举行。

首先在南郊建一个圆形的祭坛，叫"泰坛"或者"圜丘"。

祭天时，要宰杀猪、牛、羊，装在鼎、簋等礼器里，这就是"太牢三牲"。然后一边敲锣打鼓，一边把祭品放到柴火堆上焚烧，产生的浓烟一直升到天上，就表示上天享用了祭品。

祭祀完之后，剩下的肉可以赐给大臣们，叫"赐胙（zuò）"。不要嫌弃这些肉，在大臣们看来，这些祭肉比金银珠宝都珍贵！

祭天这么重要的活动，并不是想什么时候进行都可以。秦朝时规定十月份祭天，汉朝时改到了冬至，此后历朝历代祭天都在冬至，所以冬至在古代甚至比春节还重要呢！

有一次，乾隆在天坛祭天求雨，官员写的祭词不工整，而且祭天用的天灯也少了一盏。乾隆顿时大发雷霆，下令把工部和礼部正副长官革职查办，工部的副长官徐绩还被发配到新疆。

告庙

告庙，是古代皇帝祭祀先祖的仪式。古代祭天、打仗、出巡或一些重要节日前，皇帝都要去太庙祭祀先祖。

告庙之前，皇帝先派人带着猪、牛、羊等祭品提前去太庙摆放好。等到正日子，皇帝会亲自带着祭文、各类祭品前去祭祀，这样就能获得先祖的保佑。

五代时期，晋王李克用临死前，给了儿子李存勖3支箭，并告诉他要帮自己杀掉3个仇人。李存勖把这3支箭放在太庙里。每次打仗时，他就到太庙祭祀，恭恭敬敬地请出箭矢，装在锦缎织的袋子里，带到战场上。等打了胜仗，再把箭放回宗庙。

丁祭

丁祭在古代也是特别重要的祭祀活动，这是为了祭祀孔子而举行的大型活动。毕竟，孔子是圣人啊，全天下读书人的老师，而且他的儒家思想是帝王统治的正统思想！从唐朝开始，规定每年的春季农历二月和秋季农历八月的上丁日祭祀孔子，所以叫"丁祭"。

明清时期，皇家丁祭一般在北京的孔庙举行。祭祀的前一天，就要宰杀猪、牛、羊，整只烹好摆在孔子灵位前。祭祀当天，皇帝带着文武百官，把新鲜的瓜果蔬菜、鱼肉稻谷装在礼器里，在灵位前摆好。

按照规定，只有皇帝一个人能进入孔庙大殿祭拜孔子，亲王立在外边的月台上，而大臣就只能在台阶下跪着了。

《儒林外史》中有这样一个故事：梅玖有个舅舅长期吃斋，不沾荤腥，后来老师送给他丁祭的胙肉，外祖母说："丁祭肉若是不吃，圣人就要计较了：大则降灾，小则害病。"舅舅于是吃了肉。

其他祭祀

此外，古代皇帝还有很多其他的祭祀活动，比如祭祀日月星辰、风雷雨电、农神谷神等。只要你能说出来的神仙，皇帝基本都会祭拜。所以这么看来，当皇帝也挺忙的呀！

帝王家也得讲规矩
——怎么挑选太子和皇后？

我们知道，在古代社会里，帝王是地位最高的人，帝王的亲人也有着极高的地位和待遇。那么，帝王是怎样挑选太子和皇后的呢？

天选之子的继承人

古时候，帝王都说自己是"天选之子"，他们可以娶很多个老婆，号称"后宫佳丽三千"。帝王的老婆多，孩子自然也不会少，十几二十个孩子都是正常的。但是王位只有一个，该把王位传给谁呢？看着那个至高无上的王位，还有数不尽的财富，谁能不眼馋呢？就连亲兄弟也免不了要打一架。

■唐高祖李渊称帝后，大儿子李建成就是皇太子，但是他担心弟弟李世民能力太强，又战功赫赫，会威胁到他的地位，就想和另一个弟弟李元吉联手对付李世民。李世民知道后为了自保，发动了玄武门之变，亲手射死了太子李建成，后来当上了皇帝。

古人在经过一番摸索后，最终想出了一个看似没有技术含量的方法——嫡长子继承制。嫡长子就是嫡妻（正妻）生的大儿子，由他继承王位和财产。如果没有嫡长子，那么就立身份最尊贵的那个，这就是"立嫡以长不以贤，立子以贵不以长"的原则。

■嫡长子继承制让问题一下子变得简单了。因为嫡长子是固定的，其他的孩子一生下来，就只有当臣子的命。这种方法可以减少手足相残的悲剧，保证政权的平稳过渡，稳定人心。

但是，这个制度有一个很明显的弊端，那就是一旦嫡长子的智商不在线，整个国家的命运就会危在旦夕。例如，晋武帝的儿子司马衷从小智商低，但是由于晋武帝不敢违背老祖宗留下的规矩，最后还是让司马衷当了皇帝，结果导致了八王之乱。

■ 有一年闹灾荒，很多老百姓都饿死了。有人把民间的情况报告给司马衷，司马衷却傻傻地问："老百姓没有饭吃？他们为什么不吃肉粥啊？"报告的人听了，哭笑不得。

后宫选秀，谁是主角？

根据《周礼》记载，后宫有编制的嫔妃只有一后、三夫人、九嫔、二十七世妇、八十一御妻，加起来一共一百二十一人。后来人们对后宫品级进行了调整，但是皇后的地位始终最高，是六宫之长，和皇帝享有同等的礼仪待遇。

如果把选妃比作一场选秀，那么皇后就是当之无愧的主角。为了让皇帝娶到优秀的皇后，人们定了许多规矩，筛选过程比现在的电视选秀残酷多了。

首先要看门第，皇后通常出身于世家大族。通过政治联姻，皇帝才能更方便地拉拢大臣，让他们不要造反。其次年龄要适中，不能太大，也不能太小。最后还要看容貌，毕竟皇后是一国之母，很大程度上代表着一个国家的形象。经过这么一通折腾，最后胜出的才有机会当皇后。

■ 大多数时候，皇后是不可能随便选的，但是凡事都有例外，皇后也有"特招生"。卫子夫出身贫寒，本来是公主府上的一名歌女。就因为唱歌好听，长得又好看，被汉武帝看中了。她后来给汉武帝生了个儿子，就成了皇后。真是飞上枝头变凤凰，堪称中国版的"灰姑娘"。

嫡长子继承制和后妃制度在中国实行了几千年，但是随着辛亥革命爆发，中国最后一个封建王朝清朝被推翻，这两种制度也就没有了生存的土壤，终于消失在历史的长河中。

认祖归宗不含糊
——宗族成员必须要知道的事儿

为什么你和兄弟姐妹、爸爸、叔叔伯伯、爷爷,都使用同一个姓氏?这是因为你们属于同一个宗族,拥有同一个祖先。

宗族是怎么产生的呢?原始社会时期,人们在捕猎和争夺地盘时,常常因为势单力薄挨揍。既然单打独斗不行,那就用人海战术。就这样,拥有共同祖先的人聚集在一起,一起打猎,一起对抗侵略者,慢慢就形成了宗族。

一个宗族里,有三样东西是最重要的,分别是祠堂、族谱和族规。

祠堂

在人类漫长的发展过程中,宗族里会出现了不起的大英雄,他们为社会做出过巨大的贡献。为了表示对他们的尊重,他们的后代专门建造了漂亮的小房子,把他们的灵位放在里面,接受后人的供奉。这就是祠堂的雏形。

> 民族英雄戚继光率领戚家军抗击倭寇,保护了沿海百姓的安全。为了纪念他的功绩,山东、浙江、福建等地的人们修建了多座戚继光祠堂。

据说,周朝时就出现祠堂了。那时的祠堂是王室专用的,主要用来供奉去世的君王。

后来普通百姓也想祭奠祖先,就建立了自己的祠堂,称为"家庙"。祠堂里除了历代祖先以外,还有宗族内的名人,毕竟他们都光宗耀祖了!

祠堂还是宗族的活动中心,人们可以在这里商议重要

事情、举办婚丧嫁娶仪式，以及教化和惩罚违反祖训和族规的人。古人还会在祠堂附近建设私塾，小孩子就是在这里上学读书的。

有的文化，国外可没有！

族谱到底有什么用呢？只要是宗族里的人，他们的名字、做的重要事情都会被记录下来，可以说族谱就是一部宗族内部的史书。

是宗族的行为守则，每个人都必须遵守。

不同宗族的族规也有很大不同，不过大体上都包括爱国、遵纪守法、乡邻和睦、长幼尊卑、合乎礼教等内容。

> 翻开族谱，你就能知道自己的祖先是谁，他从哪里来，宗族里发生过哪些大事，出过哪些厉害的大人物。

> 《颜氏家训》是一部内容丰富、体系宏大的家训，是南北朝时北齐文学家颜之推的代表作。它不仅是一部家训，还是一部学术著作。颜之推除了训诫后代子孙要好好读书，不能做坏事以外，对文学、佛学、历史、文字、民俗等方面也提出了自己独到的见解。

> 中国最有名、延续时间最长的祠堂，恐怕就是山东曲阜的孔庙了。孔庙就是祭祀孔子的地方。据说孔子去世以后，鲁哀公把孔子居住的地方改成了庙，用来祭祀孔子。后来儒家文化成为主流思想，孔子也成了"至圣先师"，于是孔庙被完好地保存了下来。

每隔几年，宗族就会举行修族谱的活动。这可是宗族的头等大事呀！修族谱一般由族长主持，也采用轮换制，轮到宗族内哪个支房，哪个支房就负责修族谱。

族谱

祠堂内保存着一个重要的东西——族谱。族谱是中国特

族规

宗族大了，什么人都有，有些人专门调皮捣蛋做坏事！别担心，族长有办法对付这些人，因为他有族规。族规

出生也要隆重点
——大大小小的诞生礼

新生命的诞生，意味着新的希望和寄托，无论在古代还是现代社会都是一个家庭的大事儿。所以新生儿诞生之后，当然得用隆重的礼节来迎接啦！

报喜礼

婴儿出生的第一天，父亲要去岳母家报喜。当然不能空手跑着就去！要拿着藤条编织的小筐，里面装好染红的鸡蛋，这就是"报喜礼"。

如果生的是男孩，鸡蛋要单数，还要放一本书，希望孩子将来读书当官；如果生的是女孩，鸡蛋就要双数，筐边插一朵花，希望孩子将来像花一样好看。

■据说有些地方，女人生了孩子以后，女婿要到岳母家里报喜，岳母要烙几张大饼，让女婿回家时带着。这不是让女婿自己吃的，而是路上遇到狗就给它们吃。狗吃了大饼就代表替新生儿咬去了疾病和灾难。

三朝礼

婴儿出生第三天，要洗一次澡，俗称"洗三"，又叫"三朝礼"。洗三可不是随随便便洗一下就行了。既然是礼节，就要隆重一些！

洗三之前，先用艾草等草药熬制洗澡水。用这种特殊的洗澡水为小婴儿清洗身体，据说可以洗掉晦气和灾祸，保佑孩子健康成长。

洗澡的时候，亲戚朋友会向浴盆里放些钱币、玉器等物品，这叫"添盆"。一方面是送给小孩子的礼物，另一方面也保佑孩子长大后升官发财。

洗完澡，还有"开奶礼"，就是让小婴儿品尝各种食物的滋味，比如尝一尝米粥、肉汤之类的。

■安禄山特别会讨杨贵妃开心,甚至认杨贵妃当干娘。要知道当时杨贵妃只有32岁,而安禄山已经48岁了。认干娘的第三天,杨贵妃要给安禄山举行洗三礼。她把安禄山打扮成了婴儿的样子,用襁褓包裹起来,就像小孩子一样。唐玄宗看了之后,笑得直不起腰。

"聪明发",脑后根上留一撮"撑根发"。

■剃下来的毛发不能丢掉,要妥善保存起来。有的人家用红纸包裹好,放在大门顶上,寓意将来孩子步步高升;也有的人家用红绳捆好了,挂在床头用来辟邪。

满月礼

婴儿出生后一个月,就迎来了"满月礼",这可是诞生礼中最隆重的礼节哟!因为古代的生活条件很差,婴儿容易夭折。婴儿长到一个月,人们便认为过了一关,就举行满月礼以示祝福。

满月这天,亲戚朋友全都带着礼物来看望新生儿,家里也要准备好各种美味的食物款待客人们。舅舅要给婴儿剃胎发,首先把眉毛要全部剃光,然后剃头发,只在头顶留一撮

百日礼

等到婴儿出生一百天时,还要举办"百日礼"。百日当天,家里人要去邻居家要各种颜色、各种款式的布料,缝在一起做成"百家衣"。据说穿上百家衣,能得到百家人的保佑,神魔鬼怪都会离得远远的!

当然啦,长命锁是少不了的。这是一种用金银打造的锁,上面刻着"长命百岁"或者"长命富贵",锁面上还会有吉祥的图案。人们相信这样可以保佑孩子长命百岁,平平安安。

■《红楼梦》中的薛宝钗脖子上戴了一个金锁,上面有一句话:"不离不弃,芳龄永继。"贾宝玉的玉上也有一句话:"莫失莫忘,仙寿恒昌。"正好是一对。所以后来人们用"金玉良缘"代指婚姻。

周岁礼

周岁礼又叫"抓周",是婴儿诞生礼的最后一个重要礼节。周岁这天,同样要举办酒宴,邀请亲朋好友来参加。周岁礼上,小婴儿要吃一顿长寿面。不过吃面之前,有一个最重要的活动——"抓周"。

家里人提前在地上或者床上摆好笔墨纸砚、算盘、珍宝、胭脂、瓜果、弓箭等物品,然后让婴儿随意抓。如果抓到笔墨纸砚,就说明他能读书当官;如果抓到算盘,就表示他以后可能会成为大商人;如果是抓到弓箭,他将来可能会封侯拜将。

■相传,三国时孙权的太子孙登生病去世了,孙权要再选一个太子。景养就对孙权说:"立太子是大事,除了要考察太子本人,也要考验他的子孙。"孙权觉得很有道理,于是把几个候选人的儿子聚到一起,然后在一个盘子里装满了珠贝、象牙、犀角、简册、绶带等,让孩子们随便抓。其他孩子都去抓象牙等东西,只有孙和的儿子孙皓抓走了简册和绶带。孙权很高兴,认为孙皓将来一定是人才,于是封孙和为太子。

跪拜不是你想怎么拜就怎么拜
——隆重的跪拜礼

跪拜是非常隆重的礼节，出现在特别重要的场合，而且一般是晚辈对长辈行跪拜礼。不过在古代，跪拜礼有很多种，而且每一种都不一样！

> 有一次，孔子去见老朋友原壤，结果进门以后看到原壤叉开双腿坐在地上，姿势很不雅。孔子就说原壤"老而不死是为贼"，边骂边用棍子敲他的腿。

跪拜礼

先秦时期还没有正式的桌椅板凳，人们吃饭、看书或者开会，都是在地上铺个凉席。大家坐在地上聊天，哪怕天子也是这样，这也是"席地而坐"的来历。如果有尊贵的客人，就多垫一条席子，古人是多么朴素啊！

不过那时的"坐"实际上是一种"跪"的姿势。当时人们表示感谢时，会稍微直起身子，微微低头。这种姿势慢慢地就成了跪拜礼。

长跪

长跪可不是长时间跪着，在古代指的是直起身子跪坐的意思。由于古人席地而坐，在特殊场合下，为了表示对人的尊重，通常会挺直腰板跪坐。

> 战国时，秦王看中了安陵君的国家，想要用其他土地换取安陵君的土地。安陵君当然不愿意，但又害怕被秦王报复，就派遣唐雎出使秦国。秦王见到唐雎之后，傲慢无礼。唐雎见说服不了秦王，就拔出长剑，用"同归于尽"的方式威胁秦王。秦王吓坏了，连忙用长跪的姿势表示对唐雎的尊重。

顿首，也是磕头，但头碰到地面之后，稍微停顿就抬起来。一般出现在下级对上级、平辈之间行礼，或者民间过节时的祝贺场合里。

空首，同样是磕头，只不过头不碰地，只做一个磕头的动作，是正拜中最轻的。先秦时，臣子对君王行稽首礼后，君王可以用空首回礼。

正拜

《周礼》中规定了九种重要的跪拜礼，分别是稽首、顿首、空首、振动、吉拜、凶拜、奇拜、褒拜、肃拜。前三种被称为"正拜"，是比较正式的礼节。

稽首是九拜中最隆重的礼节，可以理解为现在的磕头。头接触地面后，要停留一会儿，不能马上抬起来。稽首一般用在臣子拜见君王，或者子孙祭祀先祖等场合。

四拜

四拜最早出现在《战国策》里。那时的四拜并不是寻常的礼节，而带有谢罪的意思。因为当时臣子觐见君王，最多也就拜两次。

明朝之后，四拜才成了固定的隆重礼节，一般是对父母、师长行四拜。

🌀 战国时，苏秦曾经只是一个游手好闲的待业青年，一直靠着哥哥、嫂子生活，嫂子特别不待见这个混吃等死的小叔子。后来，苏秦佩戴六国相印，衣锦还乡，曾经看不起他的人对他夹道欢迎。嫂子听到这件事，连忙趴在地上，像蛇一样匍匐前进，来到苏秦面前，行了四拜，当众谢罪。

八拜

八拜指的是分别向东、东南、南、西南、西、西北、北、东北八个方向行叩拜。原本是晚辈对长辈行的礼节，后来成了结交异姓兄弟的礼节，也就是俗称的"拜把子"。

🌀 宋朝时，文彦博的一个下属的儿子李稷当了官，为人特别傲慢无礼。李稷听说文彦博任北京（大名府）守备后，赶忙来拜访他。文彦博见到他就说："你的父亲是我的下属，你就对我拜八拜吧。"李稷不敢造次，只得向文彦博拜了八拜。

三跪

三跪，一般指的是三跪九叩，就是跪三次，每次磕三次头。这是清朝特别复杂的礼节，一般出现在祭祀天地、臣子朝见皇帝、外国使臣觐见皇帝等场合。

> 据说，在明朝万历年间，努尔哈赤建立后金政权时，带着臣子们祭拜天地，行的就是三跪九叩的大礼。后来清朝推翻明朝，三跪九叩也就成了最重要的礼仪，也用在了节日里。比如每年的元旦、冬至和皇帝生日时，外省的官员不能觐见皇帝，就在家里摆好了香案和贡品，朝着京城的方向行三跪九叩大礼。

在皇宫里，臣子三跪九叩时，为了避免混乱，旁边必须有个喊口令的人。口令不能瞎念，要求声音响亮，喊出来要优美动听，还要拖长时间，必须达到3分钟，否则不合格。

> 英国使臣马戛尔尼曾带着庞大的使团，来到中国觐见乾隆皇帝。按照清朝的规定，外国使臣觐见皇帝，也需要行三跪九叩的礼节。但马戛尔尼认为这是对他的侮辱，毕竟他对自己的女王都没有行过这样的礼节。他认为觐见时，只能行见女王时的单膝下跪礼。最终双方闹得不欢而散。

顶礼

顶礼，是佛教信徒为了表达对佛祖和菩萨的尊敬，而施行的重要礼节。顶礼时，佛教弟子双膝下跪，额头叩地，两手手掌向上，高过额头，以此表示用自己的头碰佛祖的脚，从而表达自己的一番诚心。

不握手更卫生
——优雅的见面礼

咱们现在遇见好久没见过的朋友或者与人初次正式见面，一般都会先握手。不过，古人有比握手更优雅、更卫生的相见礼！

拱手
（打招呼的万能礼节）

拱手是汉民族传统礼节，任何场合、无论男女都可以用，真是实用又方便！

使用拱手礼时，一般是左手抱住右手，但右手不用握实，两只手举到胸前，上下晃动几下就可以了。

> 据说，这是因为人们在攻击别人时，通常用右手，所以拱手时左手在外，把右手包住，表示自己没有恶意。

平辈之间行拱手礼，身体可以不动，但是对长辈行礼，就需要微微鞠躬，这样表示对长辈的尊敬。拱手的同时鞠躬45度表示尊重。如果是特别隆重，就要鞠躬90度。

另外，古代女子行拱手礼时与男子刚好相反，是用右手握左手，这称作"吉拜"，相反则是"凶拜"。

> 子路是孔子的学生，有一次他和孔子走散了，于是向一个正在田里劳作的老人询问孔子的去向。老人头也不抬地说："四体不勤，五谷不分。谁是你的老师？"子路没有生气，而是行拱手礼，恭恭敬敬地站在一旁。等到农活忙完以后，老人请子路回家吃饭，让他在家里留宿了一夜。第二天，子路找到了孔子，说了昨天的事情，孔子说："这个人肯定是个隐士啊！"

咱们现在遇见好久没见过的朋友或者与人初次正式见面,一般都会先握手。不过,古人有比握手更优雅、更卫生的相见礼!

抱拳（习武之人常用）

相传,抱拳源于明代武林,当时老百姓特别喜欢练武,习武之人觉得拱手礼没有阳刚之气,于是就自己发明了抱拳礼。

行抱拳礼时,右手在内,左手在外,抱拳向前推,而不需要鞠躬。如果是晚辈对长辈行礼,要注意,必须向前走一步;长辈对晚辈回抱拳礼,则不需要上前一步。

🍃 抱拳时,千万别把右手放在外边!因为那是蔑视对方、决一死战的意思,会引起不必要的麻烦!

叉手（谦虚又恭敬）

叉手礼是唐、宋时期比较流行的礼节,也叫"交手礼",男女老少都可以使用。不过,多数时候,叉手礼是对地位更高的人或者长辈表示尊敬时行的礼。

做叉手礼时,左手把住右手的大拇指,挡住右手,端在胸腹部。现代行叉手礼时,还可以和鞠躬配合,也是一种表达尊敬友好的礼节。

🍃 《水浒传》中,梁中书给杨志分配了个任务,让他去送生辰纲。杨志听后,急忙行了个叉手礼,说:"恩相差遣,不敢不依。只不知怎的打点?几时起身?"

万福（女子打招呼）

万福是宋朝之后,女子日常生活中常用的礼节,无论是对平辈还是对长辈。

一般是女子两手松松抱拳,在胸前右下侧上下略做移动,同时微微鞠躬,是多福、祈祷之意。这种礼节美观又雅致,是女子专属的问候礼节。

吃饭的规矩也太多了吧?
——中国传统餐桌礼仪

我们都听长辈教导过,吃饭时不能敲碗,不能吧唧嘴,不能把筷子插在米饭上……其实呀,这些基本的饮食礼节都是从古代传下来的。古代饭桌上的礼节可比现在的烦琐多啦!

席不正不坐

春秋时期,孔子曾经说:"席不正,不坐。"意思是说,吃饭的时候,席子和桌案歪歪扭扭,很不像样子,一方面是不尊重客人,另一方面也显得主人家没有礼貌。

和别人一起吃饭时,也不能随便坐!和地位高的人或者长辈坐在一起,要稍微往后坐一点,表示对人家的尊敬;围坐时,要让尊贵的人面朝东或者南,而自己面朝西或北。

■秦朝末年,项羽摆下鸿门宴,邀请刘邦来参加,实际是想杀了刘邦。刘邦不敢不来,来了以后,发现项羽坐西朝东,表示地位最高,亚父坐北朝南,仅次于项羽,而他自己只能选择地位较低的坐南朝北的位子。

地位越高，吃得越多

春秋时期，人们吃饭是分餐制。不过，他们不是像吃自助餐那样随便取东西。不同身份的人，能食用的食物数量有着严格的规定！身份地位越高的人，食物种类越多。《礼记》里规定，天子可以吃26道菜，公爵有16道菜，诸侯有12道菜。

■公元前607年，郑国讨伐宋国。宋国将领华元为了犒赏战士杀了一只羊。别人都吃到了，唯独车夫没有吃到。车夫非常生气，认为华元失了礼节。等到两军交战时，车夫赶着马车，奔着敌军阵营就冲了过去，华元就这样被抓了，宋国也因此战败。

串门吃饭要注意

去别人家吃饭时，如果主人谦让地请你吃某样食物，你要说些客气的话然后再吃。即使是不喜欢吃的东西，也不能拒绝。如果你的地位比主人低，吃之前还要把饭菜端起来，谢过主人之后才能吃。

吃的时候，不能狼吞虎咽，不能发出咀嚼声，不能光吃自己喜欢的菜，不能站起来去夹远处的菜，不能吃得太饱，不能唉声叹气……

如果你吃完了，主人还在吃，这时是不能漱口的！

喝酒的礼节

古代饮酒的礼仪分为4个步骤：拜、祭、啐、卒爵。

喝酒时，要端起酒杯做出拜的动作，表示感谢主人家的款待；然后在地上洒一点，这是祭祖以及感谢天地；然后端起酒杯浅尝一口，并且要赞扬酒水很不错；最后才能一饮而尽。

■战国时，楚宣王会见诸侯，鲁恭公带了美酒献给楚宣王。楚宣王尝了一口，觉得味道很差。鲁恭公当时就怒了，骂道："我是周公之后，给你送酒是给你面子，你还敢嫌弃！"楚宣王在诸侯面前丢了脸，就联合齐国攻打鲁国。当时魏国想攻击赵国，但害怕楚国帮助赵国，所以一直没动手。现在楚国也在打仗，魏国就趁机包围了赵国都城邯郸。这就是"鲁酒薄而邯郸围"的典故，比喻无端蒙祸，或莫名其妙受到牵扯株连。

你说的姓不是姓，他说的氏是什么氏
——混为一谈的姓与氏

中国是世界上最早使用姓氏的国家，你知道姓和氏到底有什么意义吗？

姓（母系社会的产物）

上古时期，中国有八大姓，分别是姬、姜、姒、嬴、妘、妫、姚、姞。如果你仔细观察，会发现它们都是"女"字旁的。这是为什么？

其实，姓起源于原始母系社会，也就是完全由女人说了算的社会。那时的婚姻是十分自由的，为了防止拥有相同血缘的人结婚，一个家族内部所有人都有统一的名字，用来和其他家族作区分，这就是最原始的姓。所以，姓一般都是女字旁的。

氏（宗族的代号）

后来，男性取得了社会的统治地位，也就是父系社会取代了母系社会。同一个大家族里，有些男人很有本事，占领了土地，分给自己的儿子们。儿子们继续占领更多的土地，就成为贵族。但是，在这个大家族里，贵族和平民用同一个姓，这怎么行？

于是，贵族们额外给自己取一个"氏"，所以"氏"成为贵族阶级的代号。古时候，只有地位尊贵的人才有氏。普通人只有姓，没有氏，因为他们根本没有分封土地的资格。

> 中华民族的人文初祖黄帝，姓姬，因为他的部落发源于姬水，就以这条河的名字为姓。后来黄帝带着自己的族人在有熊这个地方建都，并且发展壮大，就以"有熊"作为自己的氏，用来和部落内其他兄弟区分。所以，我们一般说黄帝为姬姓，有熊氏，名轩辕。

先秦时期，"姓"和"氏"是完全不同的。秦始皇统一六国之后，分封制被废除，姓和氏才合二为一了。

百家姓
（中华姓氏大合集）

《百家姓》是我国一部姓氏合集，大约形成于宋朝初期。宋朝以后，古代的小朋友们上幼儿园，都是要学《百家姓》呢！

《百家姓》收录的姓氏大约五百多个，"百家"其实是很多的意思。除了《百家姓》外，现代学者还编著了《中华姓氏大辞典》，其中足有 11 969 个姓氏。不过，绝大部分姓氏已经不再使用，常见的也就几百个而已。

> 你知道吗？孔子并不姓孔。记载中说，孔子的先祖是商朝的贵族，以"子"为姓。后来，孔子的六世祖孔父嘉，用"孔"作为氏。子姓，孔氏，名丘，字仲尼，这才是孔子名字的全貌。

姓氏也分很多种，按照字数多少，分为单姓、复姓。

单姓就是只有一个字的姓，比如赵、钱、孙、李等。有些单姓是从上古八大姓演化出来的"氏"；有一些以国名为姓，比如齐、鲁、宋、郑、吴等；还有一些以贵族封地为姓，比如尹、魏、韩等；也有以职业为姓的，比如卜、陶、屠等。

复姓是由两个或者更多的汉字组成的姓氏。复姓一般来源于官名，比如司徒、司马、司空；或者来源于居住地，比如东郭、西门、南郭等；还有一些多字姓是少数民族的姓氏，比如爱新觉罗。

> 为什么《百家姓》里"赵、钱、孙、李"排在最前面？有人认为，《百家姓》是宋朝时编写的，"赵"是皇姓，理应排在第一；而"钱"代表财富，"孙"代表子孙繁盛，"李"代表桃李满天下，合起来的意思就是赵姓皇族不仅有钱，而且子孙繁衍旺盛，门生也遍布天下。

问君能有几多名？
——古人的名字咋分清

古人的名字非常复杂，一个人可以有名字、表字、号、谥号等。这是为什么呢？

名
（老爸取的本名）

名，一般指本名。《礼记》中说"幼名，冠字"，意思就是小时候取个本名，成年后取表字。古代婴幼儿夭折的可能性很大，孩子出生三个月时要做一次体检，确定身体健康，父亲才会正式给孩子取个名。

古人的名不能随便乱叫。名主要用于自己称呼自己，或者是长辈对晚辈、上级对下级的称呼。在古代，可不能直接叫平辈或者长辈的名。那就相当于骂人，可能会被暴揍一顿。君王或父母的名，更是连提都不能提，否则就是大逆不道。

■官渡之战时，许攸投奔曹操，帮助他打败了袁绍。战争胜利以后，许攸觉得自己功劳特别大，对曹操特别不尊重，甚至直呼他的小名"曹阿瞒"。最后，许攸被曹操的手下杀了。

表字
（长辈取的别名）

表字，也叫"字"。古时候，男子到了20岁，女子到了15岁，就成年了。亲朋好友再直接叫他的名，是很不礼貌的，所以要另外取一个表字。

字可以由父亲取，也可以是德高望重的长辈取。古人取字很讲究，表字的意思一般接近本名，或者表示某种品德。

■有的表字中带有"子"，比如杜甫，字子美，这可是男子的美称！有的表字带有兄弟排行，用伯仲叔季区分，比如孙权，字仲谋，表示他是孙家的二儿子。

号
（名字以外的称号）

号，又称"别号"，在读书人圈子里比较流行，与本名几乎没有任何联系，是自己取的或者别人赠予的。

号的起源没有历史记载，在春秋战国时就有了。唐宋时取别号成了流行趋势，到元明清时达到鼎盛。那时，几乎人人有号，而且一个人可以起许多号。

号到底有什么用呢？除了用于称呼之外，主要是在文章或者字画的落款署名时使用，可以理解为笔名！

■1079年，"乌台诗案"爆发，苏轼被贬官到了黄州，在黄州的一个土坡上安家定居。他管这个土坡叫"东坡"，于是给自己取号为"东坡居士"。

年号（君王的专属）

年号是中国封建皇帝用来纪年的名号。一般是皇帝登基的头一个新年开始使用，直到去世结束。

■明朝和清朝的皇帝大多一人一个年号，所以后世经常用年号称呼他们，比如永乐皇帝、康熙皇帝等。

当然，并不是所有的皇帝一生都只用一个年号。国家遇到祥瑞时，皇帝一激动就要改年号；如果国家遭遇了天灾人祸，皇帝一伤心，也要改年号。有的皇帝甚至有十几个年号，真是让学历史的小伙伴们头疼！

■第一个使用年号的是汉武帝。公元前122年，汉武帝出去狩猎，捉到一只白色的麒麟。大臣们都认为这预示着祥瑞，值得纪念，建议用来纪年，于是立年号为"元狩"，称那年（前122年）为"元狩元年"。6年以后，山西地区出现了一只三脚宝鼎。大臣又认为这是吉兆，建议用来纪年，于是改年号为"元鼎"。

庙号
（君王死后才能用）

庙号是君王死后，在祠堂中被供奉时称呼的名号。庙号有好坏之分，往往根据皇帝对国家的贡献来划分。

- 太祖和高祖表示开国皇帝，比如汉高祖；太宗表示把开国皇帝的功业发扬光大，比如唐太宗；世祖、圣祖、成祖的意思是重新打了一片天下，比如明成祖；仁宗、孝宗代表仁爱、孝顺；宁宗代表懦弱；德宗代表国家动乱，被迫逃亡；高宗是由盛转衰的转折点；玄宗、真宗、理宗、道宗喜欢修仙；文宗则文弱无能；武宗太暴力；穆宗、光宗在位时间短。

所以，看一个皇帝的庙号，就知道他对国家的贡献大小了。

- 康熙皇帝的庙号是清圣祖，"圣祖"的意思就是有圣德的祖先。实际上，"圣祖"这个庙号始创于唐朝，是唐玄宗李隆基专门为老子李耳起的，因为他认为自己是老子的后代。

谥号
（去世后别人的评价）

谥号，是皇帝或者地位较高的人死后，后人给他们取的，是对他们一生的高度总结。

- 谥号也分好多种：上谥是表扬，比如"文"表示品德和才能；下谥是批评，比如"炀"表示脱离群众，亲近小人；恶谥是严厉批评，比如周厉王的"厉"，代表昏庸和残暴；平谥多是同情，比如"愍"，指的是国家遭遇了大灾难。

通过一个人的谥号，就能了解后人对他的评价是好是坏啦！

- 岳飞，字鹏举，谥号"武穆"，后又追谥"忠武"。岳飞是宋朝名将，由于是武官，所以谥号开头是"武"，代表武官中最高等级。后来又改名为"忠武"，这可以说是武将谥号中的最高荣誉了。

一张嘴就知道你是不是个文化人
——大有讲究的称呼

在古代，只要你一张嘴，就能知道你是不是个文化人。看看下面这些称呼，你一定觉得自己太没文化啦！

谦称

谦称，顾名思义，就是表示谦虚的自称。

皇帝自称

虽然皇帝是国家的统治者，但平常也不能随便乱说！皇帝平时对臣子说话时，也会用谦称，来表示自己平易近人。

皇帝一般称自己为"寡人"或者"孤王"。寡的意思是说，自己品德并不是很高，才能也很少。孤，指的是国家并不大，自己只是一个小国的君王。

> 秦始皇统一六国之后，成了有史以来第一个皇帝，他认为自己太厉害了，琢磨换一个高端、大气、上档次的称呼，于是选择了"朕"。自此后，"朕"一直是后世皇帝的自称。

官员自称

连九五之尊的皇帝都要谦虚，作为官员，当然更要谦虚啦！官员们觐见皇帝或者面对等级比自己高的官员时，必须要使用谦称，一般用"微臣""下官""卑职"等称呼自己。

读书人自称

读书人从小就要学习礼节，当然也有谦称啦！无论你学富多少车，都要称自己为"晚生""末学""小生"，有时也用"不才""不肖"等表示自己的才能平庸。

> 南朝诗人王僧孺曾在《侍宴诗》中说："小臣良不才，涓尘愧所守。"就连大诗人白居易也作诗说："常恐不才身，复作无名死。"

普通人自称

那普通百姓在日常生活中，要如何使用谦称呢？

用"愚"表示自己不聪明；用"鄙"或者"鄙人"，表示自己学识浅薄；而"敝"就是说我的东西很简陋；"卑"表示自己身份低微；"窃"指的是私自、私下，一般带有冒失和唐突的意思。女子一般谦称为"妾"。

称呼家人

除了"我"之外，对别人说起自己的亲戚家人时，也有一套谦称。

当对别人说起自己的长辈或者比自己年龄大的家人时，要在前面加个"家"，比如家父、家母、家兄等。当对别人说起自己年龄小的亲属时，要加一个"舍"，比如舍弟、舍妹、舍侄等。

说起自己的儿子时常用"犬子""不肖子"，说起自己的女儿则谦称"小女"，谈到自己的妻子常用"内人""贱内""拙荆"。

> 传说文学家司马相如有个小儿子，从小体弱多病，按照习惯，要取一个低贱的名字才好养活。当时狗是一种低贱的动物，于是司马相如就给儿子取名"犬子"。后来，人们就用"犬子"来称呼自己的儿子。

尊称

称呼自己时要用不好的词语，但是称呼别人时，要用美好、高贵的字眼，也就是"尊称"。

> 古人把那些品德高尚、智慧高超的人，称为"圣人"。例如，孔子被人称为"孔圣人"，关羽被尊称为"武圣"，此外还有"酒圣"杜康、"诗圣"杜甫、"药圣"李时珍、"剑圣"裴旻、"史圣"司马迁等。

君王和臣子

臣子觐见时，不能直接去见皇帝，要先在宫殿台阶下等着太监传话。台阶下就是"陛下"，用这个词语称呼皇帝，表示"我在您的台阶下"，这

这是犬子！

样就可以看出臣子对皇帝的尊敬啦！

而皇帝称呼臣子呢，也要给予一定的尊重，一般称"爱卿"。

普通人的尊称

日常生活中，如果不明确对方的身份地位，可以用"足下""阁下"这样的词称呼对方，相当于现代词语中的"您"。

谈到对方的父母子女时，要加"令"作为前缀，令代表"美好"的意思。比如称呼对方父母，可以说"令尊""令堂"，称呼对方子女可以说"令郎""令爱"。如果对方年龄稍长，可以称呼"兄台"；如果对方年龄稍小，可以称呼"贤弟"。谈到对方的家时，一般称呼"府上""尊府"。

即使是现代社会，这些词语也不过时。跟别人聊天时，加上这些尊称，可以让人显得很有教养，快试试吧！

> 相传春秋时期，晋公子重耳遭到迫害，被迫在外流浪，其间受到介子推等人的辅佐，终于回到晋国当了国君，也就是晋文公。晋文公想要奖励一起患难的伙伴，想起了介子推，就去介子推隐居的深山。介子推拒绝了晋文公，晋文公就放火烧山，想把他逼出来。结果介子推被烧死了。晋文公十分悲痛，大喊："悲乎，足下！"后来"足下"一词逐渐演变成对他人的敬称。

称呼要避哪些坑？
——聊聊避讳的解决方案

古代人聊天或者写文章时，需要注意的事情太多了，避讳你听说过吗？就是遇到皇帝或者长辈的名字，不能说出来，也不能写出来，否则，轻则受到批评，重则小命不保！

哪些人的名字要避讳？

古代避讳有一套规则：为尊者讳，为亲者讳，为贤者讳。

首先要避讳的就是帝王的名字。在中国历朝历代中，本朝所有皇帝的名字都要避讳，这叫"国讳"。比如东汉开国皇帝名叫刘秀，为了避讳"秀"这个字，汉朝的"秀才"都被称为"茂才"。

清朝顺治皇帝福临即位后，按照避讳的规矩，所有人都不能使用"福"这个字。但"福"是吉祥词语，逢年过节，家家都要贴"福"字。顺治帝为了安抚民心，允许民间百姓不用避讳"福"，避免了家家无"福"的情况。

其次要避讳圣贤的名字，比如孔子名"丘"，宋朝时规定：凡是遇到"丘"都要写成"某"。清朝时，甚至让天下姓"丘"的人改姓"邱"，而且还不能发"丘"的音，要读"七"的音。

最后是避讳长辈的名字，称为"家讳"或"私讳"。司马迁的父亲叫"司马谈"，他便在写《史记》时，把所有名字中的"谈"改成了"同"。

古人是怎么避讳的？

古时候要是没有避讳普通人的名字，可能会被人批评没有礼貌，这还是小事。要是没有避讳皇帝的名字，很可能会被抓进大牢，甚至有可能是死罪。于是，人们想出了一些解决办法。

改名

改姓名。宋朝时，为了避宋太祖赵匡胤的"匡"，他的兄弟们全都把"匡"改成了"光"，所以他弟弟赵匡义后来叫"赵光义"。

改官名。西汉时，汉武帝名叫"刘彻"，为了避"彻"字，把当时的爵位"彻侯"改成了"通侯""列侯"。

黄昏的"昏"字原本写作"昬"。唐太宗李世民当了皇帝以后，为了避讳，就把"昬"字改成了"昏"。另外，为了避李世民的"民"，"民部"改称"户部"。

改地名。南京原本叫"建邺（yè）"，为了避愍帝司马邺的名字，改名为"建康"。

改物名。山药原本的名字是"薯蓣"，唐代宗名"豫"，和"蓣"同音，为了避讳，改名为"薯药"。到了宋朝，宋英宗名"曙"，于是"薯"成了禁忌，薯药最终变成了"山药"。

空缺

空字法。遇到避讳的字，还可以干脆不写了，或者用"□""某""讳"代替。唐朝编著《隋书》写到隋朝名将韩擒虎时，都要把"虎"字省略掉，因为唐高祖李渊的父亲名"虎"。

缺笔法。写到避讳的字时，故意少写几笔。唐朝为了避李世民的"世"字，经常把"世"写作"卅"。

康熙年间，庄廷鑨（lóng）假冒明朝大学士朱国祯的名字写了一本《明书》，并且刊印出版。书中直呼努尔哈赤为"奴酋"，清兵为"建夷"，全都是清朝所忌讳的，从而引发了一场文字狱。前后株连出版商、印刷商、经销商数百人，判死刑的有70多人。

生僻字

有的皇帝为了减少麻烦，给皇子们取名字时，会使用特别生僻的字，这样老百姓就不容易犯错了，这也是有些皇帝的名字很奇怪的原因。

第九章 风俗

  我们经常谈到家乡的风俗，那么你知道"风俗"到底是什么意思吗？风俗简单来说就是某个地方的人们长时间坚持的生活习惯。那么，风俗是怎么产生的呢？为什么大家都会不约而同去遵守呢？

  早在远古时期，风俗就已经形成了。那时的原始人文化水平有限，他们认为整个世界是由看不见的神控制的，无论做什么事情都要遵从神的安排。今年雨水好，粮食大丰收，原始人就认为这是神的赏赐，于是为了庆祝丰收，就要大张旗鼓地祭祀。一旦某年粮食收成不好，原始人就认为这是神的惩罚，也要祭祀。随着时间的迁移，这种祭祀活动一代代传下去，变成了固定的习惯，就产生了节日。

  繁育子嗣和婚姻可是头等大事，毕竟在古代，人们一直信奉多子多福。婚姻的缔结也需要占卜请示神明，而且为了防止结婚过程中被鬼怪冲撞，就要遵守一定的步骤和规矩。这样的步骤和规矩传承下去，就变成了婚俗。

  生老病死是常事，不过原始人认为就算人死了，也不能随便处置，这样会遭到神的惩罚。于是人死后，为了得到神的保佑，就必须完成特定的程序，这种程序后来就演变成了葬俗。

  我国地域辽阔，各地区的风俗习惯迥然不同。你会想起自己家乡的哪些风俗呢？走，现在让我们一起去看看不同地区不同的风俗习惯，了解不同民族的文化吧！

过年习俗知多少？
——过了腊八就是年

春节又叫"过年"，过年寓意着团团圆圆和除旧迎新。过节期间，有很多有意思的民俗活动！

腊八粥

俗话说："过了腊八就是年。"中国很多地方，从腊八开始，人们就要为过年做准备了。腊八这天，大部分地区都要做腊八粥。腊八粥又叫"七宝五味粥"，主要用大米、小米、紫米、薏米、红枣、莲子、花生、桂圆和各种豆类熬煮而成，而且每个地区的做法都不太一样。

糖瓜粘

腊月二十三是北方的小年，这天要"糖瓜祭灶"。这是什么意思呢？

相传腊月二十三是灶王爷去天庭做年终汇报的日子，灶王爷会把人间的事情告诉玉帝。好人呢，玉帝就要奖赏；坏人呢，当然要受到处罚啦！

人们怕灶王爷上天后管不住自己的嘴，就准备好一种叫"糖瓜"的点心给灶王爷吃。灶王爷吃了糖瓜，就会为这家人多说些好话。如果不小心说了坏话，糖瓜就会把他的嘴巴粘住，让他说不出来。

贴年红

腊月二十九已经临近除夕了，这天人们会准备好春联、福字、年画、剪纸等，贴在窗户、门框、粮囤、水井、猪圈或羊圈等地方。这叫"贴年红",是为新的一年增添财气和福气。

春联其实来源于"桃符",在古代叫"封印"。汉代时,人们习惯贴门神保平安,后来又在门神旁边挂上桃木,上面写上吉利的话,阻止邪气和厄运进入家里。宋代后,挂桃符的习俗传播开来,明朝逐渐盛行。

有一天,皇帝朱元璋微服私访,看到一家卖猪肉的店没有挂桃符,一问才知道老板太忙了,忘了写桃符。朱元璋亲自给他写了一对桃符,没想到老板不舍得挂,反而在屋子里供奉起来。

年夜饭

终于到年三十儿晚上了,这天应该是全中国家家户户最团圆、最红火的日子。年三十儿晚上又叫"除夕夜",当然少不了隆重的年夜饭啦!

年夜饭,起源于古代的年终祭祀,是用丰厚的宴席祭拜神仙和祖先,求他们保佑一家人第二年风调雨顺、平平安安。祭祀完之后,一家人围坐在一起,享用大餐。

年夜饭的菜肴非常丰富,而且还有很多寓意呢!比如鱼寓意年年有余,发菜寓意发财,腐竹寓意富足,腊肠寓意长久等,总之都是吉利的好菜!

守岁

吃完年夜饭，就要开始守岁啦！一家人吃零食、聊天或者做各种游戏，整晚都不睡觉，这叫"守岁"。守岁的时候，别忘了把家里的灯都打开"照虚耗"。据说照过之后，第二年就会财源广进，生活富足。

放鞭炮

男孩子们过年最喜欢做的应该就是放鞭炮啦！点鞭炮的时候既紧张又刺激，听到噼里啪啦的声音又非常开心。

> 传说上古时期，每到腊月三十，一种叫"年"的野兽就会跑到村子里捣乱。年兽咬死牲畜，甚至伤害村民，人们恨死它了！后来人们发现年兽害怕响声和红色的东西，于是发明了爆竹和年红。第二年除夕，家家户户贴着年红，还放了爆竹。年兽吓得浑身发抖，再也不敢来捣乱了。

压岁钱

过了除夕，第二天是大年初一，是全新的一年啦！

有些地方晚上守岁不会熬一夜，因为第二天还要起五更。五更天是凌晨三点到五点之间，据说起得越早，新的一年就能越早发财！

起五更煮饺子，饺子端上

桌前要放鞭炮，鞭炮放完才能吃饺子。吃饺子的时候，晚辈要给长辈磕头拜年，这时就可以要压岁钱啦！

> 据说压岁钱可以压住邪祟，这样晚辈就可以平平安安度过一岁。有的人家压岁钱是父母三十儿晚上等到孩子睡着后，放在他们的枕头下。

节日最多的那个月
——正月里的特殊节日

一年当中哪个月份节日最多？当然是正月啦！正月里有几个非常特殊的节日，古时候是必须要过的。只不过随着时间的推移，有的被淡忘了。

元日

"元"代表着"开始""初始"的意思。元日就是新年的第一天。俗话说："万事开头难。"新年头一天要是顺顺利利、热热闹闹的，整个一年都会非常兴旺。所以人们特别重视元日。

■夏朝时，人们使用夏历，把正月作为第一个月，元日当然就是正月初一啦。

到了商朝时，人们使用殷历，把十二月初一作为新年第一天。汉朝以后，基本才统一成正月初一，一直延续到现在。

开年日

正月初二又叫"开年日"。

在古代，初二早上要祭拜神灵和祖先牌位，然后吃开年饭。开年饭不能少了面，因为面条寓意着长长久久。

■这天也是出嫁的女儿回娘家的日子，俗称"迎婿日"。不过，按照民间习俗，回娘家的女儿不能在娘家过夜，必须在晚饭前回到婆家，不然会有不好的事情发生！

赤狗日

农历正月初三又叫"赤狗日"。古人认为赤狗和赤口同音,而赤口是愤怒之神,他会带来晦气,很容易和亲朋好友发生口角和争执,所以这天不宜外出拜年或者走亲戚。

不仅如此,这天古人还要在家门口贴"赤口",上面写上"出入平安"等吉利话,为的就是祈祷新的一年里不和别人争吵打架,一年里都平平安安、顺顺利利的,这样才能多财多福。

■传说古代的巫师认为赤狗是五帝之一,是南方的神,专门掌管夏天。它的外形就像一只火红的恶狗,所以又叫"赤熛(biāo)怒"。

破五

正月初五,又称"破五"。按照民间习俗,这一天要放鞭炮,俗称"崩穷"。尤其是放二踢脚,可以把穷气、晦气全都崩走,新的一年就能财源广进啦!

■传说,古人过年祭拜各路神仙,唯独把厕神给忘了。其他所有神仙都好吃好喝被人供奉,厕神看了非常生气,就去找弥勒佛讨公道。弥勒佛见她哭哭啼啼,就说:"正好今天是正月初五,让人间再吃一顿饺子,放一次鞭炮,就当祭拜你了!"就这样,才有了破五的习俗。

人日

农历正月初七又叫"人日"。人日，顾名思义就是我们人类的节日。为什么会有这个节日呢？这还要从女娲娘娘说起。

■相传，盘古开天之后，他就化成了山川河流和日月星辰。后来，女娲出现了。她觉得世界太冷清了，就用黄泥依次捏出了鸡、狗、猪、羊、牛、马。光有小动物，没人和自己说话聊天，也挺无聊的。于是女娲又仿照自己的样子，在第七天捏出了人。所以正月初七又叫"人日"。

汉朝，人们就已经开始庆祝人日节了。魏晋时期，人们会在这一天，头上戴一种叫"人胜"的装饰，也有用彩纸剪成漂亮的头花戴在头上的。

上元

正月十五在古代称为"上元节"，现代称为"元宵节"。

上元节在古代可是情人节！上元节这天晚上，女孩子们结伴出门，参加上元灯会，悄悄和意中人幽会，所以才有那句"月上柳梢头，人约黄昏后"的诗句。

上元节这天，人们游灯会、猜灯谜、吃元宵，非常热闹！

■道教故事中说，正月十五是上元节，天官大帝在这一天会来到人间，赐给人们福气，所以称为"天官赐福"。

279

古今同庆的节日
——传统节日的前世今生

除了春节之外，古人还留给我们很多有意义的传统节日，直到现在，我们还按照他们传下来的习惯过这些节日。

清明

清明节，又称为"踏青节""祭祖节"，是我国目前最大的祭扫节日。清明节起源于上古时期的祖先信仰与春祭礼俗。每年到了清明节，人们就会走出家门，踏青郊游，祭拜先祖。

不过呢，有件事比较尴尬。清明节一般是农历三月三左右，阳历4月4日左右，而前一两天是寒食节，三月三又是上巳节，这三个节日撞到了一起。因此，宋元以后，这三个节日合三为一。

古人过清明节时的娱乐活动可比现在丰富多了，踏春、踢足球、植树、斗鸡、射柳、拔河、荡秋千，欢乐得不得了！光玩儿哪行啊，还有一大堆吃的呢！比如青团、冷饽饽、核桃大枣馍、糕饼团等，真是想一想就流口水呀！

传说拔河在古代只在军中流传，直到唐玄宗时期在清明节举办了大型的拔河比赛，拔河才成了古代清明节的一个重要习俗。

端午

端午节，又称"端阳节""重五节""天中节"等。古人把天空分成了28个区域，每个区域分别由一个星宿掌管，称为"二十八星宿"。五月初五这天，青龙的7个星宿正好在天空的正中央。龙可是我们中华民族的图腾啊，这一天当然要庆祝一下啦，于是人们就把这天称为"天中节"。刚巧，端是"正"的意思，午是"中"的意思，后来就改叫"端午节"了。

端午节最重要的两个习俗是赛龙舟和吃粽子。南方河水比较多，人人会游泳，个个能划船，赛龙舟就成了端午节最盛大的节目，堪称"水上方程式"。比赛时，男女老少围拢在河岸边，一边吃着美食，一边观看比赛，为自己喜欢的队伍加油呐喊，热闹又喜庆。

> 除了赛龙舟，当然少不了吃粽子啦！关于粽子的由来，还有一个凄凉的传说。相传战国时期，秦国国富力强，三下五除二灭掉了六国。楚国被灭时，爱国诗人屈原正被流放在外。他听说自己的国家灭亡了，痛哭一番，写了一首长诗，然后在汨罗江投江自杀了。人们被屈原的爱国精神所感动，为了不让他的身体被河里的鱼虾破坏，于是制作了粽子投进水里。慢慢地，吃粽子就成了端午节的重要习俗。

七夕

七夕节又叫"乞巧节""女儿节",一般在农历的七月初七,而且还是晚上过。一听这个名字就知道,七夕节在古代可是女孩子们的专属节日!

七夕节起源于对星宿的崇拜,七月初七是七姐的生日。七姐是谁呢?就是织女啊!织女是天上的仙女,最擅长的就是纺织。传说,天上的彩霞和白云就是织女织出来的呢!

织女心灵手巧,女孩子们都把她当偶像。作为铁杆粉丝,偶像的生日当然要好好庆祝一下啦!于是七月初七这天,女孩子们聚在一起,准备好瓜果零食,为织女庆祝生日。当然,过生日还不是主要的,重要的是祈求织女保佑她们心灵手巧,绣出的花能像彩霞那样好看,所以这一天也叫"乞巧节"。

> 说到七夕呀,就不得不提牛郎织女的故事了!传说,牛郎是一个贫穷的放牛娃,每天耕地放牛,日子过得很贫苦。机缘巧合,牛郎和天上的织女相爱了。他俩本来过得幸福美满,但是织女因为私自下凡,触犯了天条,被王母娘娘下令抓了回去。王母娘娘还在天上划出一条银河,阻止牛郎和织女相见。牛郎和织女伤心欲绝,他们的爱情感动了王母娘娘,这才准许他们在七月初七这天相见。以后每年的这天,都会有很多喜鹊飞到天河上空,为他们搭起鹊桥。他俩一年也只能见这一次面。

中秋

中秋节又叫"祭月节",源于上古时期人们对月亮的崇拜和祭祀。

中秋节时,人们辛苦工作了大半年,地里的庄稼获得了大丰收,最想做的事情就是一家人团团圆圆的,做一顿好吃的犒劳一下自己!这天晚上,一家老小围坐在丰盛的中秋宴席旁,一边吃好吃的,一边欣赏月亮,真是其乐融融呀!

🍃 传说，月亮上有一位仙子名叫"嫦娥"，她原本是羿的妻子。羿射日之后，为人间立了大功，王母娘娘赏赐给他一颗长生不老药。羿的徒弟知道后，起了坏心思，打算趁羿不在家，把长生不老药偷出来。嫦娥为了保住长生不老药，自己吞了下去，结果飘到了月亮上。羿回到家，得知嫦娥飞上了天，既后悔又自责，于是每年八月十五这天，都要做很多嫦娥爱吃的月饼，希望有一天妻子能回到自己身边。

重阳

重阳节在农历九月初九。"九"是最大的单数，并且是阳数。人们也希望自己的长辈长命百岁，于是在这一天，增加了敬老爱老、登高祈福等多种风俗。

道教认为九月九日这天，清气上升、浊气下降，登高有助于清除体内的浊气，让自己保持身心健康，阴阳调和。而插茱萸呢，能驱虫去湿，驱邪祈福。怪不得唐代诗人王维会写出"遥知兄弟登高处，遍插茱萸少一人"这样的诗句呢！

🍃 传说秦始皇想要长生不老，派人到处去找这种药。一个叫郑安期的术士听说岭南有一种九节菖蒲，能制作长生不老药，于是就在重阳节这天登上高山去寻找，不料失足坠崖，幸好一只仙鹤救了他，带着他飞到天上去了。

被遗忘的节日
——古代人很在意的节日

我们现在觉得上半年好像没什么节日,其实是因为有些节日随着朝代的更替,被大家淡忘了。

中和节

■农历二月初一是中和节,相传是唐德宗时期创立的节日。

唐德宗年间,大将军朱泚(cǐ)、李希烈不服唐德宗,他们也想当皇帝,于是就带兵谋反,不过很快就被镇压了。唐德宗平息了叛贼,心情很好,第二年就把年号改成了"贞元"。

改完年号,唐德宗琢磨着:现在正是春暖花开的大好日子,居然都没有个好玩儿的节日,实在说不过去呀!他就把宰相李泌叫去商量。李泌回家查了很多资料,于是有了中和节。

李泌规定,中和节这天,大臣们要向皇帝进献关于农业的书籍,表示大家关心国家农事,毕竟农业为本嘛!皇帝要设宴款待大臣,同时赏赐大臣们尺子。为什么送尺子呢?因为尺子可以测量东西,表示裁度,意思就是皇帝很信任大臣,把管理国家的权力分给大臣了。

民间百姓要在中和节这天拿着袋子,里面装满各种农作物的种子,送给亲朋好友。有些地方还会酿造宜春酒来祭祀句芒神。

花朝节

■花朝节也叫"花神节",顾名思义就是花的生日。花朝节日期不固定,农历二月初二、十二、十五、二十五都可以。

宋朝以前,普通百姓几乎不过花朝节。因为春天是耕种的季节,大家都在田里干活儿,谁有空过节呀！只有富人或者读书人，才喜欢郊游、聚会。

当时的人们过花朝节，主要是到郊外踏青赏花。江南地区还有祭花神的活动，一般是女孩子们用五彩纸剪成彩笺，用红绳挂在花树上，还要到花神庙里烧香祈福。

大多数文人墨客喜欢到郊外野餐，几个人聚成一团，喝喝酒，作作诗，真让人羡慕啊！

宋朝以后，民间百姓也开始过花朝节了，并且增加了新活动，比如种花、栽树、摘野菜等。

上巳节

■三月上旬第一个巳日，就叫"上巳"。不过后来，上巳节慢慢就固定在了三月初三这天。

上巳节的活动，传说起源于古代的巫术。上古时期，古人认为用兰花煮的洗澡水有辟邪的作用，所以巫师都喜欢用"兰汤"施法，为病人驱除邪气。而且举行重大祭祀活动之前，也会"兰汤沐浴"，然后才能祭祀天地或者祖宗，表示对他们的敬重。

后来，这个风俗流传下来，成为上巳节的固定活动，叫"祓（fú）禊（xì）"。其实就是在河边洗个澡，去去晦气和污垢。随着上巳节越来越盛行，活动变得更丰富了，除了沐浴之外，还有祭祀宴饮、郊外游春等。

■孔子和弟子们喜欢在阳春三月去河里洗澡。《论语》里说："暮春者，春服既成，冠者五六人，童子六七人，浴乎沂，风乎舞雩，咏而归。"

浴佛节

■浴佛节是为了纪念佛祖的诞辰而设立的，但日期有很多种说法：南传佛教和蒙藏地区以阳历5月的月圆日为佛诞日；汉地佛教在南北朝前期，多在四月初八举行；自梁代至辽初，多在二月初八举行；北宋时，北方改在腊月初八，南方改在四月初八；自元代起，南北统一在四月初八举行。这么看来，大概除了佛祖自己，没人知道他的生日了吧！

虽然日期不统一，但不影响人们对佛祖的敬重。浴佛节这天，最重要的活动就是用清水清洗佛像，据说这个习俗是从佛祖诞生的时候就流传下来了。

■相传两千多年前，印度迦毗罗卫国国王净饭王一直没有子嗣。某天，他的妻子摩耶夫人梦到一匹六牙白象进入她的身体，没过多久她居然怀孕了。后来，摩耶夫人动身回家，结果刚走到蓝毗尼园娑罗树下时，突然觉得肚子很痛，就这样把太子生出来了。太子生下来就会走路，而且双脚各踩着一朵莲花，周围出现五彩的霞光，九条龙从天而降，往太子身上吐着水清洗他的身体。

寒食节

■寒食节是古代的传统节日，已经有两千多年的历史了，一般在夏历冬至后105天，曾经是中国民间第一大祭日，也是汉族传统节日中唯一以饮食习俗来命名的节日。

寒食节当天，人们不能生火做饭，只能吃剩下的冷饭冷菜。后来，又出现了扫墓、踏青、秋千、蹴鞠、斗鸡等风俗。

■传说，寒食节是为了纪念介子推。前面讲过晋文公为了逼介子推出来，放火烧山，没想到把他烧死了。晋文公很伤心，特意规定每年介子推忌日这天，全国上下都不许生火做饭，只能吃冷食，这才有了寒食节。

寒衣节

■寒衣节在每年农历十月初一，又叫"祭祖节""秋祭"，和清明节、中元节并称"三大鬼节"。

相传，寒衣节起源于周朝，《诗经》里就曾经提到"七月流火，九月授衣"，意思就是九月天气转凉了，该准备过冬的衣服了，所以寒衣节后来也叫"授衣节"。

寒衣节当天，人们会给父母等亲人送去棉衣过冬。活人需要过冬，去世的人当然也需要了，于是人们就在这天去扫墓祭拜先祖，后来就演变成了祭祀的节日。

■传说，朱元璋在南京称帝建立明朝之后，也举办过"授衣"礼，赏赐给大臣们冬衣，而且还把刚收获的赤豆、糯米做成热羹赐给群臣尝新。

少数民族过什么节？
——春夏之际节日多

除了汉族，中国还有55个少数民族，他们都有哪些有意思的节日呢？

火把节

火把节是彝族、白族、纳西族等民族的传统节日，一般在农历六月二十四举行。这一天，人们斗牛、斗鸡、赛马、摔跤，还有歌舞表演，真是热闹又好玩儿，简直就是大型狂欢会，怪不得火把节被称为"东方狂欢节"呢。

民俗学者认为火把节起源于古人对火的崇拜。火不仅可以烹烤食物，还能驱赶猛兽。很多少数民族的巫医认为，火能治病驱邪，是一种神圣的东西，于是就在火把节这一天用狂欢的方式来祭拜"火"，祈求火的保佑。

在纳西族流传的故事中，有一个叫子劳阿普的天神，他是个特别小心眼儿的神。他看到人间的生活非常幸福，内心嫉妒，就派自己的老仆人下凡去放一把火，把人间烧成灰烬。老仆人刚到人间，遇到了一个男子，那个男子

泼水节

泼水节是傣族、阿昌族、布朗族、佤族等少数民族的节日，一般在傣历六七月（清明节后10日左右），现在已经固定为公历4月13至15日。泼水节当天，人们相互泼水祝福，还要举行拜佛、赛龙舟、点孔明灯等活动。

据说，泼水节最早起源于波斯，后来从印度和缅甸随着佛教传入中国西双版纳地区，然后被保留了下来。泼水反映了人们对抗干旱和火灾等自然灾害的愿望，同时也含有"浴佛"，也就是为佛像清洗法身的意思。后来，泼水就变成了一种祝福。

> 背着一个年龄较大的孩子，手里还领着一个年龄较小的孩子。老仆人上前询问："为什么你不背着小孩子，领着大孩子呢？这样不是更省力吗？"男子回答道："大孩子是我哥哥的孩子，小孩子是我自己的儿子。我哥哥去世了，为了照顾好侄子，所以就背着他。"老仆人很感动：人类多么善良啊，可不能放火烧了人间呀！但他又不能违背天神子劳阿普的命令，怎么办呢？思前想后，他想了一个绝妙的主意。他让男子转告人们，六月二十四当天在门口点燃火把。男子把这个消息告诉给村民们。到了六月二十四，家家点燃了火把。天神子劳阿普一瞧，以为人间已经被烧毁，非常得意，就不再理会了。自那之后，纳西族就把六月二十四定为了火把节。

> 传说很久以前，一个可恶的魔王占领了西双版纳，还霸占了7个美丽的姑娘。姑娘们恨透了魔王，计划除掉他。一天晚上，7个女孩中最小的用美酒灌醉了魔王，骗他说出了自己的弱点。原来，大魔王害怕别人用他的头发勒

查白歌节

查白歌节是布依族的节日。每年的农历六月二十一日，布依族男女青年聚集在贵州省兴义市的查白场，举行盛大的歌会。所以，查白歌节也是布依族的情人节！

查白歌节最负盛名的就是赛歌大会了。节日里，男孩们穿上帅气的衣服，女孩们也打扮得漂漂亮亮的，带着各自的定情信物参加赛歌大会。赛歌的形式有很多，无论什么形式，都是用歌声表达倾慕之情。如果女生被男生的歌声感动，两个人就会交换信物。

> 住脖子。机智勇敢的小妹一听，当下就抓起魔王的红头发缠住了他的脖子。神奇的事情发生了，魔王的脑袋居然变成了巨大的火球，滚到哪儿，哪里就燃起熊熊大火。竹楼烧没了，农田也着火了。西双版纳顿时陷入一片火海。为了阻止魔王的脑袋到处点火，小妹奋不顾身抱住了魔王的头。另外几个姐姐见状，赶紧往小妹身上泼水。从此，西双版纳的人们得以安居乐业。为了纪念七个姑娘，人们就把杀掉魔王的那天定为了泼水节。

> 传说很久以前，布依族的村子里有一个猎户的儿子叫查郎，他跟邻居白妹从小青梅竹马。他俩长大后交换了信物，定了终身。没想到村寨里有一个土财主看上了白妹，上门提亲被拒绝后，就派人来抢婚。为了破坏查郎和白妹的婚姻，土财主在查郎干活的时候，用毒箭射中了他。查郎死了以后，白妹痛不欲生，当天晚上一把火烧了土财主家，然后纵身一跃跳入火海，为查郎殉情了。

花式招亲
——选对人很重要

现代社会男女讲究自由恋爱，有很多机会选择自己心仪的伴侣。古代可不容易，但古人也想出了很多法子定亲。

指腹为婚

指腹为婚顾名思义是说孩子还在母亲的肚子里的时候，就被双方父母订下了婚约。相传，指腹为婚还是东汉开国皇帝刘秀首创的呢！

刘秀手下有一个将军叫贾复，每次打仗都勇猛杀敌，刘秀非常喜欢他。有一次贾复受了重伤，刘秀赶紧去看望他。当时贾复的妻子正怀着孕，刘秀为了奖励贾复，就对他媳妇说："如果你生女儿，我就让我儿子娶她；如果你生儿子，我就让我女儿嫁给他。"

东床快婿

东床快婿特指才能出众的女婿，这是对女婿的高度赞赏。

相传东晋时期，太傅郗鉴想和丞相王导做亲家。郗鉴找到王导，对他说："我有个女儿，我想从您家找个青年才俊当女婿，您看怎么样？"王导很爽快地说："我们王家的男孩儿，你自己去挑，挑上谁就是谁。"

郗鉴一听,马上回家吩咐管家带着厚礼去王家打探。王家的男孩们早就知道郗鉴的女儿知书达礼,于是一个个整理好衣冠,恭恭敬敬地迎接。

管家回到郗府,对郗鉴说:"王家的年轻人都很优秀,只有一个人躺在床上呼呼大睡,好像完全不在乎一样。"郗鉴当下拍板把女儿嫁给那个在床上大睡的年轻人。

原来,这个呼呼大睡的年轻人就是王导的侄子、后来的书圣王羲之。自那之后,东床快婿的称呼就这么流传开了。

雀屏中选

> 雀屏中选讲的是唐高祖李渊和窦皇后的故事。

南北朝时,北周周武帝的姐夫窦毅,有个可爱的女儿。窦毅曾经说:"我的女儿可不能轻易出嫁!"于是他让人在屏风上画了一只孔雀,立下规矩说:"谁要是能两箭射中孔雀的两只眼睛,我就把女儿许配给他。"

很快,窦毅的女儿长大成人。她长得端庄秀丽,又是皇亲国戚,上门求亲的人把门槛都踩破了。窦毅让求亲的人排好队,按顺序射屏风上的孔雀。

这个难度太高啦,很多人都射不中!当时的唐高祖李渊还只是一个小官,他是最后一个上场的。只见他连射两箭,轻轻松松命中了孔雀的两只眼睛,惊呆了在场所有人,更是赢得了窦毅的赞赏。窦毅果然按照约定,把女儿嫁给了他。

后来,李渊建立了唐朝,窦毅这个女儿就成了名闻天下的窦皇后。

榜下择婿

榜下择婿又叫"榜下捉婿"，是宋朝时选女婿的一种方式。据说，每到科举考试放榜的时候，读书人都会在公告上找自己的名字，看是否考中了进士。只要有人发现自己金榜题名，旁边就会有人跳出来，要跟他提亲，甚至直接带他回家当女婿。这就是"榜下捉婿"的由来。

北宋崇宁五年（1106年），有一位叫傅察的18岁少年，不仅人长得帅气，还很有才华，几次科举成绩都名列前茅，是当年进士的热门人选。宰相蔡京想把女儿嫁给他，于是让儿子带着聘礼去提亲。可是蔡京的人品很差，人们都说他是个大奸臣。傅察当然也知道这一点，就拒绝了蔡京的提亲。

抛绣球

抛绣球是古代名门望族的大家闺秀选意中人的方式之一。谁家女儿要举办抛绣球的仪式，首先要把消息散播出去，有权有势的公子提前申请。经过审核之后，会给他们发放请柬。抛绣球当天，公子们拿着请柬凭证入场。抛绣球前，女生要出几道题目考一考选手们的文化水平，从诗词歌赋到对联灯谜无所不包。只有全部答对又能俘获女生芳心的人，才能获得绣球，成为这家人的女婿。

北宋年间，宰相之女刘月娥举行抛绣球招亲。她精心准备了几副对联的上联要招亲者对下联，在场的人苦思冥想都没头绪。这时，一个看起来普普通通的男生答对了。刘月娥觉得这个人才高八斗，把绣球抛给了他。这个人就是状元吕蒙正，后来他在北宋当了好几届宰相。

比武招亲

> 比武招亲指的是通过比试武功的方式选女婿。比试招亲由女方一家设下擂台，邀请文武双全的青年才俊参与。通常有两种方式：一种和女生本人比武；一种是候选人之间相互比试。最终获胜者，就能迎娶女生。

秦良玉是明末著名的女将军，她从小美丽端庄，仪度娴雅，但她不爱刺绣，就喜欢舞刀弄枪。长大之后，她就对父母说："我要比武招亲，找一个文武双全的丈夫！"

秦良玉的父亲是当地的著名文人，比武招亲的消息放出去之后，附近好几个州县的人都来参加。可是比武开始后，秦良玉发现这些人都是绣花枕头，三两下就被打趴下了。

比了好几天，秦良玉把所有人打得再也没人敢上擂台。这时，石砫宣抚使马千乘出场了。他雄姿英发、仪表堂堂，十八般兵器样样精通，和秦良玉难分胜负。

晚上一起吃饭的时候，秦良玉的父亲秦葵向他询问治国之道，马千乘也是对答如流，侃侃而谈。秦良玉心想："明天比武，我得让一让他才行啊！"

第二天，二人又重新比试，秦良玉故意露出破绽，马千乘抓住机会战胜了秦良玉。就这样，秦良玉嫁给了马千乘，跟着他回到了石砫。后来马千乘被害，秦良玉继承了他的官职，带兵打仗，勇猛无敌，一直做到了大将军，成为明末的名将。

古人求婚分几步?
——六礼

从周朝起,古人求婚时就必须履行六道程序——纳采、问名、纳吉、纳征、请期、亲迎,也就是"六礼"。

纳采

■纳采就是提亲,这是求婚的第一步。在古代,男方会找媒人带着一只大雁到女方家里提亲。如果女方家里同意了,纳采就完成了。

纳采为什么要带大雁?别小看大雁,它可是有着美好寓意的。除了纳征之外,大雁在求婚的其他五个环节中,都是重要的见证者!

大雁到底代表着什么呢?我们知道,大雁会随着季节迁徙,从来不迟到,这刚好可以比喻女子不失时,不失节;大雁飞行时在天上是成行的,落在地上也是井然有序的,这用来比喻婚姻不违背礼制;还有最重要的一点是,大雁的配偶是固定的,如果一只死了,另一只也会孤独终老,这刚好象征夫妻坚守忠贞,白头到老。

汉代以后,人们的生活水平提高了,纳采的礼物就不仅限于大雁了,还有各种带有美好寓意的礼物,比如羊、香草、鹿,代表吉祥如意;胶、漆、合欢铃、鸳鸯象征夫妻美好。

■由于大雁太重要了,家家户户结婚都要用,导致大雁越来越难找,人们索性用鸭子替代,或者干脆把木头雕刻成大雁的样子充数。

问名

问名,就是询问女方的名字。难道提亲之前,男方不知道女方叫什么吗?当然啦,古代女子在没有出嫁之前,名字是绝对不能透露出去的,甚至在家里,父母都只能称呼她的小名。

■问名不单纯是问名字，也包含女方的出生年月、属相、籍贯，也就是生辰八字，甚至连女方父母以及三代以上的家庭成员的重要资料都要问清楚。

这有什么用呢？首先，古代非常相信属相相合、八字相合。如果发现男女双方属相或者八字不合，那是绝对不能在一起的！

其次，通过父母以及三代直系亲属的资料，可以排除同姓氏族近亲结婚的可能。因为在古代，有的同姓不同氏的家族也是不能通婚的。

问名时，媒人同样也要带一只雁，不过南方少数地区也会用槟榔作为问名的礼物。

■《礼记》规定，男子超过30岁未婚，女子超过20岁未嫁，都是违背礼教的，国家会主动安排相亲。如果不参加，就会受到处罚。

纳吉

■纳吉又称"小定"。男方拿着女方的资料卜卦之后，确定八字相合，就会让媒人带着少许的礼物和大雁去女方家里，把这个消息告诉女方家长。这时，媒人还要带着男方的正式的聘书交给女方家里。

到这里，才算正式提亲成功啦！接下来，双方就可以订婚了。

纳征

■纳征就是下聘礼，即所谓的订婚。《礼记》里说："纳征者，纳聘财也。征，成也。先纳聘财而后婚成。"意思就是说，只有行了纳征的礼节，男女双方的婚约才算正式确定了。

纳征在不同朝代的叫法也不同，春秋时期叫"纳币"，元明时期叫"下财礼"，到了近现代叫"过大礼"。纳征是

最受重视的传统礼节,一直延续到现在。

纳征的聘礼多种多样。从周朝开始,历朝历代皇家婚礼都少不了玄纁(浅黑色的衣服)、束帛和俪皮(鹿皮)这三样东西,当然还有金银珠宝等。

民间的聘礼就没有那么多讲究了,从唐朝以后多以三金(金钏、金锭、金帔坠)为主,另外还有绫罗绸缎等物品。

■纳征当天,男方家里要专门请两位或四位女性亲属。她们必须已婚而且儿女双全,公婆父母都健在,这叫"全福之人"。全福之人和媒人一起,带着聘礼去女方家里,女方家长点收完毕,并且回礼,就完成了纳征的仪式。

请期

请期又叫"提日子""送好"。纳征完成之后,男方又要去请风水先生给算一卦,选一个黄道吉日作为娶亲的日子。

选好日子后,媒人要带着大雁去女方家里,把时间告诉女方家长,征求对方同意后,婚期就定下来了。

■在古代,订了婚期就绝对不能再更改了,哪怕刮风下雨也要如期举办婚礼。

亲迎

■亲迎又称"接新娘"。在一般情况下,新郎要骑着高头大马,领着大花轿亲自去女方家里迎接。不过也有新郎不方便迎接的,可以让全福之人代替。

亲迎的前一天,女方家里要把嫁妆送到男方家。不过有的人为了排场和热闹,也可以在亲迎当天,把嫁妆和新娘一起送到男方家里。

婚礼当天真热闹
——成亲啦！

洞房花烛是人生四大喜事之一。婚礼当天，亲朋好友聚在一起，共同见证新郎和新娘成为夫妻。虽然各地的风俗仪式各不相同，但无论古代还是现在，都少不了拜天地和闹洞房。

拜堂

拜堂又称"拜天地"，是汉族的主要婚俗，据说起源于北宋时期。

新郎把新娘子接到家里之后，拜堂的礼节就算正式开始了。新郎家里要提前摆放好香案，供奉"天地君亲师"的牌位，周围挂着大红灯笼，贴着红色的喜字……

拜堂首先要祭拜天地。在古代，天意味着父亲，大地意味着母亲，连皇帝都自称老天的儿子，更别提普通人啦！

拜完了天地，接下来就是拜父母，又叫"拜高堂"。古代非常重视孝道，父母把孩子养育成人非常不容易，所以拜高堂就是为了感谢父母的养育之恩。拜高堂时一般是新娘先拜，新郎后拜。

最后是新郎和新娘互拜，寓意夫妻相互扶持，相互尊重。

《三国演义》中，周瑜献计，假意邀请刘备来东吴迎娶孙权的妹妹孙尚香，实际是为了扣押刘备，逼迫诸葛亮交出荆州。没想到，诸葛亮教赵云到了东吴以后就四处宣扬婚事。最后，周瑜弄巧成拙，让刘备娶走了孙尚香。

洞房花烛

拜天地完成后，接下来就是入洞房了。

新郎带着新娘进入洞房之后，还有很多礼节要完成呢！具体包括挑盖头、坐帐撒帐、合卺（jǐn）、结发、点花烛等。

> 为什么叫洞房花烛呢？相传，尧帝去牧马坡向牧民学习驯服牲畜的技术，半路遇到了鹿仙女，两人一见钟情，就在一个山洞里结了婚。结婚当晚，山洞外边有两座大山，就像两根蜡烛一样。后来，人们就把帝尧与鹿仙女结婚的洞称为"洞房"，两座山峰称为"蜡烛峰"。

挑盖头

挑盖头又叫"挑红巾"。新郎拿着秤杆将新娘头上的红盖头挑起来，象征着"称心如意"。

坐帐丨撒帐

坐帐称"坐床"或"坐福"。新郎挑盖头之后，和新娘子并排坐在床上。这时，亲朋好友在他们周围撒上糖果、钱币、红枣、桂圆等，这叫"撒帐"。祝贺新郎新娘早生贵子，同时也有驱邪避煞的作用。

合卺

撒帐完成，所有人退出去，新郎和新娘喝交杯酒，又称为"合卺"，表示夫妻相爱。有些地方还会准备两瓣葫芦，要新娘和新郎一起把葫芦合在一起，寓意同心合意。

> 《仪礼》中记载：娶妻那天，新郎要向新娘作揖行礼，然后请新娘一起进门。进入卧室以后，新郎要和新娘一起吃肉，一起喝酒。

结发

古代的夫妻通常被称作"结发夫妻"，因为在洞房里，新郎和新娘要各自剪下一缕头发绑在一起，表示两个人以后要相互扶持，就像同一个人一样。

点花烛

点花烛指的是新娘和新郎一起点燃从新娘家带来的花烛。

花烛在民间也是夫妇白头偕老、同甘共苦的象征，所以花烛又叫"长命灯"。据说，左边的花烛象征着新郎，右边的花烛象征着新娘。如果左边的花烛先烧完，预示着男子先去世；如果右边的花烛先烧完，预示着女子先去世。所以洞房当晚还有守花烛的习俗。如果一支花烛先灭了，两个人就赶快把另一支也吹灭，表示两个人同生共死，白头偕老。

 传说武王伐纣之后，姜太公主持封神大典。他可怜商纣，就封他为"天喜星"，专管人间的婚姻。但由于商纣天生纨绔，每次人间有人结婚，他看到漂亮的新娘就躲在人家洞房里不出来，以至于新娘子把他当成了新郎。后来，有人想了个聪明的办法，就是洞房当天，在屋子里点亮花烛，这样商纣就没办法藏了，新娘子也就不会认错人了。

闹洞房

俗话说："新婚三日无大小。"新婚之夜，亲戚朋友进入洞房，和新娘开玩笑做游戏，称为"闹洞房"，又称"闹新房""闹新娘"。这是亲朋好友对新郎和新娘表示祝贺的一种礼俗，越热闹就表示新婚夫妇以后的生活越幸福美满。

 传说某天紫微星下凡，在路上遇到一个披麻戴孝的女子，跟在迎亲队伍后面。他一眼就看出这是妖怪想要害人，于是他也跟到新郎家，看到那个女人躲进了洞房。当新郎、新娘拜完天地要进入洞房时，紫微星守着门不让进，并告诉他们里面藏着妖怪。大家一听，害怕极了。紫微星让客人们跟着新郎新娘一起进洞房，并大声嬉戏说笑，用笑声驱走妖怪。果然，经过一番嬉闹，妖怪逃走了。

第一次回娘家
——归宁

女子新婚后回娘家，被称为"归宁"。宋代时叫"拜门"；清代北方称"双回门"，南方叫"会亲"；也有一些地方叫"唤姑爷"。

"归宁"是在新婚之后的第三天，所以又叫"三朝回门"。这天，新婚夫妇打扮整齐，买上各种礼品回到女方家里。女方父母会通知亲朋好友，提早在家里准备好丰盛的宴席。

■据说新女婿当天一定要带上一头小金猪送给岳父岳母，小金猪表示新娘子的贞洁和优秀品质。

归宁当天，新婚夫妇不能住在女方父母家里，一定要在晚饭前回到男方家。如果因为什么事情耽搁了，一定要住的话，夫妻也不能同住一间房，这是归宁的禁忌。

■归宁之后，女子就不能随便回娘家了！除非父母邀请女儿回家，或者公婆和丈夫允许她回家，女子才能回娘家看望父母，而且必须是在丈夫的陪同下才行！如果女子私自回家，会被认为是不懂礼节。

由于归宁的这层特殊含义，父母往往也会在女儿新婚之后几天，特意买些礼物，送到姑爷家里，称为"暖女"，意思就是以后再也没法照顾自己的女儿了，借这次机会好好疼爱一下女儿。

离婚不是你想离就能离
——什么情况才能离婚？

现代社会，夫妻俩如果情感破裂就可以离婚。古人也可以离婚，不过规矩特别多。

七出

《大戴礼记》中记载，古代女子在婚姻家庭生活中有七宗罪，触犯了其中一条，丈夫都有权和妻子离婚，所以叫"七出"或"七弃"。

不顺父母

早在《礼记》中就说："妇顺者，顺于姑舅。"这里的姑舅就是公婆的意思。从这句话就能看出，女子出嫁后，一定要孝顺公婆，不然就是大逆不道。

据传，唐朝开国将军李大亮的母亲年轻的时候给别人当过丫鬟，李大亮跟随李渊建功立业，李家也成了豪门望族。有一天，李大亮的妻子训斥身边的丫鬟，李母听到之后，非常不高兴，认为儿媳妇是在指桑骂槐，讽刺自己。李大亮知道这事儿后，觉得妻子不尊敬母亲，就把她休了。

无法生育

传统思想认为："不孝有三，无后为大。"女子因为不能生育或者生不出儿子，就会被丈夫休掉。更夸张的是，如果丈夫不方便出面，他的兄弟甚至朋友都能代替他出面休妻，可见当时女子的地位是多么低呀！

> 传说，东汉的桓荣是当时有名的学者，光武帝刘秀听说他很有才学，特意把他召进宫给太子当老师。桓荣40岁的时候还没有儿子，他的学生何汤就让他把妻子休了再娶一个。果然，桓荣娶了新媳妇后，生了三个儿子。桓荣非常高兴，从此开始提拔何汤。

乱族

古代女子结婚后，要是跟丈夫之外的男人发生了关系可是重罪，甚至会被处死呢。即使没有受到处罚，被丈夫休了之后，娘家人也会觉得丢脸，不让她回家。

嫉妒

古人认为妻子嫉妒、小心眼会让家庭不和睦，所以男子也会因此休妻。

身患重病

妻子身患重病，丈夫竟然也可以休妻！因为生了重病的妻子不能祭祀先祖，这被认为是对祖宗的不敬。因为妻子重病而选择离婚的情况在平民百姓中很常见，但在贵族中，一般是女子抛弃身患重病的丈夫。

多嘴多舌

挑拨丈夫及亲人的关系，导致家庭不和睦，也会被认为品德低下。

> 西汉开国功臣、丞相陈平年轻的时候，和哥哥嫂子住在一起。哥哥非常勤劳，每天早出晚归干活儿。而陈平呢，则是整天游手好闲。他嫂子就抱怨说："有这样的小叔子，还不如没有呢。"后来陈平的哥哥知道这件事儿，就把她赶出了家门。

盗窃

古人非常看重德行，女子偷东西，会被认为是有辱家门，会教坏子孙和后代，所以丈夫也有权和她离婚。

义绝

"义绝"指的是夫妻任何一方，做出了违反法律和道德的事情，国家都不允许他们再在一起了。

"义绝"的说法早就存在，汉朝的法律就规定了几种"义绝"的条款，但不会强制离婚。

到了唐朝，法律规定：触犯了"义绝"的律令，就必须要离婚。如果不离婚，还要受到惩罚呢！唐朝法律中有很多"义绝"的案例，比如丈夫殴打甚至杀害妻子的亲属等。

宋朝时的"义绝"范围更宽，比如丈夫把妻子转嫁或者转卖、丈夫虐待妻子等，国家都会强制他们离婚。

由此可见，"义绝"在某种程度上，其实是在保护女子的权益！

> 宋代才女李清照晚年孤苦无依，于是嫁给了第二任丈夫张汝舟。结婚后，李清照才发现张汝舟只是想侵占她的财宝，甚至对她拳打脚踢。李清照特别渴望离婚。她发现张汝舟还有营私舞弊、骗取官职等罪行。宋代法律规定：妻子状告丈夫，也要判处两年徒刑。即便如此，李清照仍然坚持离婚。她果断举报，即便进了监狱，也要跟张汝舟彻底分手。好在亲朋好友们都很同情她，她只在监狱里待了9天，就被救了出来。

协离

协离，顾名思义就是协议离婚。如果夫妻双方已经没有了情义，可以采取这种和平离婚的方式，所以协离也叫"和离"。

唐代的婚姻法规定夫妻相处不和谐，经二人商量后，同意"和离"的话，法律就会批准。协离通常是女子主动提出来，和丈夫商量完，丈夫没有意见，两个人就写离婚书，分别按上手印，离婚就正式生效了。

人死之后的几件大事
——一个步骤不能少的吊丧

人总是要离开这个世界的。一个人去世之后，他的亲朋好友都有哪些大事要做？

亲朋好友接到死讯，首先要号啕大哭，这是对逝者的尊重。随后，离得近的要立即去逝者家里奔丧，离得远的可以派人代替。

报丧

家人去世后，亲属首先要报丧，把家人去世的消息告诉亲朋好友或者邻居。

古代风俗规定，长辈去世后，子女要立即向亲戚通报死讯。如果是有血缘关系的亲戚，逝者的长子要亲自去家里通报；如果是关系比较普通的亲戚或者朋友，可以写信通报或者发布讣告。

秦始皇在出巡途中去世，当时身边的宦官赵高和丞相李斯勾结，没有把秦始皇的死讯公布，反而让人封锁消息，随行的文武百官都不知道秦始皇已经死了。后来，秦始皇坐的车里散发臭味，赵高就找人买了几条臭咸鱼放在车里掩盖气味。一直等队伍回到咸阳，赵高才公布秦始皇的死讯，并更改诏书，把胡亥推上了皇位。

奔丧

奔丧，就是接到逝者死讯后，立即去逝者家里吊唁（yàn）。接到长辈死讯，要迅速回家奔丧。尤其是父母去世，如果不回家奔丧，会被认为是大逆不道。

民间有这样的风俗，奔丧必须要快，途中不能耽搁，但是晚上不能赶路，只能白天走。只有当父母去世，子女在外不能立即回家时，才允许日夜兼程赶回家里。如果路过繁华的城市，还必须要绕路，专门挑人迹罕至的地方走。

然而，事情总是有例外！比如戍守边疆的将军和管理国家大事的丞相，他们的工作太重要啦，国家离不开他们，他们要是不能回家奔丧，皇帝就要亲自挽留他们，并且发布诏书向全天下说明这件事儿，并派人代替他们去逝者家里吊唁，这叫作"夺情"。经过"夺情"的官员，就可以不用回家奔丧，也不用担心被别人唾骂了。

> 吴起是战国时期的名将，他年轻时花光了家里的钱，遭到邻居的耻笑。吴起一气之下，发下重誓："不当上大官，决不回家！"后来吴起拜了曾子的儿子为老师，潜心学习。不久之后吴起的母亲去世了，他坚守誓言，没有回家奔丧。老师觉得这是大逆不道，因此和吴起断绝了师徒关系。

入殓

回家奔丧后，为逝者穿上寿衣，并把他放进棺材里，这叫"入殓"。逝者放入棺材的同时，也要把贵重器物或逝者生前喜欢的东西放进棺里，祈祷他在地下世界也能继续享用。接着，有专门的人盖上棺盖，钉上棺钉。在场所有人除了长子之外，绝对不能出声。长子要提醒逝者，躲开钉子，俗称"躲钉"。

入殓完毕，在棺材前放置灵位和祭品，再摆放铭旌（jīng）。铭旌是长条状的丝帛，上面写着逝者的名字和身份。

> 汉代时规定，皇帝入殓穿金缕玉衣，也就用玉片和金线做成的豪华寿衣。因为古人相信，这种衣服可以保证遗体千年不腐！不过这当然不是真的，只是古人的一厢情愿。

吊丧

逝者入殓完毕之后，亲朋好友开始吊丧，又叫"吊唁"。大家伙儿一般都会带些钱，帮助逝者家属办理丧事。如果家庭条件不好，也可以帮忙干活，就不用出钱。

古代民间对于吊唁还有一些禁忌规定，比如死刑犯、淹死、暴毙等非正常死亡的人，一般是不能吊唁的。据说吊唁这样的逝者很不吉利，甚至会给自己招来灾祸。另外，古代年轻女子去世后，青年男子不能吊唁，会被认为是违反礼教。

出殡

逝者入殓后，经过亲朋好友奔丧吊唁，这段时间棺材停放不下葬，称之为"殡"。所以吊唁完毕，起灵下葬时叫"出殡"。

《周礼》中规定，天子去世，要等待七个月才能出殡，而诸侯要等五个月，一般的官员等三个月，平民百姓要等一个月。从汉代开始，时间大大缩短了，比如汉文帝从去世到下葬只用了七天。不过由于古代战乱、灾荒频繁，或者逝者去世的地点距离老家太远，也有十多年不下葬的情况。

唐朝名臣郑延祚的母亲去世了，居然29年没有出殡下葬，当时担任监察御史的颜真卿就上书弹劾郑延祚。郑家几个兄弟在随后的30多年时间里，也一直被同僚嫌弃。

出殡前一天夜里，逝者的子女和亲朋好友聚在灵堂里守一宿，叫"坐夜"。

第二天早晨，长子用新帚扫去棺材上的浮土，倒在炕席的下面，叫"扫财"。随后在棺角垫铜币叫"掀棺"。接着由专门的人把棺材抬出灵堂，长子拿着纸幡在前面，其他人跟在后边。

准备出殡时，长子要摔碎一个瓦盆，叫"摔盆"。要使劲摔，摔得越碎越好。"摔盆者"在古代是继承人的象征，只有逝者的继承人才有资格摔盆。摔盆就是一声信号，盆一摔，棺材就起灵开始出殡了。

> 范蠡是春秋时期越王勾践的谋士。据说他去世之前，想找一个徒弟继承自己的产业，就拿出了一个陶盆，说："这个陶盆是我最宝贵的遗产和手艺，谁愿意继承下去？"几个徒弟讨论了半天也没个结果。最后，一个徒弟站出来说："既然这是您的宝物，弟子们又岂能抢去？我们都会给您送终的。"于是他就把那个陶盆给摔碎了。范蠡觉得这个徒弟有孝心，还聪明伶俐，就把遗产给了他。

出殡途中，要在路边不断撒纸钱，叫"路祭"，是让其他亡魂让路的意思。长子举着白幡在前，其他人拉着灵车的绳子在后，叫"执绋（fú）"。执绋的人还要唱哀悼逝者的挽歌。

下葬

到了墓地，先整理清扫墓坑，然后把棺材平整地放进墓坑里，再放上一些随葬品，就可以填土了。填土时，先由逝者的子孙们，每个人绕一圈在墓坑边抓一把土扔进坑里，叫"圆坟"。最后再用铁锨把坑填满，堆出坟包。

有的富贵人家会在坟包前立上墓碑，写上墓志铭，来记录逝者的一生。同时在墓碑两侧种植两株柏树，叫"墓柏"，据说有驱赶其他鬼怪的作用。家庭条件不好的，就不会立墓碑了。

千奇百怪的"葬"
——墓葬方式好多种

按照汉族的传统习俗，人死了之后，应该入土为安，也就是土葬。除此之外，还有很多种墓葬方式，其中有些墓葬方式看起来十分奇特。

天葬

天葬是把死者的尸体搬到露天处，然后让鸟类、兽类等野外生物来吃掉尸体。这种安葬方式实在是太血腥啦，一般人是很难接受的。现在西藏地区仍然有这种习俗，当地人认为，人的身躯只是一个皮囊，用身体来喂食野外的生物，也是一种布施的过程。

> ■ 佛教中有一个割肉饲鹰的故事。传说以前有个萨波达王，他遇见一只饥肠辘辘的秃鹰，正在追捕一只鸽子。鸽子躲到萨波达王身后，秃鹰说："你为了救鸽子，难道眼睁睁看着我饿死吗？"萨波达王于是割下了手臂的肉喂秃鹰。

火葬

火葬是除了土葬之外，影响最大的墓葬方式。据说早在

原始社会，我国就出现了火葬。1945年在甘肃临洮寺洼新石器时代遗址中，考古学家发现了装着原始人骨灰的陶罐。这也成了迄今为止发现的年代最早的火葬。

汉族地区由于受到传统儒家思想的影响，大多数都采用土葬，直到后来才慢慢接受火葬。

> ■ 先秦时期，秦国西边有一个义渠国。义渠人死后，就会采取火葬，他们认为火葬是最理想的安葬方式。据说义渠人打仗被俘之后，不担心被虐待受苦，最担心的是死后不能被火化。

水葬

水葬就是把逝者放在河流或者湖泊中进行安葬的方式。有的会把逝者整个遗体放在小木筏上，周围放上鲜花和陪葬品，放进河流中。也有的把逝者的遗体先火化，然后把骨灰撒在河流、湖泊或者海洋中。还有的是把逝者的遗体装进棺材中，然后沉入水里。

为什么这些人选择水葬？他们认为水是生命之源，水葬就是让他们回归生命的源头。

树葬

树葬又叫"风葬"，就是把逝者的遗体放在树上。这种墓葬方式流行于古代东北地区和西南地区的少数民族中。据说现代的达斡尔族中，一旦出现难产而死或者暴病而亡的人，依然会采用树葬。因为他们认为这种横死的人，不适合土葬或者火葬。

■东北地区的鄂伦春族很久以前就盛行树葬。人去世以后，家属就马上给他换上衣服，用柳条或者松木做棺材入殓，还有的干脆用桦树皮把遗体包裹起来。然后在树林中选好几棵大树，在树枝上架好木板，就把棺材放在上面。如果有鸟来吃遗体，或者棺材掉下来，不要惊慌，因为鄂伦春族认为这是吉利的事情。假如过了一两年，棺材还没有掉下来，反而是不吉利的，必须请巫师作法消灾才行。

悬棺葬

悬棺葬一般在古代南方少数民族中比较盛行。人死后，亲属把棺材放到悬崖峭壁的石洞里，或者在悬崖上凿孔，插上树桩托住棺材，这就算是安葬完了。怎么样，是不是很奇特？

最早的悬棺葬出现在福建武夷山地区，考古学家对那里的墓葬做了年代测定，据说最早可以追溯到夏商时期。悬棺葬一直到明清时期依然存在，延续了三千多年呢！

云南昭通地区，沿着金沙江、白水江、关河流域的悬崖上，分布着大量的悬棺。盐津县的豆沙关悬棺是保存得最多、最完好的，被称为"悬棺博物馆"。

■南朝时期，有个叫顾野王的人，看到武夷山上有很多悬棺，还以为那是神仙的墓葬，就称之为"地仙之宅"。

殉葬

古人为什么还要殉葬？因为他们都有着"事死如事生"的观念，尤其是古代帝王和贵族，都希望在死后把生前拥有的好东西全部带到地下继续使用，这就有了殉葬制度。

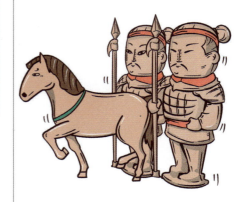

殉葬制度中，以人殉最为惨烈。人殉制度主要流行于先秦时期，尤其是商周那会儿。据说当时，上到帝王诸侯，下到小贵族，死后都要用活人殉葬，形成了一种攀比的恶习！

历代墓葬中，殉葬人数最多的商王大墓，发现了360多人。殉葬者既有奴隶、大臣、护卫和仆从，也有宠爱的婢女和妻妾，甚至马车夫、门卫、马匹、猪狗都包括在内。

■春秋战国时，秦国的人殉制度最为惨烈。春秋五霸之一秦穆公死后，有170多人为他殉葬。直到秦始皇统一六国，觉得人殉制度太不人道才把它废除掉。秦始皇死后，为他殉葬的是陶人陶马。

守孝大不易
——居丧期间要注意

父母去世后,子女要守孝3年,也叫"居丧"。居丧期间的饮食起居等方面要特别注意,因为稍有不慎,就会违背当时的社会礼教!

下葬完毕,居丧期间只能吃粗茶淡饭,不能吃鸡鸭鱼肉。如果不遵守这些风俗,违反礼教,会被当时社会舆论唾弃。

粗茶淡饭

父母去世之后,孝子3天不能吃东西,有的甚至连水都不能喝。等到逝者入殓完毕,才能吃点米粥,不过也不能多吃。吃得越少,表明越伤心难过,越能体现孝道。

南朝时期的梁昭明太子在母亲去世之后,一直到出殡前,连口水都不喝,饭也没吃,每次都哭昏过去。由于节食时间太长,等到母亲的丧事料理完,昭明太子整个人瘦了一圈。这件事情在朝廷内外传开,大家都盛赞昭明太子是个大孝子。

住茅草屋

父母去世后,还没出殡前,长子就得从原先的屋子里搬出来,从此告别舒服的床铺了,只能在院子里搭一个茅草屋住着,这叫"倚庐"。

屋子里面几乎没有什么家具,床上铺着的不是被褥而是草席,枕头也只是土块,叫"寝苫(shān)枕块"。

长子必须穿着孝服，晚上睡觉时也不能脱下来。父母下葬后，有的人还会在墓穴旁边搭个小棚子守孝，这叫"墓庐"。

南朝著名大臣刘览的母亲去世后，他就在母亲的墓穴旁边盖了一个草棚子，日常吃饭从不吃盐，大冬天的也只穿着薄薄的衣服。家人担心他生病，半夜里偷偷在他的床下放了烧好的炭火。刘览睡醒后发现床下的炭火，竟然号啕大哭起来，认为自己这样是不孝顺的表现。这件事儿被皇帝知道了，好几次亲自到他母亲墓前看望他。刘览守丧完后，皇帝就任命他当了尚书左丞相。

不准嫁娶

唐朝时法律明文规定，居丧期间，如果结婚娶媳妇，要劳改3年，而且婚姻无效。不仅如此，证婚人还要打100大板，媒婆也要打80大板。

不准参加科举考试

居丧期间，还不允许参加科举考试。

唐朝著名的诗人李贺被后人称为"诗鬼"。李贺年轻的时候非常有才能，原本特别被韩愈看好，有机会考中进士，但恰逢父亲去世，他必须回家奔丧，不能再继续参加科举，就放弃了。

周年祭

父母去世一周年，子女要举办周年祭祀，叫"小祥"；去世两周年的祭祀，叫"大祥"。

大祥之后，居丧的人可以稍微改善一下生活，但也不能吃大鱼大肉。

第十章 衣食住行

衣食住行伴随着我们每个人的一生。它们是文化，也是一日三餐、四时冷暖的生活。

你知道古人的日常生活是什么样吗？"羽扇纶巾""青衫广袖"有多儒雅？"对镜贴花黄""新鬓学鸦飞"有多时尚？魏晋明士潇洒风流，唐代小姐姐又美又飒，宋装的清新雅致透出一股知性、温婉，明代的飞鱼服、马面裙美出了天际，还有异彩纷呈的少数民族服饰……我们的祖先向来落落大方，衣品不俗。

我们是一个信奉"民以食为天"的民族，有谁比我们更会吃，更讲究吃，更能吃出美食的雅趣和韵味？从燧人取火、夙沙煮盐、神农尝百草，到"五味调和""精烹细烩"，色、香、味俱全的"八大菜系""满汉全席"，凝聚成了博大精深的中华饮食文化。

粉墙黛瓦、小桥流水，江南人民住在水墨画里；坐北朝南，四四方方，北国小院其乐融融，自成一体；金瓦金銮殿的飞檐斗拱，翘起的是皇家气派；曲径游廊的月洞漏窗，透露着文人风雅。

还有秦始皇巡视天下的车队，到底是什么样子的？孔夫子周游列国的"专车"，坐在上面是一种怎样的体验？许许多多的事情，相信你会从这里找到答案。

衣料往事知多少？
——古人的衣服是用什么做的？

早在三万年前，我们的祖先就学会用兽骨磨成的针为自己做衣服啦！古人发现：有些树皮在水中沤泡后，能生出结实的细丝。把这些丝收集起来，搓成绳，编成网，可以捕鱼。后来，有人突发奇想，试着把渔网编密，穿在身上，感觉比树叶结实，比皮毛凉爽，很不错。就这样，真正的服装面料——葛、麻诞生了。

葛

葛布轻薄、透气，很适合做夏天的衣服。《韩非子》里讲过，尧帝冬天穿的是裘皮，夏天穿的是葛布。

> 考古工作者在距今6 000多年的草鞋山遗址中，发现了3块炭化的原始葛织物。这是迄今为止，我国发现的最古老的葛布实物。

到了西周，葛布已经被广泛应用。官府设有"掌葛"一职，专门负责征收葛税。《诗经》中我们还能看到，劳动人民把葛编进了民歌：绿叶浓郁茂盛的葛藤漫山遍野地生长着，收割回来蒸煮后，制成衣服，穿在身上真舒服……

因为葛是多年生植物，长得慢，出丝又少，产量很低，没有麻"能干"。等到冬暖夏凉的新秀棉布上场，葛布就正式出局了。

麻

麻类植物家族庞大，不少品种都可以用来织布。

> 亚麻原产于尼罗河流域，古埃及人用亚麻纺织。

大麻和苎（zhù）麻生长在古老的华夏大地，我们的祖先很早就委它们以重任。苎麻又叫"中国草"，不仅可以大面积栽培，而且一年能收获三季。"屋前屋后种桑麻"，苎麻一直是中国古代最重要的纺织作物之一。上至王公贵族，下至平民百姓，平时都穿苎麻布。麻布美观大方，穿着舒适，至今依然深受大家喜爱。

丝绸

美丽的丝绸代表着古老的中华文明，是服装面料里的颜值担当。传说丝绸是黄帝的妻子嫘祖发明的。

> 一次，嫘祖从蚕茧里剥蚕蛹吃，不经意间扯出了几根细丝。她想：这些丝白又亮，滑又软，织成布穿在身上一定特别舒服，特别漂亮吧？嫘祖决定试一试。功夫不负有心人，经过无数次的试验，她终于织出了一块软得像云，滑得似玉，精美无比的料子。

桑蚕事业迅速发展，到了战国时期，几乎全国各地都能生产丝绸了，而且都有自己的特色产品。

> 马王堆汉墓中，曾出土过两件丝绸长袍——素纱襌衣，重量都不到50克，轻软得像烟一样，一个火柴盒就能装下。

西汉时张骞开通西域之后，促进了中原与西域的经济文化交通，也使中国丝绸走出了国门。它的绰约风姿，果然惊艳了整个世界——西方的王公贵族都趋之若鹜，以能穿上中国丝绸为荣。

丝绸华美，价格也昂贵，数千年来一直是贵族阶层的专用品，平民百姓根本穿不起。

棉花

我们今天都穿棉布衣服，这要感谢明太祖朱元璋。在他的大力推广下，棉布后来居上，一跃成了服装面料的大当家。

棉花是"外来户"，原产于南亚的印度河流域和南美印加帝国。公元前5 000年左右，那里的人民就开始利用棉花织布了。

大约在南北朝时期，棉花兵分三路进入我国。先在海南、云南和新疆落地生根，然后才慢慢向中原挺进。

> 宋末元初，松江府乌泥泾（今天的上海华泾镇）出了一位叫黄道婆的织布专家。她年轻时去过海南，在那里生活了整整30年，练就了一身过硬的棉纺技术。回来后，她发现乡亲们的织布水平很落后，就开设了纺织课堂，免费教大家纺棉、织布。她织的布又快又好，附近的大姑娘、小媳妇都争先恐后地跑来学习。在她的带动下，松江的棉纺业迅速发展起来，很快成为远近闻名的"纺织中心"。

明代时，朝廷颁布了"植棉令"，规定农户必须种植一定数量的棉花，种棉花可以免税。就这样，雪白的棉花开遍大江南北，老百姓们都穿上了暖和、舒适的棉布衣裳。

毛纺

毛纺也是古代非常重要的服装面料，有着不输桑麻的悠久历史。我们的祖先摸索着用葛、麻织布的时候，小亚细亚（现在的土耳其）的先民也研究出了毛茸茸的羊毛布。

我国的毛纺织物起源于西北游牧民族，新石器时期开始萌芽。自古以来，羊毛织物和羊毛绳索一直是边疆少数民族的主要衣料和日用品。大禹时代，他们就开始用毛纺品跟中原地区交换物资了，毛纺技术也随之被带入内地。

> 新疆哈密出土的公元前1 200年的毛织物不但编织细腻，而且色彩丰富，纹路清晰，已经具有了很高的水平。

穿越五千年的服装秀
——古代老百姓都穿什么？

近年来仿古汉服悄悄兴起，人们穿着它拍照、参加活动，衣袂飘飘非常好看。尤其是女孩子们穿起来，美得像仙女一样。

为什么古代的衣服那么好看？老百姓平时都穿这样的衣服吗？其实，中国素有"衣冠王国"之称，服饰文化源远流长。每个朝代都有自己的时尚和潮流，都有它们的特色服装。

衣｜裳｜深衣

商、周时期，人们穿的衣服都是上下分开的。上身叫衣，下身叫裳。不过裳可不是裤子，是一条大裙子。那时候，男女老少都穿裙子。

深衣把"衣"和"裳"合二为一，跟现在的连衣裙差不多。深衣起源于春秋战国，秦汉时期很流行。它是上层人士的家居便服，也是老百姓的礼服。

直裰 duō

直裰，也叫直掇（duō）、直身，是一种用素布做的袍子，肥肥大大，背后有条直缝一通到底。

直裰兴起于宋代，最初是僧人、道士的工作服。后来一些文人、隐士喜欢上了它，觉得这种衣服穿起来很自在，看上去很洒脱，跟他们热爱自然、

崇尚自由的人生态度莫名地合拍。就这样,直裰流行起来,一直潇洒地走到了明代。民谣里"二可怪,两只衣袖像布袋",唱的就是它。

> 《西游记》里孙悟空、猪八戒都穿直裰。孙悟空刚拜唐僧为师那会儿,就捡了唐僧的白布小直裰套在身上。后因打强盗挨批,撂挑子走人,观音菩萨给唐僧支招,送他的也是绵布直裰。"只见半空里来了一个妖精,果然生得丑陋:黑脸短毛,长喙大耳,穿一领青不青、蓝不蓝的梭布直裰……"这是猪八戒首次亮相的打扮,还是直裰。

襕衫

襕衫出现在唐朝,宋、明两代都很盛行。是古代的制服和学生装,公职人员和青年学生都穿这种衣服。

襕衫的主要特征是有一道"襕",就是膝下有一道横向接缝。为什么要有接缝?布料不够长吗?当然不是。据说是为了怀旧,向"上衣下裳"的理念致敬,用接缝把袍子一分为二,表示他们穿的是"衣和裳",不是"连衣裙"。

明代比较流行蓝色的圆领襕衫,所以也叫"蓝衫"。

> 🔹 传说八仙里的蓝采和，成仙之前整天穿着一件破旧的蓝衫，在大街上晃来晃去。

出一种优雅、干练的风度，而且还显高，显苗条。所以全国上下，从皇宫里的公主、娘娘到穷乡僻壤的老奶奶，都爱上了它。

比甲是一种无袖、无领、侧面开衩的对襟长马甲。后襟比前襟长，适合骑马射箭。最初是蒙古族男装。

褙子 | 比甲

褙子，也叫背子，是隋唐时期设计研发的一款短袖罩衣。据说最初是给"家庭服务员"穿的。因为服务员小姐姐经常站在当家主母背后等待吩咐，所以称作"褙子"。

后来，经过加工改良，安上了长袖，添加了两侧开衩的小细节，档次瞬间提升，变成了一款人见人爱的"宋式风衣"。尤其是女同志，能穿

> 🔹 《元史》里说它是元朝初建时，元世祖忽必烈的皇后为其设计制作的。大家都觉得好，后来纷纷效仿。

其实元代民间穿比甲的并不多，到了明代才流行起来。姑娘们把它穿在大袖衫、袄子的外面，下面穿裙子，很有层次感。不过，这股流行风很快就刮过去了。到了清代，除一些老年人怕冷穿棉比甲，基本上没人穿了。

襦｜袄

襦和袄都是长不过膝的短上衣，通常搭配裙子穿，所以它们经常和裙子合称为"襦裙""袄裙"。男子的襦裙，又叫"衣裳"。穿着的时候，襦的下摆一般要扎进裙子里。而袄大多散在外面。另外，襦在战国时期就已经存在了，袄流行于明朝，它们相差了两千多岁。

> 《世说新语》里有这样一个故事：韩康伯小的时候，家里很穷，寒冬腊月只穿一件短襦，是他母亲做的。母亲对他说："先穿着短襦，过段时间再给你做夹裤。"康伯却说："这就够了，不要夹裤了。我现在穿上短襦，下身已经暖和了。"他的话让母亲非常惊讶，断定他将来会很有出息。

亵(xiè)衣｜绔(kù)

古代的内衣叫"亵衣"。"亵"是轻薄、不庄重的意思。古人认为内衣是不庄重的东西，不能被别人看到。

秦汉时期的内衣叫"抱腹""心衣"，唐代有了一种叫"诃子"的无带内衣，宋代以"抹胸""裹肚"为主，元代穿"合欢襟"，明代穿"主腰"，清代流行"肚兜"。它们有的只是一片布，用带子系住，遮住胸、腹；有的像背心一样。总之都是贴身穿的小内衣。

西汉以前没有带裤裆的裤子，只有一种叫裈（kūn）的小短裤不会走光，是劳动人民干活时穿的。有钱人大都不穿短裤，直接穿裙子。裙子下面露出光腿不好看，再说天冷时裙子还会透风，他们就在小腿上套两只护腿，这种护腿叫"绔"。

🌀 六朝时候，官二代、富二代的公子哥们都喜欢戴一种用高级细绢做的绔。那种绢叫"纨"，用纨做的绔就叫"纨绔"。穿纨绔的这些家伙大多不干什么正事，所以老百姓叫他们"纨绔子弟"。

长袍马褂

长袍马褂由长袍和马褂两部分组成。马褂是齐到肚子的短袄。穿着时，长袍在内，马褂套在外面。这是清末民初时最为常见的男性便装。

🌀 有一年，康熙皇帝围猎时突遇猛虎。危急关头，绿林好汉黄三泰恰好路过，掷出一枚飞镖，击毙了猛虎。因救驾有功，康熙赏了他一件黄马褂。黄三泰感激涕零，头脑一热夸下海口，说以后皇家少了什么东西，他都会负责找回来。盗侠杨香武听说了很不服气，为了难为黄三泰，把避暑山庄的九龙玉杯偷了出来……

霞帔｜罗裙

pèi

霞帔起源于晋代，像两条彩带，下面垂着金玉珠子。隋唐时期，造型已接近现代的披肩。人们觉得这种服饰美如彩霞，所以叫它"霞帔"。到了清代，披肩改成了背心式。

霞帔原本是宫里娘娘们穿的，宋代时列为命妇礼服，正式成为一种身份等级的象征。不是皇帝恩赐的，不能穿戴。

🌀 相传北宋末年，康王赵构被金兵追杀，为一位村姑所救。赵构很感激，临走时送姑娘一块红手帕做信物，说明年的这一天来娶她。第二年，当上皇帝的赵构果然来找姑娘了，可姑娘不愿进宫。她怕得罪赵构，就准备了很多红手帕，让姐妹来帮忙。赵构看花了眼，没认出姑娘，只得作罢。但是他给了姑娘们一项特别的权利，允许他们出嫁时戴霞帔。从那以后，新娘子披霞帔成了民间的婚礼习俗。

古代女子穿的裙子统称"罗裙"。它们摇曳生姿，在不同时代摇曳出独有的风情和韵味：大唐时艳丽华贵，宋代时优雅庄重，明代则越来越讲究细节。样式更是多得数不清：皱裥裙、百褶裙、彩条拼接裙、马面裙、凤尾裙、月华裙……其中最有名的是杨贵妃的大红石榴裙、赵飞燕那轻盈的留仙裙和安乐公主神奇瑰丽的百鸟裙。

🌀 相传杨贵妃很喜欢穿石榴裙。当时大臣们不满唐明皇宠爱杨贵妃，见了杨贵妃都不行礼。为了给她撑腰，唐明皇下令：以后不跪拜杨贵妃的，都以欺君罪论处。大臣们不敢违抗，但私下里都用"拜倒在石榴裙下"调侃解嘲。

324

以"帽"取人
——古代帽子花样多

在中国古代,人们管帽子叫"首服""元服"或者"头衣",意思是穿在头上的衣服。"头衣"的种类有很多,比如冠、冕、弁、巾帻、巾帼……它们形状不同,风格迥异,佩戴者的身份也各不相同。

冠

冠是古代贵族男子戴的帽子。戴的时候先将长发绾(wǎn)起来,把冠扣在上面,然后用一根长长的发簪,固定在头顶,最后还要用丝带系在下巴底下。

不同时期、不同身份和级别的人戴的冠样式都不一样。但它们有个共同的特点:都高高地耸立在头顶上,给人一种很威严、高人一等的感觉,让老百姓见了就心生畏惧。

贵公子们年满20岁都要举行"冠礼",也就是成人礼。从那以后,就开始戴冠了。言行举止也要大大方方,得有个大人样了。

在古人心目中,冠是身份、地位、荣誉的象征,甚至把它看得比生命都重要。春秋时期,孔子的徒弟子路在卫国做官。那年卫国发生内乱,乒乒乓乓打了起来。混战中,子路系冠的带子被人挑断了。他觉得"掉帽子"是件比死更让人无法接受的事情,不管三七二十一,马上停下来去系冠带。结果帽子保住了,脑袋却弄丢了。这不是拿生命开玩笑吗?在我们看来,子路的做法太傻了。可当时的人们却对他肃然起敬,佩服得不得了。

冕 | 弁 (biàn)

冕是中国古代级别最高的帽子,是古代帝王、诸侯、大夫参加祭祀、典礼等重大活动时戴的礼帽。

325

冕的样子很特别，顶上是一块长方形的板，前后各有一挂珠串做成的"小门帘"。这些珠串叫"旒"（liú）。帝王的冕上有12串旒，王公、大夫的会少一些，9串、7串、5串不等。后来，冕成了皇帝的专用王冠。

据说，挂"小门帘"的作用是约束帝王正襟危坐，保持良好的仪态和威严——摇头晃脑弄得叮当乱响，可就不像样子了。另外还有一个用处——就是碍事，提醒帝王不要把部下看得太清楚，该看的看，不该看的不看，才是好皇帝。看来这顶帽子也不好戴呢。

弁也是比较尊贵的冠，档次比冕差一点。弁有两种：用黑红色布做的叫"爵弁"，属于文冠，是王公贵族陪皇帝祭祀时戴的礼帽。还有一种叫"皮弁"的武冠，用白鹿皮缝制（唐代以后改成了乌纱），上面镶缀着玉珠、宝石，是天子出巡、打猎或诸侯朝见时戴的。

山东邹城出土过一顶明代九缝皮弁，是朱元璋小儿子鲁王戴的。这个皮弁是用藤条编制的，外罩乌纱，缝着金线，缀满五彩玉珠，非常华贵、气派。

头巾

巾最初是劳动人民用来包头发的布片。不仅能让干活儿的时候干净利索，而且还可以遮阳、御寒。为了用起来方便，人们会事先把它折好、扎好。就这样，头巾看起来越来越像帽子了。慢慢地，还分出了男款、女款。男款叫"巾帻"，也叫"帕头""幞头"；女款叫"巾帼"。

到了汉代，一些公子哥儿觉得这东西挺好玩，也试着戴。没想到，一下子把它带火了。土里土气的头巾摇身一变，成了上流人士竞相追逐的时尚新潮流。再后来，连文人雅士们也爱上了头巾。

田园诗人陶渊明还给头巾开发出一项新功能：酿酒的时候，懒得找家伙事儿了，可以用它来当"滤酒器"。有一回，这一幕刚好被来串门的朋友看到，传出去，成了一个风雅有趣的典故——"葛巾滤酒"。

历朝历代很多名人都积极主动地给头巾当过代言人，有的甚至还参与了新款头巾的设计、推广工作。

名人代言过的头巾

纶巾是用丝带编成的，比较硬挺，中间有卷曲的褶皱。戴纶巾的大都是文官、谋士。因为《三国演义》里诸葛亮的"羽扇纶巾"深入人心，又有了一个响亮的名字——诸葛巾。

唐巾也叫"软翅纱巾"，是从唐朝流传下来的一种便帽。帽头圆润，后面耷拉着两根八字形的软脚，是有一定地位的知识分子戴的。唐巾儒雅俊逸，确实挺好看，所以流行了好几个朝代。

🍃 唐太宗戴过唐巾，李白戴过唐巾，《水浒传》里宋徽宗、方腊以及辽国皇帝都戴过唐巾。

东坡巾又名"乌角巾"。这种帽子分两层：里面一层是高高的帽桶，外面那层矮一些，像四面墙壁围在帽桶外面。据说是苏东坡设计改造的，所以大家又叫它"东坡帽"。

明太祖朱元璋推行过一种方形软帽，他号召官员、书生们平时都戴这种帽子。是用黑色纱罗制成，可以折叠，呈倒梯形，展开时四四方方，俗称"方巾"。

🍃 传说有一次，一个叫杨维祯的读书人参见朱元璋。朱元璋见他戴的头巾很特别，就好奇询问。为了讨皇上欢心，杨维祯灵机一动，编了个瞎话："此四方平定巾也。"朱元璋一听心里乐

开了花：四方平定好啊！他马上诏布天下，让读书人都戴这种头巾。

当然，头巾的样式还有很多：孟浩然爱戴的浩然巾，白居易喜欢的乐天巾，《水浒传》里鲁智深、武松、李逵都戴过的万字巾，柴大官人那拉风的皂纱转角簇花巾……

据史料记载，宋代市面上的头巾花色、品种已达几百种之多。头巾是古代劳动人民的智慧结晶，中国帽文化的瑰宝。

戴上它就是官？
——有意思的乌纱帽

一提起乌纱帽，大家往往会和当官联系在一起："戴上乌纱帽"是当官了，"丢了乌纱帽"就是被免职了。其实，乌纱帽一开始跟官位根本扯不上什么关系。

乌纱帽的由来

东晋时期，用黑纱做的帽子是宫廷服务生的工作帽，被称作"乌纱"。南北朝时，乌纱传到民间，成了百姓们喜欢戴的日常便帽。

■南朝宋明帝时，建安王刘休仁有一次突发奇想，用黑纱给自己做了一顶与众不同的小帽子。他戴着帽子出门的时候，引起路人围观。大家都觉得这顶帽子简洁大方，轻便又好看，纷纷效仿，乌纱帽开始流行。

晋升为官帽

到了隋朝，隋文帝杨坚也爱上了这种乌纱小帽。皇帝亲自代言，哪有不火的道理？于是朝野上下，黑压压一片，争相佩戴。

可是，大家都戴乌纱帽，怎么区别身份呢？为了解决这个问题，朝廷专门出台了一项法规：一品官员的乌纱上要装饰9块玉片，二品官8块，三品7块……以此类推，六品以下的芝麻官就不准装饰了。

宋朝的乌纱帽形状有点特别，帽形方头方脑，还多了两根扁担状的长帽翅。据说，这是大宋开国皇帝赵匡胤发明的。

■赵匡胤刚当上皇帝时，发现大臣们喜欢交头接耳说悄悄话，朝堂纪律非常糟糕，又不好为这事批评他们，就灵机一动想了个好办法——在原有乌纱帽的两边，各加一根长长的软翅。新帽子发下去，果然收到了很好的

没有乌纱的"乌纱帽"

清代的乌纱帽不再是乌纱做的,而是换成了斗笠状的红缨帽,但人们还是习惯叫它"乌纱帽"。因为乌纱帽已经成了一种具有象征意义的符号。

效果。大臣们只要一动脑袋,大翅膀就会晃来晃去,而且两个人靠得太近还会戳到对方,或是把帽子碰掉。从那以后,再也没有人凑到一起开小会,瞎嘀咕了。

明朝时,朝廷正式将乌纱帽定为官帽,不准老百姓再戴了,同时还对它的样式和制作方法作了严格的规定:用藤丝或麻编成帽胎,涂上漆后外裹黑纱,呈前高后低式,两侧各插一翅。从那以后,"乌纱帽"成为官员的特有标志,和当官画上了等号。

■乾隆年间,某天某书店一顾客买书时,不小心掉了枚铜钱。旁边的秀才看到了,赶紧用脚踩住,偷偷捡起来。这一幕落在了旁边老者的眼中。老者和秀才攀谈起来,了解了他的姓名和身份。后来这位秀才考上了公务员,兴冲冲去衙门报到,却被拒之门外。门卫小哥告诉他:"大人说你已经被开除了。"秀才很纳闷儿,追问自己到底做错了什么。没想到,得到的答案是:"你做秀才时曾贪一枚铜钱,当了官,也是个戴'乌纱帽'的强盗。"原来,大人就是当年的老者,秀才登时傻了眼。

男女都爱妆
——古人化妆有多拼

很多年轻女孩喜欢化妆，出门前一定要把自己打扮得漂漂亮亮。其实爱美之心人皆有之，古人也不例外。他们甚至比现代人更热爱化妆，还设计出了一些超凡脱俗、让人眼界大开的妆容。

敷粉

敷粉就是打粉底、擦粉，让皮肤变得白嫩又光滑，更适合上妆。这一点大家意见一致，古代女子也是这么做的。不过，古时候敷粉可不是女人的专利，有时候男人也可以擦粉。

汉代孝惠年间，很多官员上班前都要涂脂抹粉，好好打扮一番。魏晋时期，上层社会的公子哥大多油头粉面。据说七步成诗的曹植也是，每次会客前都要敷上厚厚的香粉。

曹操的女婿何晏长得很白，是远近闻名的美男子。曹操的孙子魏明帝曹睿不服气，觉得男人不可能那么白，何晏肯定擦了粉。于是就想了个馊主意，大热天赐他一碗热汤面，让他当面吃完。何晏捧着大碗呼噜呼噜吃得酣畅淋漓，汗珠子吧嗒吧嗒往下掉，他只好一边吃一边擦。曹睿眼睛一眨不眨地盯着看，就等他出丑现原形。没想到，经过汗蒸，人家的皮肤更白了！看来何晏真是天生丽质。曹睿不由得感叹："爱卿的皮肤真好，就像擦了粉一样白。"就这样，留下一个"何郎傅粉"的典故。

抹胭脂

胭脂的使用由来已久，但没有人比唐朝妹子更爱它们。在她们的心目中，不擦胭脂大概和不穿外衣上街没什么两样。唐代对胭脂的使用，简直达到了一个旷古绝今的新高度。

她们把胭脂挑在掌心均匀地揉开，抹在脸颊上，抹得满面红光，艳若桃花，称之为"桃花妆"。

擦好胭脂再盖一层香粉，让红色淡淡地透出来，"白里透红与众不同"。这叫"飞霞妆"。

这两种妆容都不错，悦目赏心明艳动人。可妹子们还不满足，觉得它们太普通了，无法体现大唐的盛世繁华和她们超凡脱俗的审美眼光。于是，一个惊世骇俗的新妆容"酒晕妆"诞生了。

酒晕妆顾名思义，就是涂两个硕大饱满、几乎占据了整个脸蛋的大红印子。红要红得惊天地泣鬼神，不但擦的人上头，看到的人也很上头，仿佛一口闷了整瓶老白干。

> 古人在诗中描述过，杨贵妃要入宫时和父母分别，一边往车上爬一边哭……当时天冷，流下来的泪都结红冰了，可见擦了多少胭脂。

染额黄

额黄，就是把脑门儿染黄。豪爽的画法是将整个额头用黄色颜料涂满；还有一种是只涂一半，然后蘸着清水像画画一样过渡、晕染，染出渐变效果。也有人用剪制的小黄花贴在额上代替。据说，人们把额头涂黄是为了模仿佛像镀金身。

描斜红

在脸颊两侧太阳穴旁边，各画一撇细红印，看上去像被挠破了似的。这种妆饰叫"斜红"。有的女孩画得像一弯小月牙，有的为追求逼真效果，还会在下面用胭脂晕染出血迹模样。

🍃 传说这种妆容来源于魏朝。魏文帝曹丕宠爱的一名宫女值夜班时，不小心撞伤脸，留下两道疤痕。没想到，文帝更喜欢她了。宫女们以为皇帝有特殊嗜好，就喜欢伤疤脸，便纷纷效仿。

画眉

眉毛在脸上占有很重要的地位，眉毛浓密显精神，眉眼弯弯很温柔。对着镜子细细描画，或如柳叶，或似新月。大部分朝代的女孩子眉毛都画得很正常，走的是清新自然的路子。

🍃 汉代有位叫张敞的大臣，和太太感情很好，每天早上都要替太太画眉。汉宣帝听说了，当着很多大臣的面问张敞，是不是真有此事。张敞很坦然地承认了。还说："我替太太画眉怎么了？这有什么好奇怪的！我画的眉毛好看，太太喜欢，我乐意。"从此，画眉之乐成了古代夫妻感情好的代指。

要论标新立异，还得是大唐。唐朝出现过很多奇奇怪怪的眉形：有的向上挑，有的向下垂；有的翩翩起舞，有的展翅欲飞，有的手拉手直接躺平；有的像小蝌蚪，有的像大蛾子，有的像毛毛虫，还有的眉梢粗得像两把小刷子……只有你想不到的，没有她们画不出的。

点唇

点唇就是擦口红、涂唇彩。为什么用一个"点"字？因为古人普遍认为嘴巴小小的才好看，所以她们喜欢画樱桃小口。除了樱桃形状，还流行过花朵形的，三角形的。总之都是小小的，红红的。

到了唐朝中晚期，时尚界又杀出一匹黑马——"时世妆"。这种妆容最大特点就是八字眉和涂得乌黑乌黑的嘴唇，十分另类。

🍃 著名诗人白居易看到"时世妆"，连呼辣眼睛！他还写诗说"乌膏注唇唇似泥"，呼吁大家不要这么打扮。白大诗人觉得还是他们家歌姬的"樱桃樊素口"最好看。

头发还能这么梳
——古代女子的发型

中国古典服饰很美，中国古代女子头上的发髻更美。它们有的高贵典雅，有的清新婉约，犹如一道亮丽的风景线，惊艳了时光，温柔了岁月，缠绕成了很多现代女孩心中一个神奇、瑰丽的梦。

一把青丝，盈盈在握。袅袅娜娜的古代美女们绾出过多少美妙、独特的造型？有人说有百余种，有人说上千种，究竟有多少，谁也讲不清楚。

仙气飘飘的发髻

据说秦汉时期，人们就已经能够做出很多好看的发型。凌云髻、望仙九环髻、十二环髻、飞仙髻……光听名字就给人一种仙气飘飘的感觉。它们看起来也的确很美。我们在画上、影视剧里看到的仙女梳的就是这类发型。所以，一心想长生不老的秦皇汉武让他们身边的女人都梳这样的发型——又仙又美，看着养眼，恍惚间还会有一种飞升上天做了玉皇大帝的感觉。

■传说汉武帝时期，王母娘娘曾携众仙女降临人间。仙女们的发型很特别，头顶上都竖着两个圆环形的发髻，特别好看。有心灵手巧的姑娘就模仿出了这种发型，汉武帝让宫中的女孩都梳这种发型，并叫它"飞仙髻"。

个性另类的发髻

汉代还流行过一种很特别的发型叫"堕马髻"。歪歪斜斜地倒向一边，看上去像从马上掉下来的样子。据说是汉恒帝时，大将军梁冀的妻子孙寿发明的。

魏晋时期也有一些又仙又美的新发型。最有名的要数三环高髻"飞天髻"和婀娜多姿的"灵蛇髻"。一经推出，就迅速地俘获了姑娘们的芳心。

■传说魏文帝曹丕的皇后甄宓是个美发小天才，每天都能设计出一款独特的新发型，把自己打扮得美若天仙。宫女们争相模仿，后来传到了民间。因为这些发髻是把头发拧成股，再扭结盘绕起来，有些像蛇形。就有人猜测皇宫里有条灵蛇，每天盘卷身体教甄宓盘发。后来，竟传得有鼻子有眼，跟真的似的。大家管这些发型叫"灵蛇髻"。

■孙寿不但喜欢梳歪歪斜斜的发髻，还喜欢描又细又弯的愁眉，把眼睛画得像刚哭过一样。走起路来娇娇柔柔，一阵风能吹倒她似的。这副可怜兮兮的样子很能勾起男人的保护欲，所以梁冀很宠爱她。京城中的贵妇们很羡慕她，都学她的样子，"堕马髻"因此流行了起来。

唐代百业兴盛，女子的发髻造型也空前繁荣——爆款层出不穷，张扬大气，个性十足。"城中皆一尺，非妾髻鬟高""峨髻愁暮云"……从这些唐诗里可以看出，那时候的发髻梳得有多高——连云彩都快被遮住了。

■眼看着女子们的头发越梳越高，男人们很有压迫感，就有大臣们上书请唐太宗下令禁止。唐太宗问身边的近臣令狐德，妇女们为什么老喜欢梳高高的发髻。令狐德的思想很开放。他认为，头在身体上占主导地位，整得高大醒目些也未尝不可。唐太宗觉得有道理。从那以后，唐代女子的头上风景更亮丽了。

要梳出那么高大丰满的发型，一般女子的发量很难做到。不过这可难不住爱美的大姑娘、小媳妇们。她们有两样神奇小帮手——假发和藏进头发里的木质发垫。

■假发的使用，可追溯到春秋时期。传说鲁哀公有一次在城墙上，见到一个美发如云的女子，就派人剪了那女子的秀发，给他的王后吕姜做了假发。前些年发掘的马王堆汉墓的女主人辛追也戴着假发。一开始，假发是贵族专用，六朝以后才开始在民间盛行。

娇俏可爱的发髻

古代还有很多娇俏可爱的发型，一般都是小女孩梳的。比如小哪吒梳的丱（guàn）发，像顶着两个小海螺，叫"双螺髻"。

还有"丫鬟"和"丫头"。它们也是发型？没错，它们最初就是发型。"丫头"大名叫"双丫髻"，就是把头发分成两股，一左一右各梳一个髻，看上去像个"丫"字。跟丱发有些相似，但没有垂在下面的散发。把头发一左一右结成两个垂下来的环叫"丫鬟"，也叫"垂挂髻""双挂髻"。因为未成年的小姑娘和富贵人家的侍女常梳这两种头，后来它们就变成了对人物的称谓。

争奇斗艳的头
——好听又好看的首饰

说起中国古代的首饰,你的眼前是不是浮现出了一位云鬓高绾(wǎn)的神仙姐姐,插着精巧别致的玉簪或是闪闪发光的珠翠、金钗,有一种说不出的美好与动人?其实,古代美女的首饰,还有许多好听的名字呢。

步摇

步摇,是随着脚步摇摆的意思。我们经常在一些影视剧里见到,只不过很多人叫不出它的名字。电视里娘娘、贵妃们头上那些花枝乱颤的珠翠,垂着珠串、流苏的彩凤、金凤,都是步摇。步摇一开始归皇家专用,汉代以后慢慢传入民间。

《晋书》里有个故事:三国时,一个叫莫护跋的鲜卑首领跟着司马懿打仗,立下战功,被封为王,建立了国家。他非常喜欢汉人戴的步摇,就叫人做了一支,天天戴着。人们都管他叫"步摇",又因为古鲜卑语"步摇"读起来很像"慕容",久而久之,"慕容"就变成了他们家的姓氏。

花钿 diàn

花钿又叫"花子""面花"或者"贴花",是古代女子贴在眉心、两鬓或脸颊上的小装

饰。用金箔、纸或鱼腮骨等剪出图形，再涂上亮丽的颜色。一般为红色，也有人喜欢黄色或者绿色。比如巾帼英雄花木兰恢复女装后，"对镜贴花黄"用的就是黄色花钿。

花钿在唐代最流行。除了梅花形状，还被心灵手巧的小姐姐们开发出了荷花、树叶、水滴、火苗、小鸟、小鱼等很多样式，十分精巧可爱。

> 🐚 古书上记载：一天，南朝宋武帝的女儿寿阳公主躺在屋檐下休息，有一朵梅花落在她的额头上，粘住了。宫女们都觉得神奇又好看，纷纷效仿。慢慢地就成了一种新时尚，人们叫它"梅花妆"或"寿阳妆"。

华胜｜幡(fān)胜｜方胜

华胜就是华丽的首饰。用五彩的金银箔纸、乌金纸或者绸、绢裁剪出形状，上面镶嵌一些金银珠宝。

做成小旗子形状的叫"幡胜"，戴上它有迎春纳福的意思。不仅女同胞戴，男人也能戴。唐宋时期的皇帝在过年的团拜会或正月初七"人日"这天，还会把它当礼物赐给群臣。

> 🐚 苏东坡在一首诗中写道："白发苍颜五十三，家人强遣试春衫。朝回两袖天香满，头上银幡笑阿咸。"意思是说，过年了我这个53岁的大老头子，被家人强行要求穿新衣，上朝又被皇帝强行要求戴银幡，花里胡哨的都被侄子取笑了。

还有一种方胜，形状像两个菱形交叉叠压在一起。古人认为这种造型有连绵不断、同心同德的寓意，所以被广泛应用于男女首饰。也就是说人家这是常规款，可不是幡胜那样的节令饰品。

> 考古工作者们在江苏南京明墓中发现过金方胜，浙江衢州一座南宋墓中也曾出土过蓝色玻璃材质的方胜。

雪柳｜玉梅｜闹蛾

雪柳、玉梅是用白色的绢或纸扎制的雪柳、梅花花枝。闹蛾的工艺更复杂，不但要剪出蛾子、蝴蝶的样子，还要仔细地画上须子、翅纹，然后固定在细竹篾上，让它们一颤一颤地飞。

在宋代，它们是元宵节的标配。正月十五月儿圆，女孩子们会插在头上美美地上街，看花灯。明清时期每逢佳节，闹蛾依然会在女孩们头上翩翩起舞，只不过换了一个新名字"闹嚷嚷"。

> "蛾儿雪柳黄金缕""铺翠冠儿，捻金雪柳""娇波向人，手捻玉梅低说"……这些诗词可是出自辛弃疾、李清照这些大名人之手呢。他们描写元宵节时，也是绕不过这些的。

走出不一样的人生
——各式各样的鞋子

鞋子是我们每天都离不开的"好朋友"。布鞋、皮鞋、拖鞋、棉鞋、凉鞋、运动鞋、旅游鞋……我们穿过各种各样的鞋子。可是，你知道古代的鞋子什么样吗？

鞋子一开始不叫"鞋"，"鞋"这个名字是唐宋以后才被叫响的。还有一些鞋子，它们有专属的称呼。

舄 xì

舄是周天子和王后参加祭祀活动时穿的鞋子。用皮革做成，底下加了一层木鞋底。红色的舄最尊贵，叫丹舄，也叫赤舄，只有天子才能穿。王后穿的是黑色的舄。那时候，王宫里还有个叫"屦人"的职位，专门负责管理舄。后来，舄逐渐流落民间。明朝时，连道士都可以穿丹舄了。

履 lǚ

履是唐朝以前人们对鞋子的总称。贵族穿的丝绸、皮革做成的鞋子叫履。穷人穿的草鞋、麻鞋也叫履。草履还有一个有趣的外号叫"不借"，意思是草鞋这东西很廉价，人人都能拥有，概不外借。

> 在相传三国时期的刘备早年家里穷，靠卖草鞋、编草席为生。后来成了一方霸主，还是会被"敌人"嘲讽为"贩履小儿"。和他斗了半辈子法的曹操临死前留下一份遗嘱，说他死后，让妻妾们学学做履，卖钱养活自己。刘备早年卖的是草履，而曹操让妻妾们做的是丝履。

王公贵族们不差钱，穿的鞋子也讲究。除了会用金银、珠宝、刺绣做装饰，还喜欢在鞋头做文章，整出了很多造型独特的新款式。像步云履、金线履、云头锦履、笏头履……它们都有着高高翘起的鞋头，统称"翘头鞋"。翘头鞋和古人的"长裙曳地"很搭，美观又气派，所以深受喜爱，流行了好几个朝代。

> 民间流传着很多关于履的故事，最有名的是郑人买履和张良拾履。相传战国时有个一根筋的郑国人，去集市买鞋。他事先在家用绳子量了脚的尺码，到了集市发现忘记带那根绳，竟不知道可以用脚试一下，结果无功而返，没买到鞋。汉朝开国大将张良，年轻时有一天在桥边溜达，遇到一怪老头。那老人故意把鞋子脱下来扔到桥下，命令张良去捡。张良帮他捡回来，老人又各种刁难。幸好张良一直没有不耐烦，不恭敬。最后老人把失传已久的姜太公兵法传授给了张良，助他成了栋梁之材。

皂靴

皂靴就是有着白色厚底的黑帮高筒鞋，是从北方游牧民族"引进"的。隋唐时期开始成为官员和贵族们的标配。

皂靴并不是什么人、什么时候都可以穿。明朝规定：不准平民穿靴子，只有北方苦寒之地，可以穿牛皮直缝靴。官员们上班或出席正式场合的时候才能穿。

清政府不配发皂靴，官员们要自掏腰包去专门的店铺定做。久而久之，他们根据工作性质和个人喜好找到了更适合自己的皂靴。比如军机处和六部的官员经常跑腿，都穿轻便的薄底快靴；个子不高、不怎么走动的官员爱穿厚底皂靴；有些特别爱美的还要求在鞋子里面加高，做成"内增高"。

◐ 诗仙李白有个"贵妃研磨，力士脱靴"的逸闻趣事。李诗仙当年非常调皮。有一次，唐明皇招他进宫为贵妃写诗。他让杨贵妃给他磨墨，让高力士给他脱靴，把皇帝身边的两个大红人戏耍了一番，玩够了才开始作诗。

汉末女孩子出嫁时，嫁妆里都会有一双木屐，描绘着五彩图案，十分美观。

魏晋的知识分子发现这种鞋很配他们的宽袍大袖，穿上有种飘飘若仙的感觉。就这样，木屐流行了起来。

◐ 南朝诗人谢灵运喜欢穿着木屐郊游、踏青。为了方便爬山，他把鞋跟改造成了可拆卸式。上山时，把前齿取下来；下山时，把后齿取下来。这样就能更好地保持平衡。人们管这种木屐叫谢公屐。

木屐 jī

木屐是用木头做的高跟鞋。鞋底一前一后有两个鞋跟，像两个小"板凳腿"，把鞋底托起来。最早的木屐是当雨鞋用的，套在鞋子外面穿。因为鞋跟高，走在泥泞的道路上不容易弄脏脚。

◐ 东晋有个政治家叫谢安，有一次他侄子出征在外打了大胜仗，寄回了"战报"。当时谢安正和朋友下棋，他看完后脸色如常继续下棋。朋友问他信上说了啥，他懒懒地回答："孩子们已经把敌人打跑了！"这是历史上有名的战役，事关东晋生死存亡。朋友见谢安如此沉稳大气，佩服得五体投地。哪知，谢安也是装出来的。客人一走，他兴冲冲地往后院跑，太兴奋了，连脚上木屐的鞋跟断了都没察觉。

弓鞋

弓鞋是鞋子里的怪胎,古代汉族女子的一场噩梦。它们兴起于宋代,肆虐于元、明、清。看上去很精致,大都绣着美丽的图案,但形状非常古怪——小小的,鞋头很尖,鞋底弯曲成弓形。

正常的脚根本穿不进去。要想穿上这样的鞋子,必须把双脚弄残。将大脚趾以外的四根脚趾掰倒,压在脚底下,再用布紧紧裹起来,固定成型。

为了得到一双"三寸金莲"般的小脚,很多女孩子从五六岁开始就要接受这种酷刑。她们不能跑,也不能跳,走起路来颤颤巍巍,仿佛一阵风就能吹倒。封建社会的老爷们却觉得这样柔柔弱弱的,很美。

🍃 据说那个诗词写得很美的南唐后主李煜,对这件事负有不可推卸的责任。是他最先觉得小脚好看,裹脚之风才慢慢传入民间,流行了起来。没想到,这一习俗祸害了中国妇女800多年。

睡鞋

睡鞋,顾名思义,就是睡觉时穿的鞋。睡觉为什么还要穿鞋?原来女孩子裹了脚,不能随便打开,怕打开了会生长、变大,所以睡觉也要裹着。可睡着了,要是绑脚布脱落了怎么办?穿上鞋子就牢固多了。

所以她们上床睡觉也要穿鞋子。

🍃 《红楼梦》里有一段:丫头们一早醒来嬉闹,晴雯的睡裤下面就露出了一双红睡鞋。

花盆底

花盆底鞋是清代满族小姐、贵妇的专用高跟鞋,因鞋子的底部像花盆而得名。在一些影视剧里我们经常会看到,皇宫里的娘娘们都穿这样的鞋。穿上它,走起路来袅袅婷婷,颇有一番风韵。就是看的人有点担心:她们会不会摔倒呢?

古人玩剩下的花样
——时髦的文身

有些年轻人喜欢文身，觉得很个性，很时尚。其实文身根本不是什么新生事物，那都是古人玩剩下的花样。文身最早可以追溯到原始社会，算起来已经存在几千年了。那么，古人为什么要文身？他们的文身又是什么样呢？

护身符和身份证

原始社会时，人类生存环境恶劣，每天要面对各种猛兽和来抢资源的外族人。为了把敌人吓跑，他们用白泥、炭灰把脸画花，打扮成一副可怕的怪模样，这就是最初的文身。

后来，残酷的现实让人们产生了对超能力的崇拜和信仰。他们想象出了一些图形和符号，画在或刻在身上当护身符。再后来，一些图腾逐渐升级为氏族、部落的标志。人们就把这些标记铭刻在身，表达对部落的忠诚。少数民族同胞的传统文身，大多都有这层意思。

■先秦时代，生活在江南水乡的越国人认为自己是蛟龙的后代，把龙文在身上，保佑自己不会溺水。彝族认为文身可免病去灾，保人长寿健康。以前傣族男子从七八岁开始文身，认为文身甚至可以让自己刀枪不入。

耻辱和印记

汉民族的文身始于周代，是政府推行的，文身师都是官方认证的。不过他们文的可不是什么吉祥物。没有人愿意接受他们的服务，"客户"全是抓来的。这种文身叫"墨刑"，也叫"黥（qíng）刑"，就是在犯人脸上刺字，给他们打上难以磨灭的记号。

■秦末农民战争中的诸侯英布，年轻时曾因小罪被黥面，所以人们叫他"黥布"。《水浒传》里武松、宋江、林冲、杨志等7位好汉脸上，都打着类似的印记。

五代时战乱不断，士兵大多是抓来的。为了防止他们逃跑，朝廷也在他们脸上做了标记。宋朝依然实行这种政策：新兵身体检查合格以后，先在脸上刺字，然后再发衣服、鞋以及军饷。

时尚潮流

唐代时，黥刑被废止，真正的"文身"才悄悄流行起来。时尚弄潮儿是长安城里一群爱打架斗狠的顽劣少年，他们经常袒露着身上的文身聚众闹事。当时的长安市长（京兆尹）是个狠角色，一下子抓了几十个文身少年，下令禁止文身。

有人自作聪明，在背后文上"天王菩萨"，以为官府不敢打他。还有更作的，文一副对联"生不怕京兆尹，死不畏阎

罗王",和市长大人叫板。结果都被收拾了。

除了小混混,一些文艺青年也爱文身,他们的文身诗情画意:有人喜欢王维,就在身上纹王维的诗;有人喜欢李白,就纹李白的诗。

■据记载,有位白居易的脑残粉,在身上文了30多首白居易的诗,而且一首诗配一幅画,被称为"白舍人行诗图"。

虽然官方抵制,可是文身之风屡禁不止。宋朝时候,民间甚至还出现了一些文身社团、文身选美比赛。

■《水浒传》里有不少文身爱好者:九纹龙史进身上刺了九条栩栩如生的龙;鲁智深之所以叫"花和尚",不是他作风"花",是因为他身上文着花卉图案;浪子燕青的一身格调高雅的文绣艺术,让当时著名的艺妓李师师都为之着迷。

刻字明志

那么文身到底是好还是坏呢?是恶趣味还是雅事?关键是看什么人用它,以及用它来做什么。

历史上就有人赋予它满满的正能量,比如精忠报国的民族英雄岳飞。岳母刺字的故事千古流传,让人敬重景仰。

■其实,北宋初年的名将呼延赞做得更早,更绝。不但自己浑身上下刺满了"赤心杀贼"字样,还命令老婆、孩子也都照样来一套。呼延赞这么文也这么做——他时刻铭记着自己的誓言,真正做到了表里如一。

古人出门必备神器
——古代的钱包、香水

在中国古代,有种神秘的小物件儿,常被悬挂在腰间,小巧玲珑,实用又好看。不管是粗粗拉拉的汉子,还是娇滴滴的姑娘,不管是达官显贵,还是贩夫走卒,没有人不喜欢它,没有人离得开它。它就是古人的钱包——荷包。荷包还有一个孪生姐妹叫香囊,是中国古代特有的"香水",一缕幽香依依袅袅,飘荡了几千年。

荷包

荷包是古人随身携带,装零钱、零碎物品的小口袋。据说它诞生在先秦时期,早先叫"荷囊",需要手拿或肩背,不怎么方便。后来人们不断地调整荷包的形状和大小,为它们找到了更适合的位置——垂挂在腰带上,这样不仅解放了人们的双手,还更好看了。

> 我国现存最早的实物囊,出土于新疆地区,用皮革缝制,年代大约在春秋战国时期。

这么美丽又善解人意的物品,谁能不爱?就这样,荷包成了人们的日常"装备"。唐宋时期,它们还有了"公职"——负责管理官员的"身份信息"。

> 唐宋时期,政府给官员们配备了鱼形或龟形的小荷包,叫"鱼袋""龟袋"——用来存放他们的"身份证",表明官位、品级。

荷包造型别致,有葫芦形、如意形、石榴形……不但装饰着各种吉祥的图案,还有漂亮的绳结、流苏甚至宝石、珠玉加持,精美绝伦。每一个荷包上都凝结着古代女子的巧思和美好情愫。

🍃 身穿胡服，腰佩圆形的大荷包，曾一度是大唐女孩子们竞相追逐的流行时尚。

荷包是传情达意的"小使者"，经常会被当作礼物馈赠亲友。当然，年轻人互相表白爱慕之情也少不了它的神助攻。

🍃 《红楼梦》里经常提到荷包：黛玉给宝玉做的荷包，宝玉总是贴身藏着。有一次，黛玉误以为他送了人，发了好大一通脾气。另外，宝玉生日，凤姐儿送了他一个装着金寿星的宫制四面和合荷包。

荷包，有时还是一种约定和承诺，能传递出特别的信息。

🍃 乾隆年间，朝中有位叫兆惠的大臣因病去世。家里人又悲伤又迷茫，不知道以后孤儿寡母该怎么办。这时候，乾隆来了，在供桌上放了一个荷包。看到这个荷包，他们不迷茫了。这是为什么呢？因为按照满洲习俗，荷包是嫁女求亲的意思。乾隆等于是在向死去的兆惠承诺，他还是会恩待他们家，会把自己的女儿嫁给兆惠的儿子。

香囊

香囊也叫容臭、香袋、花囊，就是装香料的荷包，只不过后来另立门户，分家单过了。

香囊一般用绸缎、布料制作。

> 汉代马王堆汉墓出土的香囊就是丝绸做的。

后来，也出现过金银、玉、象牙、竹木等材料做成的香囊。

唐朝有一种金银镂空香囊，圆球状，构造奇巧，一问世就得到了王孙、贵妇们的追捧。这种香囊不但能随身佩戴，还可以挂在马车里——满车飘香，连卷起的尘土都是香的。

> 传说，杨贵妃在马嵬坡被绞杀后，随地掩埋了。平叛后，李隆基命人找回移葬。办事的官员发现贵妃的遗体烂得只剩一把骨头了，而戴在胸前的香囊却完好如初，就拿了回去。李隆基睹物思人，不禁老泪纵横。贵妃戴的香囊，就是那种金银镂空香球。

香囊里装的是一些气味芬芳、让人愉悦的香草和中药，比如丁香、佩兰、川芎、香附、薄荷、辛夷、艾叶等。端午节送给小孩的香囊里，还会添加朱砂和雄黄，寓意避邪驱瘟。后来，各种西域香料传入我国，一些富贵人家开始用进口香料。

> 《晋书》里，西晋大臣贾充的小女儿爱上了老爹的秘书，用御赐的西域香料做了个香囊相赠。不料，秘书身上的香味出卖了他。大概小伙儿挺优秀的，贾充并没有责怪他们，还成全了这段姻缘。就这样，小小香囊做了他们的大媒人。

香囊一般比荷包更小巧，也更精美。上面会装饰什么图案呢？

送给心上人的会绣上并蒂莲、鸳鸯，表示情意绵绵；送老人、长辈的会用松柏、仙鹤等图案，寓意健康长寿；给小孩戴的会绣小老虎、小狮子等，保佑孩子健康活泼、生龙活虎……

香草能传情，丝线会说话，总之小小香包里装的都是美好的祝福。

他们这样穿
——有趣的民族服装

"五十六个民族五十六朵花",我们国家是个多民族大家庭。每个民族都有独树一帜的服饰文化——或精美细腻,或端庄大气,异彩纷呈,各具特色。

藏族服装

生活在青藏高原的藏族同胞,喜欢穿一种肥肥大大的外袍,而且通常只穿一只袖子,衣领斜斜地横在胸前,露出一个肩膀。是不是看上去有点不修边幅?他们为什么不好好穿衣服?是为了彰显个性,耍帅吗?当然不是。这是他们祖传的穿搭小妙招。

青藏高原气候特殊,昼夜温差大,经常会遇到"一山有四季,十里不同天"的情况。一会儿骄阳似火,一会儿寒风刺骨。气温像过山车一样起伏不定。所以,一件宽大、厚实

的藏袍对外出游牧的藏民来说，是必不可少的。肥大的袖子易于穿脱——热了拽下来，冷了拉上去，方便实用，是他们行走天下的"护体金光罩"。

藏族女孩的袍子外面，通常还会佩戴一种五彩横纹的长围裙。窄窄长长，像一片彩虹衬得她们婀娜多姿，美丽又娴静。这种围裙叫"邦典"。据说女孩年满15岁，才可以佩戴，是女孩子长大成人的标志。

■相传，文成公主嫁给藏王松赞干布后，有一次路过一个叫杰德秀的地方，看见当地妇女系的围裙十分简陋，就留下来教她们织彩色的布。谁知，一不小心织出了一块"彩虹"。大家都喜欢得不得了。从那以后，这片彩虹就成了藏族妇女身上一道亮丽的风景线。

蒙古族服装

蒙古族也穿长袍。比起藏袍，蒙古袍颜色更亮丽，也更注重细节。蒙古袍多用鲜艳的绸缎做成，还会装饰上精美的刺绣镶边。尤其是女孩子的袍服——华丽丽的色彩、配饰，挺拔修长的腰身设计，不但衬得她们娇美如花，还透出一股英姿飒爽的帅气和洒脱。

另外，蒙古族服装还有很多时尚单品，比如赛马服、摔跤服……因为通常都在节日或重大活动时穿着，这些衣服在注重实用的同时装饰性更

强，几乎件件都是精美的艺术品。

■穿蒙古袍对蒙古族人来说，是一件很正经、很严肃的事情。穿袍子，必须配靴子，戴帽子。尤其是参加集体活动时，必须穿得整整齐齐，一个也不能少。不能随便挽袖子，不能袒胸露颈，袍子的下摆不能从锅碗瓢盆上扫过。叠放时也有讲究，袍子前襟一定要朝上。领子冲西北，不能对着门。看来热情爽朗的蒙古族也很守规矩，规矩和豪爽一点也不矛盾。

■苗族的手工刺绣从娃娃抓起，自古就有"姑娘忙绣"的习俗。女孩们长到八九岁，就开始利用空闲时间学着为自己绣嫁衣，另外还要做一些小孩的鞋帽、衣物，出嫁的时候要一起带到婆家。

苗族服装

苗族男装比较朴素，就是对襟的褂子、普通的裤子，颜色、装饰都不复杂。女装却十分豪华，姑娘媳妇们盛装出行，能亮瞎你的眼。让人印象最深刻的是她们那些蔚为壮观的精美银饰。不但头上、脖子上、胸前戴得满满当当，甚至连背后也要安排上。让人忍不住惊叹：太豪横了吧！

其实姑娘们的财富，都是父母一点一点攒出来的。每个女孩从出生起，家里开始给她们攒家底：今天打个银环，明天打朵银花，充分诠释了什么叫"聚沙成塔""集腋成裘"。另外，她们衣裙上那些刺绣、织锦，也是一笔隐形财富。她们祖传的手艺是工艺美术界的珍宝，在国际上都享有盛誉。

彝族服装

彝族服饰变化多姿，有近百种样式。色彩也比较丰富，但总体来说他们崇尚黑色，黑色是主色调。

男子头上用黑色或深蓝色的布缠裹起来，留一个尖尖的长"犄角"，左耳垂上挂着蜜蜡珠串的耳坠，有的耳坠底下还飘着美丽的流苏，十分醒目。

女孩子头顶上戴一种黑色调的大瓦片似的帕

子。妈妈们会戴一种造型有些夸张的大帽子。她们还喜欢披一种叫擦尔瓦的羊毛披衫。

彝族男子穿长裤，女子穿绣着精美图案的百褶裙。他们还有一个特点，男女老少都喜欢在小腿上裹绑腿。

白族服装

白族主要分布在云南大理地区。他们和彝族恰恰相反，觉得白色才是最神圣、最高贵的颜色。白族的男女老少都爱穿白衬衣。女孩会在白上衣外面，穿上红色或其他颜色的坎肩。她们不穿裙子，穿浅蓝色或白色筒裤，系一条绣着花边的小围裙，显得又清爽又好看。

■彝族人经常举行"服装大赛"。每逢婚丧嫁娶、赶集、集会，都要比一比穿戴。每年农历六月二十四的火把节，更是赛装的盛会。到时候，各村各寨的男女老幼都会穿戴整齐，盛装出席，看看谁的帽子好看，哪个姑娘的绣工精美。其实大家根本不在意什么比赛结果，就是聚在一起热闹热闹，开开眼界。所以，火把节也被人称作"眼睛的节日"。年轻的彝族男女还可以借机寻找自己的梦中情人。

■白族女孩的头饰非常特别，有个浪漫唯美的名字叫"风花雪月"，据说代表着她们家乡的美好风光。艳丽的花头帕是"上关花"——大理是花的王国；垂在一旁的白色流苏是"下关风"——让大理四季如春的徐徐清风；顶端洁白的绒毛是"苍山雪"——玉龙雪山上终年不化的皑皑白雪；弯弯的造型是"洱海月"——投影在洱海波心里的一弯明月，让大理钟灵毓秀，美若仙境。生活在这里的白族女孩自然更是清新秀丽，顾盼生辉。

花样主食
——风靡至今的小吃

我们的祖国地大物博，各地的饮食习惯各有不同。北方盛产小麦，面食是餐桌上的主力军。南方种植稻谷，稻米是他们的当家口粮。

小麦能够变身成包子、饺子、花卷、面条……稻米可以进阶为米线、汤圆、年糕、青团……花样多得数都数不过来。我们的祖先脑洞到底有多大，才能创造出这么多独具特色的花样主食？这些美食的背后又有着怎样的故事和传奇呢？

馒头 | 包子

馒头也叫"馍""馍馍""饽饽"，《水浒传》里武大郎卖的"炊饼"也是它。馒头是用面粉发酵、蒸制而成的，白白胖胖，蓬松暄软，在北方大部分地区一直很受欢迎。

馒头里面包上馅儿，就是包子。包子最早的时候也叫"馒头"，不过是用来作为供品的。上海人管包子也叫"馒头"，还区分出了肉馒头、菜馒头、生煎馒头、小笼馒头……

据说馒头（包子）是大名鼎鼎的诸葛丞相发

明的。那年，诸葛亮讨伐孟获时来到泸水边。根据当地习俗，大军渡江前必须要用七七四十九颗人头祭祀河神，才能保证风平浪静。诸葛亮不忍心，觉得太不人道了，就让人用白面裹着肉蒸了些假人头喊它们"蛮头"，来糊弄河神大人。没想到河神居然上当了，大军顺利过了江。后来有人发现，"蛮头"很好吃，这种食物就慢慢流传下来，还花开两支——带馅的发展成了包子，不带馅的演变成了馒头。

据《宋史》记载，南宋时期大奸臣秦桧迫害民族英雄岳飞，老百姓对他恨之入骨，就通过炸制长条形的"面食小人"来表达愤怒。据说这就是油条的来历。

饺子

"好吃不如饺子。"饺子又叫"水饺"，深受国民喜爱，也是国际上知名度最高的中华美食之一。在我国北方地区更是有着广泛、深厚的群众基础，一顿饺子几乎可以承包所有节假日。

油条

油条也是一种红遍大江南北的面食。山西人叫它"麻叶"，安徽人叫它"油馍"，广州叫"油炸鬼"，东北、华北一些地区管它叫"馃（guǒ）子"。吃油条、喝豆浆是很多地方的传统早餐。

🍃 饺子是由医圣张仲景发明的。有一年天气寒冷,很多百姓的耳朵都冻烂了。张仲景看在眼里,急在心上。他冥思苦想,研制出了一款"祛寒娇耳汤"。他把羊肉和花椒等驱寒草药一起煮熟,然后剁碎,用面皮包成耳朵的形状,再放回汤里煮,让病人热乎乎地吃下。人们吃完后浑身发热,两耳变暖。过段时间,耳朵上的冻疮竟然真的痊愈了。后来,"娇耳"逐渐被叫成"饺子"。每年冬至,人们都要吃饺子,来纪念这位张神医。

馄饨

跟饺子比起来,馄饨似乎有些小家碧玉的感觉,经常担任一些早餐、夜宵之类的小角色,上不了大台面。但它温婉可人,南北通吃,没有人不喜欢它。其实,馄饨是饺子的老前辈,饺子的创意就脱胎于馄饨。

🍃 馄饨的起源有好几个版本。有人说,它是道教为了纪念元始天尊开发出来的。因为元始天尊诞生于天地混沌未开之时,所以叫"馄饨"。也有人说,它表达了汉代北方边疆百姓对侵略者的憎恶。当时,匈奴部落中有两个凶狠残暴的首领浑氏和屯氏,经常骚扰附近的汉朝百姓。百姓对其恨之入骨,就把"他们"包成"馄饨"吃进肚里以解心头之恨。还有一种说法,馄饨是大美女西施发明的。一次,西施给吴王夫差做了道美味,吴王赞叹不已,忙问叫什么名字。西施是越国派到夫差身边的卧底,和夫差不是一条心,正在心里骂他是个无道昏君,浑浑噩噩,混沌不开,就随口应了声"混沌"。从此这种美食就叫"馄饨"了。

米线｜米粉

米线和米粉都是用大米做的，像一对姊妹花。其实它们籍贯不同，脾气、秉性也都不一样。熟悉它们的人还是能分辨出来。

米线是云南妹子，身材更纤细，口感更滑嫩。

米粉是一大群江南女子，性子更随和，绵中透着韧。江西米粉、桂林米粉、湖南长沙米粉、台湾新竹米粉、福建湖头米粉、四川绵阳米粉……都很有名气。

关于米粉的由来，传说有很多，总体上都和秦始皇有关。秦始皇统一六国后，对岭南地区发动了大规模的军事活动。由于秦军大部分是陕西人，从小吃面食，南方的米饭让他们水土不服，战斗力大受影响，秦始皇命令伙夫设法解决。这个伙夫是个机灵人，他把大米捣成粉末，搓成长条，试验了很多次，终于做出了一种"大米面条"。这就是中国历史上最早的米粉。

年糕

年糕姓年，所以和过年有关，是农历新年的节令食品。我国很多地区都有"吃年糕"的习俗，因为寓意着"年年高"。年糕有两种制作方法：一种是把糯米或大米煮成饭，用大木槌使劲捶打，打成糕；一种是用水磨成粉压制成型。后一种工艺复杂些，前一种比较费力气。

相传春秋时期，越国和吴国打架，越王勾践将吴国都城团团围住，城中断粮，饿死了不少人。这时有人突然想起被吴王逼死的大夫伍子胥。伍大夫说过："如果国家有难，百姓断粮，你们到城墙下挖地三尺，可得到粮食。"于是大家赶紧去挖城墙，挖了三尺多深，果然看到了许多糯米制成的城砖。原来伍子胥当年督造城墙时，早就做好了屯粮防饥的准备。人们用这些糯米制成一种食物，即后来所说的年糕，渡过了难关。从此以后，江南地区每逢过年，家家户户都做年糕、吃年糕汤来纪念一心为民的伍大夫。

让人垂涎三尺的风味鱼
——年年有鱼

鱼是一种很常见的食材，只要有水的地方就有鱼。海里有海鱼，河里有河鱼，江里有江鱼……我国海岸线长，江河湖泊众多，鱼类资源丰富。俗话说："无鱼不成席。"中国人爱吃鱼，也会吃鱼。除了香煎、干炸、清汆（cuān）、红烧等这些家常做法，很多地区都有独具特色的拿手鱼、招牌鱼。

五柳鱼

五柳鱼是一道四川名菜。做的时候需要先把鱼煮熟，再熬制些秘制汤汁浇在上面，味道鲜嫩甜爽，妙不可言。

 "不会做菜的诗人不是好厨子。"相传五柳鱼是大诗人杜甫发明创造的。老杜蜗居草堂时，日子过得十分清苦，整天和水煮菜叶子打交道，很少见个荤腥。一日，有朋自远方来，找他吟诗作对，畅谈人生，到了饭点人家也没有走的意思。正当杜甫犯愁，不知道拿什么招待朋友的时候，家人钓回来一条鱼。杜甫一看乐坏了，赶紧洗手下厨，亲自忙活起来。不一会儿，鱼上桌了，居然色香味俱全，得到朋友们的一致好评。大家建议给这款新口味的鱼取名"杜甫私房鱼"，低调的老杜赶紧推辞道："五柳先生（陶渊明）是我的偶像，鱼上覆盖着五颜六色的菜丝又很像柳叶，干脆就叫'五柳鱼'吧！"

东坡墨鱼

东坡墨鱼的此墨鱼非彼墨鱼,是岷(mín)江中一种皮色黝黑的鱼。相传苏东坡在龙弘山的一座寺庙内读书时,经常到凌云岩下的江边洗砚。江里的鱼吃了他的墨汁,久而久之鱼皮被染黑了,就成了有文化的东坡墨鱼。

苏东坡是美食达人,和他沾上边的东西都很好吃,东坡墨鱼自然也不例外,甜酸微辣,非常美味。

松鼠鳜鱼(guì) | 糖醋鲤鱼

松鼠鳜鱼和糖醋鲤鱼有着差不多的成长经历,都在油锅里打过滚,又裹了一身玉液琼浆,外酥里嫩,酸酸甜甜。它俩都是餐桌上最靓的仔,一个是江浙菜系的领衔主演,一个是鲁菜班子的大腕头牌。

> 传说从前在江苏一带,鳜鱼一直是敬神的祭品,人不能吃。一次,爱逛爱吃的乾隆皇帝路过苏州,看到湖中的鳜鱼,让人做来尝鲜。当地的厨师很为难,不给他吃要掉脑袋,给他吃又怕得罪神明,便急中生智想出一招:将鱼千刀万剐出很多花刀,油炸后就变成了松鼠的样子,再浇上糖醋汁,上桌时还会吱吱叫。这办法既骗过了神明,又能让皇上解馋。乾隆品尝后龙颜大悦,松鼠鳜鱼也就此出了名。

糖醋鲤鱼最早是洛口镇一家饭店的当家菜。洛口在黄河岸边,是通往京城的要道,每年有很多赶考的书生打这儿路过。这款鱼不但好吃,而且造型独特。盘中的鱼儿头尾高高翘起,有跨越龙门之势,所以迅速走红。后来因实力太强,直接升级成了鲁菜的台柱子。

西湖醋鱼

西湖醋鱼也是甜酸口味。和其他糖醋鱼的区别,主要是用草鱼来做,而且不需要油炸。

清蒸鲈鱼

清蒸鲈鱼就是把鲈鱼放在锅里蒸熟，再配上咸鲜的料汁。这种做法能完美呈现出鱼本身的鲜美，据说是广东的传统名菜。其实，有鲈鱼出没的地方，人们都喜欢这样吃。

> 西晋时有个叫张翰的人，在洛阳当官。他老家在江苏松江，松江盛产鲈鱼。张翰太想念家乡的这道美味了，思来想去竟然辞官回乡，留下一个"莼鲈之思"的典故。

剁椒鱼头

剁椒鱼头是一道湖南名菜，是用鳙鱼头和剁椒为主料烹制的。火红的剁椒，盖着大大的鱼头，鲜辣咸香，十分美味。

> 相传雍正年间，反清文人黄宗宪犯了事外出避难。他路过湖南一个小村子，在一贫苦农家借住。男主人捕回一条胖头鱼，女主人用鱼肉煮了汤。鱼头舍不得扔，就放上剁碎的辣椒蒸来吃，没想到味道出奇的鲜美。黄宗宪回家后吃什么也不香了，总想起那盘鱼头，就让家厨依法炮制。就这样，剁椒鱼头正式出道，很快声名鹊起，成了湘菜的代表。

> 从前西湖边住着一位美貌少妇，被恶霸看上了。恶霸设计害死了她的丈夫，想强占她。女子誓死不从，和小叔子去官府告状。官府被恶霸收买，把他们乱棒打出。他们担心被恶霸报复，打算避难他乡。临行前，嫂子给小叔子做了一条鱼，又酸又甜，味道很特别。几年后，小叔子衣锦还乡报了大仇，却怎么也找不到嫂嫂。后来在一家饭店吃到这种鱼，尝出是嫂嫂的手艺，终于叔嫂相认，皆大欢喜。西湖醋鱼也因此名满江湖。

酱汁四鼻鲤

酱汁四鼻鲤是微山湖特产，传说这道菜也和乾隆皇帝有关。

臭鳜鱼

臭鳜鱼闻起来臭，吃起来很香，是黄山传统名菜，徽州人的心头爱。

据说很久以前，徽州有个知府特别爱吃鱼，尤其是鲜鳜鱼。有个叫王小二的衙役，想讨好他，顺便捞点外快，就兼职干起了贩鱼的行当。一次，鱼在途中臭了，眼看要赔个底朝天。情急之下，王小二叫挑夫将鱼处理干净，抹上厚厚的盐，然后用重油重料红烧。没想到，做出来的鱼又臭又香，特别好吃。就这样，臭鳜鱼横空出世，一炮而红。

乾隆下江南时路过微山湖，看见水里的鱼儿欢蹦乱跳，馋虫上来了，非要御厨抓几条尝尝。很快，鱼被抓上来了。渔民告诉他，这鱼是当地特产"四鼻鲤"，四个鼻孔象征四海升平。乾隆一听乐坏了，重赏了这位渔民，还让御厨向他请教怎么做好吃。"酱汁四鼻鲤"上桌后，乾隆一尝，觉得鲜美异常，便下令让微山县每年都要给他进贡。"四鼻鲤"从此名扬天下。

酒糟鱼

酒香四溢、开胃下饭的酒糟鱼是江西特产。每年秋冬季节，那边的主妇们都会用自酿的酒糟，腌上一大坛鲜鱼。据说朱元璋在江西康山养伤时，一下子就迷上了这种美味，百吃不厌。

酸汤鱼

酸汤鱼其貌不扬，却是黔系菜肴里响当当的角儿。西南地区爱吃酸，他们喜欢把鱼放在自制的酸汤里煮。酸味去腥提鲜，做出来的鱼酸爽开胃，幽香沁人，独具风味。

为什么古代的酒不醉人？
——说不尽的酒文化

不知道你有没有发现，古人好像都很能喝酒。武松连干十八碗照样横穿景阳冈，手撕百兽之王。绿林好汉们一言不合就拎起酒坛子，"咕咚咕咚"往下咽。先贤大圣、文人墨客们也毫不逊色："尧舜千钟，孔子百觚"；李白"一日须倾三百杯"；陆游"豪饮千场不怍人"……为什么古人的酒量那么大？难道真的是天赋异禀？

其实古代的酒和现在的酒不太一样，非常温和，往往是酒不醉人人自醉。直到元代，随着蒸馏、烧酒技术的推广，才有了暴脾气的高度白酒。

酒是怎么被发明出来的？

"酒是粮食精，越喝越年轻。"我国古代的酒基本都是用粮食酿的，那么谁是酿酒的祖师爷？酒又是怎么被发明出来的？江湖上有多种传言。流传最广的是"杜康说"。

有人说杜康是黄帝的手下，也有人说他是大禹的后代。总而言之，有一年粮食大丰收，杜康把一些高粱米放进干燥的树洞保存。后来机缘巧合，这些米在树洞里自行发酵，变成了美酒琼浆，把周围的野猪、兔子等一众动物都醉倒了。杜康一尝挺好喝，就潜心研究，终于找到了制作这种琼浆的方法。于是杜康就成了酿酒的开山鼻祖，他的名字也成了酒的代名词。"何以解忧？唯有杜康。"听上去确实比"唯有酒"有文化多了。

黄酒 | 甜米酒

黄酒就是杜康发明的那种酒。它是正宗嫡传的中国酒，和啤酒、葡萄酒并称"世界三大古酒"。元代以前，黄酒一直是中华酒坛大当家，弟子遍布大江南北。什么绍兴花雕、女儿红、九江封缸酒、兰陵美酒……都是它的门下。

■古时候浙江绍兴一带有个风俗：家里生了女儿，都要酿几坛好酒，埋在桂花树下，或藏在地窖里。等女儿长到18岁要出嫁的时候挖出来，招待亲朋。这酒就是"女儿红"。

甜米酒也叫"酒酿""醪（láo）糟"。和黄酒一样，也是用蒸熟的米酿制的，但它的做法更简单，发酵时间也更短。甜米酒酒精含量非常低，清甜可口，老人、小孩都能喝。

受工艺、技术限制，这些酒只经过简单的过滤，看上去很浑浊。所以古人喜欢用"浊酒"称呼它们——"一壶浊酒喜相逢""浊酒一杯家万里"……

果酒

以前人们普遍认为，中国果酒的酿造始于西汉，始于西域葡萄酒的引进。其实果酒由来已久，它们只是比较低调，非主流而已。

近些年，考古学家在河南贾湖遗址中发现了距今9 000多年的酒类残留物。据研究，那里面含有山楂和蜂蜜，是一种果酒。这一发现刷新了我们的认知，或许它才是酿酒界的老祖宗。

不过，西域葡萄酒的出现确实带动了果酒的发展。传说杨贵妃钟情石榴酒，唐玄宗责成专人为其酿造石榴美酒。元朝成吉思汗曾下禁酒令，不准造酒、喝酒，但果酒还是可以喝的。

手脚等处。不过，现代科学研究表明，虽然雄黄可以解毒、杀虫，但它本身也有很强的毒性，所以只能外用，不能随便去喝。

除了屠苏酒和雄黄酒，古人们还喜欢在中秋节喝桂花酒，在重阳节饮菊花酒，又风雅又有趣，让节日充满了浪漫、美好的仪式感。

■据说东汉时，凉州的葡萄酒非常抢手。有个叫孟佗的人很想当官，为了拉关系走后门，把家底都花光了，也没能如愿。有一次，他弄到了一斛（hú）葡萄酒，送给皇帝的大红人张让太监。张让一高兴，马上赏了孟佗一个凉州刺史的官。

■相传在上古时期，吴刚得罪了炎帝，被罚到月宫砍桂树。桂树每年都长出芳香的桂花，吴刚心想，桂花在月宫里太浪费了，不如造福人间。他化身老乞丐在路上假装昏迷，两项山下善良的酿酒娘子为了救他，割破手指，用血为他解渴。吴刚为了感谢她，把月宫的桂花送给她，酿酒娘子用这些桂花酿出了天下闻名的桂花酒。

仪式感满满的特种酒

屠苏酒也叫"岁酒"，是古人过年时喝的酒，从唐代开始成了一项很重要的年俗。据说屠苏酒是医圣张仲景发明的，药王孙思邈把它推广了出去。有祛风散寒、避除疫疠的作用，换句话说就是能预防疾病，提高免疫力。

雄黄酒是用雄黄泡制的药酒，端午节必备，据说可以辟邪防疫。除了饮用，人们还会把它涂抹在小孩的额头、耳鼻、

舌尖上的精灵
——盐、醋、糖

盐、醋和糖是在我们舌尖上跳舞的魔法小精灵。它们让我们尝到了各种美妙的滋味，让食物变得口感丰富。不敢想象没有它们，我们的一日三餐会是多么的寡淡无味。

盐

早在原始社会，人们就开始用海水煮盐了。

> 很久很久以前，山东半岛一带原始部落里，部落首领名叫夙沙。这天早上，夙沙肚子饿了。他在沙滩上架起篝火，烧着一罐海水，准备抓几条鱼煮来吃。突然，他发现不远处有头大野猪跑过，拔腿就去追。等他归来时，罐里的水已经熬干，底下出现了一层白白的细末。他用手指蘸了一点放到嘴里一尝，味道又咸又鲜。夙沙用烤熟的野猪肉蘸着它吃，味道好极了。那白白的细末，就是从海水中熬出来的盐。

古时候制盐技术落后，产量低，盐很金贵。商周时，它是地方进献王室的贡品，只有达官贵人才能享用。同时，盐的储备也是国家硬实力的体现。

春秋时期，齐国因宰相管

仲大力发展盐业，坐上了江湖老大的地位。吴国也因地处东海，擅长煮盐变得富强起来。

> "玉盘杨梅为君设，吴盐如花皎白雪。持盐把酒但饮之……"直到唐代，盐仍很金贵。大诗人李白都觉得，拿盐当下酒菜是件很奢侈的事。

在古代西方，盐也是非常珍贵的，甚至一度扮演过货币的角色。

> 横扫欧亚大陆的古罗马军队，其中每名士兵都随身携带着一个皮制口袋，里面装的非金非银，而是罗马帝国配发的特殊军饷——食盐。在9—11世纪的罗斯，即使在大公举行的宴会上，也只有贵宾席才有盐。

后来，人们发现煮盐太浪费人力、物力，不如把这项工作交给太阳公公和风婆婆。人们把海水存进池子里，让日光一点点晒干，直接就能得到盐。从此，盐走下神坛，由奢侈品变成了最平常的生活用品。

除了用提炼海水的方式得到食盐，我国还有丰富的井盐、矿盐、湖盐资源。不过比起海盐，它们还是偏小众，全部加起来也只占我国原盐产量的百分之二十左右。

> 青海、内蒙古、新疆、西藏、甘肃、宁夏和陕西等地区不靠海，但那里有很多咸水湖，湖水里也能产生盐。在四川和云南，人们发现地底下藏着咸咸的卤水。凿井取出，就能炼成白花花的盐。陕西一些地区的岩洞里出产食盐。那些盐看上去很像红土块儿，刮下来直接就能食用。

醋

醋也是我们每天都离不开的调味品。据说醋是酒圣杜康的儿子黑塔不小心发明出来的。

> 黑塔养了一匹马，经常用父亲酿酒剩下的酒糟兑上水喂马。一天，他梦见一位白发老翁指着盛酒糟的大缸对他说："黑塔，你酿的调味琼浆，已经21天了，今日酉时就可以品尝了。"黑塔醒来后，觉得十分奇怪：这大缸中装的是兑了水的酒糟，怎么会是调味琼浆呢？黑塔正口渴，就舀了一碗尝尝。谁知喝到口中，满嘴生津，神清气爽。黑塔把这件事告诉了父亲。杜康也觉得神奇，赶紧去查看，发现大缸里的水黝黑、透明，香酸微甜。杜康又细问了黑塔一遍，自言自语道："二十一日酉时，这加起来就是个'醋'字嘛！"后来，他们又试着酿制了一些，分给左邻右舍品尝，大家都觉得味道好极了。

365

糖

人工制糖在我国至少有3 000多年的历史了。那时候的糖叫"饴（yí）糖"，也就是麦芽糖，是用麦芽和谷物制成的。《诗经》有"周原膴膴，堇荼如饴"的诗句，说明西周时期我们的祖先就有糖吃了。

> 人们在麦粒上洒水，让它们生出麦芽，再把麦芽切碎后，和蒸熟的谷物搅拌在一起发酵，最后挤出汤汁，熬干水分就得到了甜甜的饴糖。饴糖是一种非常黏稠的糖膏物，甜度只有蔗糖的三分之一，营养丰富，具有健胃消食等功效，是老少皆宜的食品。吹糖人儿的师傅用的就是饴糖。

我们现在吃的大部分糖是蔗糖，历史也很悠久。早在汉代，人们就把甘蔗汁放在太阳底下晒，得到一种浓稠的甜汁叫"甘蔗饧（xíng）"。甘蔗饧继续浓缩，会出现沙子一样的结晶，人们叫它"沙饴石蜜"，这就是蔗糖的雏形。

到了唐代，我国的蔗糖生产已经很有规模了。那时候，印度的蔗糖工艺比较先进，唐太宗派人前去学习。有意思的是，匠人们学成回国后不断改进技艺，很快就青出于蓝而胜于蓝了。印度又派人来我国参观学习。

> 东坡居士是一位重度甜食爱好者。他研制的很多菜品（像东坡肉、东坡鱼、东坡肘子等）里都放了糖。而且据陆游爆料，他吃豆腐、面筋这些东西也都要蘸糖，似乎一顿饭没有糖都不行。也许生活的磨难太多，大学士全靠这点甜蜜来续命了。

不过，糖虽美味，吃多了容易造成龋齿，甚至引发糖尿病，对我们的身体健康很不利，平时咱们还是少吃为妙。

一盏茶里的故事
——文人最爱的茶

茶叶原产于我国，我们的饮茶文化源远流长，已经有几千年的历史了。即使到了今天，人们依然很喜欢喝茶，茶依然稳居"世界三大饮料"榜单。在人们心目中，喝茶是一种健康而美好的生活方式。

不过，古人喝茶的方式跟我们现在的喝法很不一样。你知道他们是怎么玩的吗？

然后再用特制的小火炉、小茶锅慢慢煮，还要根据自己的口味放上盐、葱、姜、枣、胡椒粉等调料……

现在看来，这不像茶，倒像汤！所以，古人管茶叫"茶汤"，管喝茶叫"吃茶"。另外，他们煎茶用的水、工具和火候都很讲究。懂茶的人，端起茶杯一闻，就能分辨出其中的差别。

> 据说，茶圣陆羽从小被一个叫积公的和尚收养。积公能品出茶的好坏，还能品出是什么人煎的。唐代宗不相信，让一个技术高超的宫廷茶艺师煎了杯茶给他喝。没想到，积公刚接过来就嫌弃地放下了。于是代宗让人找来陆羽，命他煎茶。陆羽煎的茶果然清香扑鼻。代宗叫人送一碗给积公，积公一饮而尽，开心地说："我徒弟来了，他在哪儿？"代宗这才服气。

煎茶

古人认为喝茶是一件很高雅的事，得不急不躁，耐下性子慢慢来。

唐朝人制作茶饮的过程叫"煎茶"。先把茶饼在火上烤，烤得差不多了，要晾凉后碾碎，

点茶 | 斗茶

宋代人更会玩，发明了一种"点茶"游戏。就是把茶饼磨成细细的粉末，先调成糊状，再加沸水冲调，一边冲一边用一种竹子做的小刷子抹茶沫。据说，日本的"抹茶"就是根据宋代的点茶发展来的。

一些文人雅士还喜欢蘸着清水在茶汤表面画画，叫"茶百戏"，也叫"水丹青"，跟现在的咖啡拉花有些类似。

没事的时候，大家还会聚在一起"斗茶"。可以两人对决，也可以多人混战，三局两胜制，比比谁更技高一筹。

宋徽宗很喜欢点茶，还专门写了一部《大观茶论》，讲述北宋时期制茶、饮茶、斗茶的事情。

> 有一回，苏东坡、司马光等人斗茶。当时流行的规则是，茶汤的颜色越白越好。结果苏东坡胜出，只见他眉飞色舞，很是得意。司马光想逗逗他，就笑着问："茶越白越好，墨越黑越好。这两样东西截然相反，你怎么能同时喜欢它们呢？"苏东坡真是个小机灵，轻飘飘地就把球又踢了回去："好茶好墨都香，难道你不这么认为吗？"司马光问得有趣，苏东坡答得巧妙，大家都拍手称赞。

下午茶

1662年，葡萄牙凯瑟琳公主嫁给英皇查理二世时，嫁妆里带了几箱中国红茶。从此，英国的王公贵族们就迷上了这来自东方的神秘饮料，喝红茶很快成为皇室生活不可缺少的一部分。他们觉得一边喝红茶，一边吃点心，再聊聊八卦，简直是人生最大的享受。

"下午茶"成了英国上流社会非常重要的社交形式。在这么华丽丽的舞台上，担纲主角的正是咱们中国的红茶。它被放在中国瓷器或银制茶具里，摆放在铺有纯白蕾丝花边桌巾的茶桌上。精致的小点心给它打杂、跑龙套，美丽的鲜花簇拥着它，俊男美女为它陶醉痴迷……

慢慢地，下午茶传入民间，传遍了欧洲，甚至传遍了整个世界。中国红茶也随之名扬天下。

古人也爱"喜涮涮"
——火锅

火锅是中国老百姓喜闻乐见的传统美食。不用煎炒烹炸，也无须多么精湛的厨艺，几碟肉片、菜蔬，一煮一涮就能让人大饱口福。而且荤的、素的，地上跑的、水里游的，来者不拒，什么都能涮。所以火锅老少咸宜，南北通吃，"人缘"极好。

■火锅的由来众说纷纭，有人说它们该找三国时期的"铜鼎"认祖归宗。有人说东汉的"斗"才是它们的始祖。而北京延庆山戎文化遗址发现的春秋青铜小锅，浙江等地出土的五千多岁的陶釜、小陶灶……似乎又把它们的源头指向了更久远的年代。

火锅会变通，适应性强，走到哪里都能和当地的食材、饮食习惯完美契合，落地生根，开花结果。据不完全统计，全国各地颇有名气的风味火锅就有30多种。

老北京涮羊肉

北京人管吃火锅叫"涮羊肉"。老北京涮羊肉非常讲究，锅一定要用那种传统的炭火铜锅，肉是羊身上最鲜嫩、肥美的部位。夹一片薄薄的羊肉片在热气腾腾的清汤里涮一涮，蘸上用麻酱、腐乳、韭花等十几种原料精心调配的蘸料，往嘴巴里一送——那叫一个鲜香绝美，简直好吃到没朋友。

■据说元世祖忽必烈特别喜欢吃羊肉。一次部队即将开拔之际，他的馋虫突然上来了，就想吃羊肉。现煮肯定来不及了，聪明的厨师急中生智把羊肉切成薄片，放入锅中烫熟，拌上调料给他吃。忽必烈一尝："天呐！怎么可以这么好吃！"马上赐名"涮羊肉"。后来忽必烈当上了皇帝，依然对这道菜念念不忘。

四川火锅 | 重庆火锅

四川火锅和重庆火锅武功路数差不多，都以麻辣见长。四川火锅讲究麻、辣、鲜、香，味道更多样化。重庆火锅又称"毛肚火锅"或"麻辣火锅"，麻得更爽快，辣得更彻底。一层亮闪闪的红油，让它看上去霸气侧漏。重庆火锅的确也很能打，近些年已经成长为火锅界的顶尖高手。

■毛肚火锅起源于清末民初，那时候重庆川江生活着一群苦力纤夫，他们从事着极其繁重的劳动，拿着微薄的收入，人称"巴奴"。为了填饱肚子有力气干活，他们经常去屠宰场捡些人家不要的牛肚、牛内脏，在江边野炊。放上花椒、辣椒，扔上些菜叶子，咕嘟嘟煮一大锅，又饱肚又过瘾。后来，有聪明的小贩从中看到了商机，他们用担子挑起炉灶，试着煮这种牛内脏，在码头附近出售，因为好吃又便宜受到了劳苦大众的喜爱。人们管这种食物叫"水八块"。后来"水八块"靠实力出圈，慢慢升级成了红遍大江南北的重庆火锅。

湖南腊味火锅

湖南腊味火锅姓腊，腊鸡、腊肉、腊鱼、腊鸭……腊氏家族是当地火锅食材界的扛把子，腊香浓郁，风味独特。火锅一上桌，人们会先放上腊排骨、腊猪手等不易煮熟的腊味，耐心等待一会儿，等清汤逐渐变成乳白色，再放入其他腊味煮涮。当然，腊味火锅也会搭配一些青菜、白萝卜，既热闹好看，又能均衡营养，解油去腻。

滇味火锅

云南滇味火锅是新鲜蔬菜和各种蘑菇的舞台，当然少不了"老戏骨"云南火腿的加持，牛肉、猪肉、鱼肉……各种肉片也会来友情客串，还有辣椒、麻油这些小配角，看着不起眼却能串联起整台戏，让滇味火锅的每场演出都活色生香，精彩纷呈。

菊花火锅

菊花火锅是慈禧太后的最爱。这个亘古八荒最会享受的女人，把它列入了冬令进补的御膳名单。秋末冬初的时候，每天都会让人采摘新鲜的白菊花，清洗干净，搭配上一些山珍海味给她涮来吃。加了菊花的火锅，芬芳扑鼻，别有一番风味。

■其实早在晋代，"采菊东篱下"的陶渊明就已经这么吃了。一次吃火锅的时候他突发奇想：撒把菊花瓣在汤里会是什么味道？在好奇心的驱使下，陶大隐士马上掐了一朵菊花试验。得出的结论是——味道鲜美，齿颊留香。从那以后，每年秋天，陶渊明都会请好朋友们到家里吃菊花火锅。

东北酸菜白肉火锅

酸菜白肉火锅是标准的北方火锅。肥腻腻的大肉片子、大白菜腌制的酸菜，怎么看怎么像粗粗拉拉的农家饭。其实你被它们的外表欺骗了，人家细腻着呢。奶白的锅底是慢火细熬出来的浓香骨汤，酸菜、白肉一相逢，便胜却人间无数，会产生奇妙的化学反应。白肉的生猛消失不见了，酸菜也温柔了很多，剩下的只有让人满口生津的酸香鲜美。吃上一次，你就会爱上它，忍不住惊叹：这酸菜白肉火锅绝对是火锅界的"扫地僧"！

中华美食大PK
——八大菜系

中国的饮食文化博大精深，源远流长。每个地区都有自己独特的口味和风格。总结起来可分为鲁、川、粤、闽、苏、浙、湘、徽八个门派，人称"八大菜系"。

鲁菜

鲁菜起源于山东，历史悠久，早在春秋时期就已经崭露头角。加之有孔夫子等大儒做思想、艺术指导，一起步就走得又稳又正。另外，齐鲁大地物产丰富，什么山珍海味都不缺，雄厚的家底也为鲁菜大展拳脚提供了强有力的支持。

鲁菜的技法十分丰富。煎、炒、烹、炸、炝、爆、卤、炖……

光常用的就有 30 多种。糖醋黄河鲤鱼、九转大肠、汤爆双脆、一品豆腐……能打出 1 800 多套又厉害又好看的组合拳。

> 🍃 鲁菜有很多绝技。绸缎上切肉、气球上切菜……切片可薄如蝉翼，能透出报纸上的字。切丝能细如发丝，可穿针引线。鲁菜名厨能徒手把一只海参拉成只有 0.003 毫米的薄片。翻勺技术更是变化多端，出神入化，能将锅翻个底朝天，里面的菜、汁都不会洒落一滴。春秋时，齐国宰相管仲曾建议在鸡蛋上刻花，这可能是世界食品雕刻史的源头。

鲁菜统领江湖 2 500 多年，明、清两代更是被打上了国字号印记，成了宫廷菜的领衔主演。据统计，中国顶级的皇家菜"满汉全席"中一大半都是鲁菜。

今天，享誉中外的全聚德烤鸭是鲁菜，风靡大江南北的拔丝地瓜是鲁菜，上班族常点的外卖——黄焖鸡也是鲁菜。据说，用葱姜蒜爆锅就是鲁菜

手法。鲁菜就像润物细无声的春雨，虽然你感觉不到它的存在，但它一直都在你身边。

粤菜

粤菜口味以鲜香为主。选料精细，清而不淡，自带一股贵气。别的先不说，单凭粤式早茶的精致和讲究，就足以让人惊叹。

> 🍃 白切鸡是一道粤式看家菜。相传有一年中秋，一对岭南小夫妻，想炖只鸡过节。他们刚把鸡收拾干净，打算放热水里焯一下。突然听到有人喊救火，夫妻俩连忙扔下鸡，冲出去帮忙。火终于被扑灭了，回到家发现炉火早就熄灭了，这只鸡已经在水中被烫熟。天色已晚，看来炖鸡是来不及了，只好凑合一下蘸点作料吃，没想到味道极其鲜美。他们分享给邻居，大家都觉得好吃，于是这种做法就流传了出去，人们叫它"白切鸡"。

闽菜

闽菜起源于福州。特点是色调美观，滋味清鲜。闽菜擅长用红糟、糖醋调味，擅长做汤。大名鼎鼎的佛跳墙就出自闽菜。"酝启荤香飘十里，佛闻弃禅跳墙来。"连佛祖遇上它都会把持不住呢！

苏菜

苏菜的特点是味道比较平和,做出来的菜集鲜、香、酥、软为一体,汤浓但不油腻,咸中还会带点甜。拿手菜有"清汤火方""鸭包鱼翅""松鼠鳜鱼""西瓜鸡""盐水鸭"等。

相传朱元璋当了皇帝后,因为"猪"和"朱"同音,全国都避讳说猪。朱元璋到富可敌国的沈万三家做客,沈万三用苏式猪蹄招待朱元璋。朱元璋觉得软烂适口,肥而不腻,很好吃,就问沈万三这道菜叫什么名字。沈万三不敢说猪蹄,一时又想不出别的名字,就一拍大腿道:"这是万三蹄!"万三蹄由此得名,成了一道苏式名菜。

浙菜

浙江菜菜式小巧玲珑,清俊逸秀,味道鲜美滑嫩,脆软清爽。"西湖醋鱼""生爆鳝片""东坡肉""龙井虾仁"是其代表作。

川菜

川菜是位怪才,口味以麻辣为主。辣椒、胡椒、花椒是它的独门暗器。"三椒"一出手往往能出奇制胜,所向披靡。除了麻辣,它还擅于调制出一些美妙又古怪的味道。时而酸甜,时而鲜香,让人回味无穷。让它扬名立万的作品有"怪味鸡块""水煮肉片""辣子鸡丁""麻婆豆腐""鱼香肉丝""夫妻肺片"……这些名字是不是都很熟悉?对了,"鱼香肉丝"里根本没有鱼,"夫妻肺片"里也没有夫妻,你说这是不是无中生有?

湘菜

湘菜也喜欢用辣椒，但它的辣和川菜不同，是干干脆脆、火辣辣的辣。除了辣，湘菜还擅用酸，擅长腊和熏，滋味醇厚，口齿留香。"双椒鱼头""腊味合蒸""东安子鸡""小炒肉"……都是它的拿手绝活。

相传雍正帝手下的大红人年羹尧倒霉的时候，府中的侍妾都跑了，其中一位嫁了个穷秀才。秀才得知妻子在年府专门负责做湘西小炒肉，也想尝尝她的手艺。妻子说，以前做盘小炒肉，要杀一整头猪，任她挑选最鲜嫩的肉，现在家里没有这个条件不能做。一天，秀才抬回一头猪，说是村里举行赛神会的祭品，今年轮到他当祭祀的领头人，这头猪归他处置。秀才央求妻子赶紧做来尝尝，妻子只好去做。菜端上来了，妻子让秀才先吃，她去厨房收拾一下。回来后发现秀才倒在地上奄奄一息。原来这道菜太好吃了，秀才不小心把自己的舌头也吃进去了……

川菜里还有一道无中生有的家常菜，叫"蚂蚁上树"。据说创始人是《窦娥冤》里的窦娥。窦娥用肉末烧粉条给婆婆吃，婆婆非常喜欢，觉得肉末粘在粉条上很像蚂蚁，就给这道菜取名叫"蚂蚁上树"。

麻婆豆腐的由来则是因为饭店老板娘脸上有麻子。清朝同治年间，成都有家陈兴盛饭铺，老板去世后，老板娘一个人扛起了生意。她做的豆腐口味独特，远近闻名，人们都喜欢去吃陈麻婆烧的豆腐，叫来叫去就叫成了"麻婆豆腐"。

徽菜

徽菜讲究火候，选材朴实，喜欢追求最原始的味道，以烹制山野海味而闻名。著名的菜肴品种有"符离集烧鸡""火腿炖甲鱼""臭鳜鱼""火腿炖鞭笋""雪冬山鸡"等。

宛若仙境的中国古典园林
——四大名园

我国的古典园林如诗如画，意境高远。如果把它比作一顶皇冠，那么颐和园、避暑山庄、拙政园、留园，就是这顶皇冠上最大、最亮的四颗明珠。

颐和园

颐和园和避暑山庄都是清代皇家行宫御苑，都有着与生俱来的高贵气质。

颐和园位于北京西郊，离紫禁城只有14公里。它以昆明湖、万寿山为基础，撷取了江南园林精华、杭州西湖风韵，雍容大气，仪态万方，是我国现存最完好、最华美典丽的古代园林，被誉为"皇家园林博物馆"。

颐和园分为政治、生活、游览3个区域。有形形色色的宫殿建筑3 000余间，大小院落20多座，景点多得数不过来。山明水静，光彩照人。这派头，是不是有点"母仪天下"的味道？

🪶 园内除了一帧帧如诗如画的美景，还有一座游龙般的长廊，全长728米，被国际权威机构认定为"世界上最长的长廊"。廊内描绘着14 000多幅彩画，大多是经典话本、戏曲里的故事，生动形象，趣味盎然，仿佛一本本站立的图画书。据说长廊是乾隆为了方便母亲观看昆明湖的雨景和雪景而修建的。乾隆的母亲爱听故事，每次在长廊里行走的时候，都会让宫女们给她讲故事。宫女们肚子里没有那么多故事储备，经常会断片儿，惹老太太不高兴。乾隆就让人在长廊上画上故事，给她们提词儿。据说这就是长廊里彩画的由来。

避暑山庄

避暑山庄又叫"承德离宫""热河行宫"，位于河北承德武烈河西岸一条狭长的山谷中，占地564万平方米，是

中国现存最大的园林。因地处内蒙古和华北平原交汇处，这座行宫的地形多姿多彩，既有平原、山峦、草原，又有森林、湖泊、幽谷……"山中有园，园中有山"，有满、汉、蒙不同风格的建筑100余处。另外这里冬暖夏凉，尤其夏天凉爽宜人，是清代皇帝们钟爱的避暑胜地。每年夏天他们都会来这里工作、生活。

🪶 避暑山庄门前有对铜狮子，威风凛凛很是漂亮。相传抗日战争时期，一群日本兵发现了这两个铜狮子想抢走，可是铜狮子太重，他们搬不动，于是就分头去找工具。看守山庄的老人想了个办法，悄悄到村里找来猪血，涂在狮子的眼睛上。日本兵回来后发现狮子的眼睛红红的，还以为它们流出了血泪，吓得落荒而逃，再也不敢打它们的主意了。就这样，这对国宝才得以保留下来。

拙政园

拙政园和留园师出同门，都是苏州园林的"高徒"。大师兄拙政园德才兼备，器宇轩昂，以占地5.2万平方米的身家，稳居苏州第一大园。拙政园中的建筑不多，以"林木绝胜"著称。整个园子开阔大气，亭台精美，花木扶疏。奇山秀水相映成趣，宛如一幅徐徐展开的山水画卷。

据说拙政园的前身，是座荒废的寺庙。明嘉靖年间，有位叫王献臣的御史归隐苏州，买下了它。他请江南四大才子之一的文徵明为自己设计一座园子。文徵明出了名的"吝啬"，平时跟他求幅画都很困难，这次却很热情地参与进来，并付出了整整16年的心血。可惜园子建成没多久，王大人就去世了。他那不成器的儿子一夜豪赌将其输掉，从此拙政园饱经沧桑，几度兴废，原来浑然一体的园子也被分割成了三家。它们做过民居，当过官宅，充过公，驻过军。相传其中一部分曾经归曹雪芹的爷爷曹寅所有，曹雪芹就诞生在园中，所以《红楼梦》中大观园的很多景致，都有拙政园的影子。直到中华人民共和国成立后，这个园子才完璧合一，恢复了大体的样貌。

妹，以精巧别致见长。留园始建于明代，是太仆寺少卿徐泰时的私家园林，原名"东园""寒碧山庄"。全园分为山水、田园、山林、庭园四个不同主体的区域。除了善于"玩水"，它的亭台楼榭的布局也相当精巧，而且拥有很多名石奇峰。最有名的"藏品"就是宋代花石纲"遗物"——冠云峰、瑞云峰，它们都是太湖石中的绝品。

瑞云峰的来历颇为传奇。据说当年宋徽宗痴迷于玩石，耗尽国力搜罗奇石。有人在太湖中采得两块奇石，一块叫"大谢姑"，一块叫"小谢姑"（就是瑞云峰）。大谢姑先行一步，去了东京。小谢姑拉着运送它的船只一起躲到湖底，和人们玩起了躲猫猫。后来，这块石头被明代徐泰时的老丈人购得，诡异的是运输过程中，小谢姑又把船弄沉了，人们费尽九牛二虎之力，总算把它打捞上来。再后来，徐泰时就把它安置在了自己的"东园"内（现留园的一部分）。苏州地方官为迎接下江南的乾隆皇帝，把它请进了苏州行宫（现苏州第十中学内）。直到现在，这块神奇的大石头还屹立在那里。

留园

留园是天分最高的小师

"远嫁"海外的中国园林
——苏式园林海外热

中国园林有多美？早在七百多年前，意大利旅行家马可·波罗就盛赞杭州是"世界上最美丽华贵之城"。很多外国友人不远万里前来，只为一睹它们的风采。就连见多识广的英国前首相希思都感叹它们是"真正的天堂"。

随着1980年中国园林的一个"小片段"明轩成功入住美国大都会博物馆，世界上刮起了一股"中国园林热"的小旋风。近年来已有三十多座中国古典园林"远嫁"他乡，当起了传递友谊和文化交流的使者。

逸园

逸园是一座典型的苏式园林，于1986年4月正式"嫁入"加拿大温哥华中山公园。它是由温哥华的华侨华裔共同筹措，并由52名苏州工匠修建的。

逸园占地1 430平方米，虽然身量不大，但是亭台堂榭、云墙月洞、小桥流水、曲径通幽……这些苏州园林特有的气质、韵味一样都不少。

■据说逸园所需的古建材料都是从苏州运过去的。除了这些丰厚的"嫁妆"，"娘家"还派出了52名工匠组成的亲友团，赴现场安装、施工。逸园建成后，被温哥华城市协会授予"杰出贡献奖"，同时国际城市协会也授予它"特别成果奖"。

寄兴园

  寄兴园定居在美国纽约斯坦顿岛植物园，是苏州留园的姊妹园，全美第一座完整的苏州园林。粉墙黛瓦，姿容绝色。

  寄兴园和纽约结缘于1985年，历时13年才修成正果。为了确保其原汁原味的中国风，老家苏州包揽了所有木石、砖瓦。木材用的是银杏，每一块瓦片都是指定窑场特别定制的。

> ■寄兴园还有个名字叫"听松山庄"，因为园中主厅叫"听松堂"。听松堂前有一幅"松鹤延年"，是用陶盘、瓷碗和啤酒瓶的碎片拼贴出来的，构图精美，巧夺天工。

兰苏园

  美国西海岸有座波特兰市。波特兰市唐人街的东北部，也有一座正宗的苏式园林，是苏州与波特兰市义结金兰的纪念园。这座花园占地约3 700平方米，有五个景区。湖水明净如镜，溪流灵动曲折，亭台精美别致，怪石嶙峋多姿……一步一景，到处都充满了诗情画意，让人流连忘返。

> ■其实兰苏园一开始叫"波特兰古典中国花园"。2010年，为纪念古典中国花园开放10周年，才改成了现在的名字——兰苏园。兰代表波特兰，苏代表苏州，是不是有波特兰和苏州手拉手，永远都是好朋友的意思呢？

江湖之畔翘首望
——四大名楼

君王、权贵喜欢修建楼阁，用来纪念大事、瞭望敌情、观山阅水、收藏典籍……它们伫立于美景佳地，背山临水，宛如翩翩公子丰神俊朗、玉树临风。下面我们就来了解一下有四大名楼之称的滕王阁、黄鹤楼、岳阳楼和鹳雀楼。

滕王阁

滕王阁是江西省南昌市的地标建筑，立于粼粼赣江之畔，是唐太宗李世民最小的弟弟滕王李元婴找人修建的。这位滕王殿下一生骄奢淫逸，没干过什么正经事，但是审美眼光极好。这座美阁雄伟气派，古朴高雅，一不小心让人们铭记了他一千多年。

滕王阁明三层暗七层，再加上地下室一共九层，红墙绿瓦，画栋雕梁，很能彰显大唐盛世的皇家气派。除了器宇轩昂的主阁，还有庭园、假山、亭台、游廊等若干建筑簇拥在旁。无论颜值还是气度，都完胜历代众多名阁，是名副其实的"西江第一楼""江南三大名楼之首"。

> 滕王因滕王阁名垂千古，而滕王阁却因一位才子名满天下。他就是初唐四杰之一的"小天才"王勃。那年秋天，王勃南下探亲路过南昌，正赶上当时的都督（相当于南昌军区司令）重修了滕王阁，要举行一场盛大的"金秋笔会"歌之咏之。王勃欣然前往。席间都督请大家即兴写篇"小作文"。

都督的女婿早就做好了准备，只等这一刻一鸣惊人。谁想初来乍到的王勃一点也不客气，笔走龙蛇，刷刷刷——一篇文采飞扬的《滕王阁序》横空出世。都督一开始很生气，可是不一会儿就被王勃的才华震惊了，忍不住拍案叫绝："此真天才，当垂不朽！"从此，滕王阁随王大才子的《滕王阁序》一起走上了神坛。

黄鹤楼

黄鹤楼始建于三国时代，是东吴守城瞭望的军事设施。三国归晋"退役"后，人们发现它身姿挺拔，俊逸非凡，再加上背靠繁华富庶的武昌城，面对浩浩荡荡的扬子江，风光秀美壮丽。因此很多文人墨客到此登高望远，抚今追昔，这里逐渐成了旅游胜地。崔颢、李白、白居易、贾岛、陆游等都曾到此一游，留下很多脍炙人口的诗句。

> 据说诗仙李白登上黄鹤楼，面对浩瀚江水，胸怀激荡，诗兴大发，正要提笔抒怀，突然发现了墙上崔颢留下的诗：昔人已乘黄鹤去，此地空余黄鹤楼……他缓缓地放下了手中的笔，感叹道："眼前有景道不得，崔颢题诗在上头。"

黄鹤楼最大的特色就是金灿灿的飞檐翘角，交错重叠，宛如黄鹤亮翅，有翩然欲飞之势。

黄鹤楼饱经沧桑，多次被毁于天灾人祸，但屡毁屡建。历朝历代有记录的重建、翻修就达30多次。可见它在人们心中的地位。

岳阳楼

岳阳楼位于湖南岳阳，在烟波浩渺的洞庭湖畔，素有"洞庭天下水，岳阳天下楼"之称。

相传一开始，它也是东吴的军事设施，是诸葛亮的好朋友、东吴大都督鲁肃的阅兵楼。西晋南北朝时叫"巴陵城楼"，初唐称为"南楼"，直到李白到此一游为其赋诗后，才有了"岳阳楼"这个名字。

鹳雀楼

"白日依山尽，黄河入海流。欲穷千里目，更上一层楼。"没错，我们现在要讲的就是这首唐诗里写的鹳雀楼。

鹳雀楼位于山西省永济市蒲州古城黄河东岸，最初是北周宇文护为镇守蒲州修建的，也是军用楼。不过到了唐代，它就已经是河中府著名的旅游胜地了。

相传当年，常有鹳、雀一类的鸟栖息在上面，所以人们叫它"鹳雀楼"。又因其气势宏伟，站在楼上衣袂飘飘，有要腾云而去的感觉，也有人叫它"云栖楼"。

比起滕王阁和黄鹤楼，岳阳楼的身量不高，只有三层，二十多米。但它的造型舒朗，端庄大气。金黄琉璃瓦的楼顶，形状很像古代武士的头盔。12个飞檐，高高翘起，似鸟嘴在高空啄食。整座楼没用一颗铁钉，一道巨梁，充分展示了我国传统建筑艺术的神奇魅力。

> 相传大唐开元年间，有位大官被贬到岳阳当太守，心情郁闷，无法排解。这天，他外出巡查，来到西门外，看到湖边高台上有个挂着阅兵台匾额的小亭阁，就信步走了上去。没想到，面对波光粼粼的洞庭湖，心情豁然开朗。随从告诉他，这里是三国遗址。要是在这儿建筑楼阁，登高远眺，一定非常惬意。太守觉得这个主意不错，这才有了三层、四角、五梯、六门、飞檐、斗拱、盔顶的岳阳楼。

> 鹳雀楼在金元光元年（1222年），被战火烧毁了。后来又因黄河泛滥，河道更改，连旧址也找不到了。1997年12月，国家在蒲州古城选址重建鹳雀楼，采用唐代彩画艺术，恢复了它唐代时的样貌。就这样，鹳雀楼又耸立在了黄河岸边。涅槃重生的它变得更加魁梧挺拔，身高达到了73.9米，成了四大名楼中个头最高的"一位"。如果王之涣看到它现在的样子，是不是会创作出比《登鹳雀楼》更恢宏的诗篇呢？

独具中国特色的佛塔
——四大名塔

佛塔"原产"于古印度，早在公元前就随佛教一起传入了我国。我们中国人因地制宜，很快就将这种建筑形式发扬光大，创造出了很多独具中国特色的"中式佛塔"。它们或精巧别致，或古朴高雅，或富丽堂皇……各有各的特点，各有各的韵味。其中有"四大名塔"之称的塔为嵩岳寺塔、千寻塔、释迦塔和飞虹塔，每一座都是独一无二的传世之宝。

嵩岳寺塔

嵩岳寺塔又称"华夏第一塔"，是我国现存最古老的砖塔，是中国佛塔的"祖师爷"。这位德高望重的"老者"，在河南登封嵩山南麓，稳稳站立了近1 500年，依然硬朗挺拔、精神矍铄。

另外它还是"密檐式塔"的鼻祖，世界上最早的筒体建筑，采用了独特的接近圆形的正12边形造型，首创了用糯米汁拌黄泥做浆、小青砖垒砌的特殊工艺……在建筑史上有着不可替代的地位。

著名建筑大师梁思成曾向中央政府开列了一份必须重点保护的文物清单，嵩岳寺塔赫然被标了五个圈，可见它是重点中的重点，国宝中的国宝。

■奇怪的是，嵩岳寺塔里面没有楼梯，游人只能仰望无法登顶。传说有一年，嵩岳寺一个小和尚突然发现自己每次打扫塔楼的时

候，总会双脚离地，腾空而起。他以为自己的诚心感动了佛祖，马上快要功德圆满修炼成佛了，就把这件事告诉了师父。师父不太相信，就让他试试。果然，一走进塔楼小和尚就离开地面，越升越高。老和尚抬头一看，原来小和尚脚下有一条大黑蟒。老和尚急忙大喝一声，大蟒受惊把小和尚甩了下来。老和尚认为这条蟒是妖物，赶紧招呼人架火烧塔，想把它烧死，结果把塔内的楼梯也一起烧毁了。

千寻塔

千寻塔的大名有点长，叫"法界通灵明道乘塔"。它坐落在洱海苍山之间，是云南大理的重要地标。千寻塔也是一座密檐式砖塔，有16层，比嵩岳寺塔高大。它的体型也跟嵩岳寺塔迥然不同，方方正正有棱有角，神似秦琼将军手中的金锏，看上去更壮丽，更有锋芒。

千寻塔的塔前照壁上刻着"永镇山川"四个大字，塔顶四角各有一只铜铸的金鹏鸟，传说是用来镇压洱海中的水怪的。以前洱海经常洪水泛滥，人们认为那是妖邪在作怪。于是千寻塔除了弘扬佛法，还肩负起了"宝塔镇河妖"的责任。

千寻塔建成后，人们又在它的南北两侧各安排了一名"小弟"护卫。它们身材略小，是一对八角形的砖塔。三塔并肩而立，遥相呼应，形成了闻名遐迩的"崇圣寺三塔"奇观。

■据说在明朝正德年间的大地震中，大理古城房屋绝大部分倒塌，千寻塔伤痕累累，裂出大口了，可10天后竟奇迹般自己愈合了。1925年的大地震，城乡民房倒塌率达99%，千寻塔也只震落了顶上的宝刹。对于没有石基直接在土基上修建的千寻塔来说，简直就是一个奇迹。

释迦塔

释迦塔是为供奉释迦佛修建的，因"户口所在地"是山西应县，又名"应县木塔"。它和意大利比萨斜塔、法国埃菲尔铁塔，并列为"世界三大奇塔"，被吉尼斯世界纪录认定为"世界最高的木塔"。

释迦塔建于辽代，总高67.31米，共用红松木料3 000立方米、2 600多吨。这么一个庞然大物，浑身上下竟然没

有一颗钉子，全部采用了让木头互相咬合的"中华卯榫（sǔn）绝技"。

近千年间，应县木塔经历了 40 多次地震，200 多次炮火袭击，依然稳稳地站立在天地间，直指苍穹。坊间传言，塔身上有三颗宝珠——避火珠、避水珠和避尘珠，所以才水火不侵。其实庇佑它的是设计者的巧思。比如塔顶上装有伞形的避雷设施，让雷电只能干瞪眼；塔下面垒砌了 4 米多高的石质塔基，让洪水无计可施……当然历代守塔人的悉心照料也功不可没。

■ 传说鲁班的妹妹想和哥哥比赛手艺，妹妹说她能一夜做出 12 双绣花鞋，要是哥哥鲁班能一夜盖起一座 12 层的木塔就算哥哥赢。结果，一夜之后，鲁班真的修成了一座 12 层的木塔。只是土地爷爷不乐意了，塔压在了他老人家身上，压得他直往地里陷。鲁班一挥手，把塔分成两截，上半截飞去了别的地方，下半截慢慢钻出地面，就成了释迦塔。

飞虹塔

飞虹塔位于山西洪洞县，是我国保存最完整的古代琉璃塔、最华丽多彩的佛塔。塔上的斗拱、倚柱、佛像、花卉、鸟兽……都是琉璃烧制的，五彩斑斓，如雨后彩虹，所以叫"飞虹塔"。

据载，飞虹塔的前身是汉代阿育王塔，大唐汾阳王郭子仪路过时，见其年久失修，主动请缨重建，并给它起了个诗意的名字"飞虹塔"。不过到了元代，郭子仪的"工程"被地震推倒了，于是有了现在"明代版本"的飞虹塔。

飞虹塔里曾经珍藏过 7 000 余卷极其珍贵的佛教典籍。抗战时期，侵华日军企图把它们抢回日本。八路军某部得知后夜入古塔，和敌人斗智斗勇，几经周折才把经卷转移出来，没让国宝流落异乡。

■ 1986 版电视剧《西游记》曾多次在此取景。"扫塔辨奇冤"中唐僧扫的塔，妖精奔波儿灞、灞波儿奔的出场背景，用的都是飞虹塔。

叱咤风云的寺庙
——四大名刹

作为佛教的第二故乡，我国南北各地分布着很多古老的寺庙。它们往往隐藏在一些奇山秀水之间，山因寺而闻名，寺因山而益显。山东的灵岩寺、江苏的栖霞寺、浙江的国清寺、湖北的玉泉寺就是其中很有代表性的几座，它们早在唐代就强强联手，组成了"四大名刹"天团。

灵岩寺

灵岩寺是天团里的老大哥，是山东境内留存下来辈分最高、资格最老的寺院，到现在已经1 600多岁了。灵岩寺背靠东岳泰山，山清水秀，人杰地灵。历代皇帝到泰山封禅的时候都不会忘记来这里参拜，光乾隆皇帝一个人就来了8次之多。王安石、苏轼、苏辙、曾巩、李邕等这些文化名流也都曾来此拜山。

据说灵岩寺鼎盛时期有殿宇50座，山林一万多亩。即使后来家道中落了，也还有殿宇36处，亭阁18座，依然是寺庙中的顶级富豪。千佛殿内那40尊超写实的宋代彩色泥塑罗汉像栩栩如生，惟妙惟肖，他们额头上的血管仿佛都在有力地跳动着。难怪梁启超称赞它们是"海内第一名塑"。

> 传说，灵岩寺的开山祖师朗公和尚在山上讲经的时候，连山石都跟着点头，老虎猛兽都趴在地上认真聆听。灵岩寺内有一株千年古柏，叫"摩顶松"。相传唐僧去西天取经前曾来灵岩寺，抚摸松树道："吾西去求佛教，汝可西长；若吾归，即却东回，使吾弟子知之。"唐僧走后，松树果然一直向西指。十几年后，树枝突然转过来向东指，大家就知道唐僧要回来了。

不仅如此，它有着"江南云岗""江南敦煌"的美称，有一面刻满了佛像的山岩——千佛岩。另外寺中还有一座南唐时候流传下来的舍利塔，是全国最大的舍利塔，也是江南最古老的石塔之一。

拥有这么硬核的履历，栖霞寺想不红都难，所以历代皇帝都对它青睐有加，屡次给它重新命名。功德寺、隐君栖霞寺、妙因寺、普云寺、严因崇报禅院、景德栖霞寺、虎穴寺……栖霞寺可能是史上曾用名最多的古寺。

栖霞寺

栖霞寺坐落于南京市风景秀丽的栖霞山，珍藏着佛经 7 000 余卷，其他各类书籍 14 000 余册。

> 民间盛传，民国初年栖霞寺千佛岩一尊宋代佛像的佛头被盗去了日本，一位日本老太太将它买下，每日虔诚礼拜。后来日本东京大地震，周围的人家都屋毁人亡，只有老太太一家躲过了这场灾难。后来，老太太做了个奇怪的梦，梦见佛头跟她说："我救了你一家性命，也请你帮我完成一个心愿——把我送回南京的栖霞寺吧。"于是老太太把这尊佛头送回了栖霞寺。

国清寺

国清寺位于浙江省台州市天台县,是中国佛教天台宗的发源地,也是日本天台宗的祖庭。国清寺始建于隋代,高僧智𫖮（yǐ）在这里创立天台宗时就画好了图纸,想把它建造成天台宗的大本营,可惜苦于资金不足没能实现。不过他临死前给当时还是晋王的隋炀帝杨广写了封信,力邀他做投资人。杨广被智𫖮的诚心打动,出钱出力帮他完成了心愿。后来国清寺几度毁于战火、天灾,屡毁屡建,越建规模越大,变成了一个总面积7.3万平方米,有8 000多间房屋的大产业。

很多著名高僧都曾经在这里工作、学习过；李白、孟浩然、贾岛、皮日休、陆龟蒙、杜荀鹤都曾在这里流连忘返,歌之咏之；王羲之、柳公权、黄庭坚、米芾、朱熹曾在这里挥毫泼墨留下真迹。

> 国清寺有一株隋代的梅树,已有1 300多岁高龄,依然枝繁叶茂,树影婆娑。相传,它是天台宗五祖章安灌顶大师亲手种植的。寺内有口方井叫"锡杖泉"。相传宋代高僧普明有一次在那里坐禅的时候口渴了,就用手中的锡杖戳着地说："此处当有泉！"过了一会儿,地上果然涌出了一股清泉。

玉泉寺

湖北省当阳市玉泉山上有座玉泉寺,玉泉寺的开山祖师爷也是天台宗创始人智𫖮大师。玉泉寺是个开放包容、胸怀宽广的"大学堂",尤其是唐代以后,这里诸宗竞秀,高僧辈出,培养出了120多位名留史册的大德高僧,被历代帝王封为"大师""国师"的就有十人之多。

另外,它的大雄宝殿是中国南方最大的古建筑。寺前的舍利塔也是古代罕见的铁塔,建于北宋时期,共13层,重53 300公斤。在没有现代化设备的宋代,这么一个庞然大物是怎么铸造、安装起来的？不得不说是我国冶炼史、建筑史上的奇迹。

领先世界的中国桥
——四大名桥

我国古代劳动人民在修路造桥方面非常在行。千百年来，他们在神州大地上修建了许许多多千姿百态的桥梁。这些古桥秀外慧中，经久耐用。潮州广济桥、河北赵州桥、泉州洛阳桥、北京卢沟桥，是其中的翘楚，号称"四大名桥"。它们不但是中国桥文化的形象大使，在世界桥梁史上也有着举足轻重的地位。

广济桥

广济桥位于广东省潮州市，俗称"湘子桥"，是世界启闭式桥梁的祖师爷。启闭式桥梁，就是能打开、能闭合的活动桥。广济桥东西两岸各有一段石桥，中间故意空出一块不闭合，用十八艘梭船搭建浮桥来连接。浮桥每天按时上下班，大桥就实现了启闭自由。

广济桥不仅仅是座桥，还是一条古商业街。明代有位叫王源的潮州知府搞了个"市长工程"，在桥上建了126间亭屋，24座桥楼，把它打造成了"十八梭船廿四洲"的潮州奇景。这里做买卖的，闲逛的，络绎不绝，十分繁华。所以民间有"踏上湘桥不知桥，疑是身在闹市中"的说法。

> 关于广济桥的来历，有个美丽的传说。唐代大文学家韩愈被贬潮州后，想在城外的大江上建座桥，造福百姓。可是江水湍急，一般人干不了。韩

爷就请高僧广济法师和他的侄孙韩湘子前来帮忙。韩湘子背后有"八仙团队",广济大师带来了十八罗汉助阵,两个"工程队"分别从东西两岸开始动工。他们原来打算来场友谊赛,不料中途被凡人撞破,工程"烂了尾"。这可如何是好?何仙姑急中生智丢出手中的莲花变成十八条梭船;广济和尚连忙扔出禅杖,变成一根大藤,将船一条一条拴牢,这才把桥连接起来。所以这座桥叫"广济桥",又叫"湘子桥"。

赵州桥的主体只有一个拱形大桥洞,但桥洞的双肩上,各有两个小桥洞。这种设计既可以给桥基减负,又能在涨水时分流河水,减少水流对桥身的冲击。后来这种构造被称为"单拱敞肩拱桥"。赵州桥是世界上现存时间最久、跨度最大、保存最完整的敞肩拱桥,是"敞肩一派"的开山鼻祖。据说欧洲直到19世纪才出现这种桥,比它落后了差不多1200年。

赵州桥

赵州桥原名"安济桥",是天才工匠李春的杰作。赵州桥于隋代大业年间建成于河北石家庄赵县,横跨洨河37米河面,扎着马步稳稳站立了1400多年,其间历经10次水灾,8次战乱,大大小小的地震若干回。有一回,距离7.6级大地震的震中心只有40多公里,依然未被撼动。可见其功底之扎实,内力之浑厚。

洛阳桥

福建省泉州市惠安县洛阳江上有座涉江跨海,非常壮观的大石桥——洛阳桥。它是中国古代第一座跨海大石桥,与赵州桥齐名,有"南洛阳,北赵州"的美誉,被著名桥梁专家茅以升评为"中国古代桥梁的状元"。

其实它的美丽雄奇和建造难度早就超越了赵州桥。洛阳桥全长834米,屹立在江海汇合处。一边是奔腾而来的大江,一边是汹涌澎湃的海潮,施工之难，难于上青天。但是古人愣是克服重重困难完成了这一伟大创举。

他们用船载着石块沿江底打造水下石堤做基础，首创了一种直到近代才被人们认识的新型桥基——筏形基础，领先了世界整整1 000多年。为了让基础牢固，他们还发明了"种蛎固基法"，就是在桥墩上种牡蛎。牡蛎兵团把石缝黏合严密，世世代代为人类打工，守护大桥。

> 传说真武大帝得道成仙时，拔剑剖腹，将五脏六腑抛落在洛阳江中。后来，这些东西修炼成精，兴风作浪，危害百姓。一天，一只船渡江时，它们又来作怪，眼看船要被掀翻。这时，天上传来一声大喝："蔡学士在船上，不得无礼！"妖怪们一听，吓得夹着尾巴逃跑了。可是船上根本没有姓蔡的，大家面面相觑："怎么回事？"有位孕妇想到自己婆家姓蔡。难道——孕妇暗暗许愿：要是生下男孩，将来一定让他在江上造一座大桥。孕妇回家后，果然生了个男孩。他就是主持修建洛阳桥的北宋泉州太守蔡襄。

卢沟桥

卢沟桥位于北京市丰台区永定河（原名"卢沟河"）。它始建于金代，是北京市现存最古老的联拱大石桥，也是全华北最长的古代石桥。卢沟桥景色绝美，尤其是清晨时分，一钩晓月倒映水中，清幽宁静，在金代就被列为"燕京八景"之一。

> 卢沟桥总长约266米，有281根望柱，每根柱子上都雕着狮子。这些狮子大小不一，形态各异，不仔细数根本数不过来。马可·波罗见了惊叹不已，康熙、乾隆爷孙俩特意为它立石碑。1937年7月7日，中国抗日军队在卢沟桥打响了全面抗战的第一枪，卢沟桥又有了一种别样的历史沧桑感。

有个性的房子
——特色民居

"一方水土养一方人。"我们的祖国幅员辽阔,各地的自然条件、风俗习惯都不一样,人们居住的房屋也不一样。陕北地区的黄土紧密结实,挖孔窑洞住起来冬暖夏凉;蒙古族同胞在草原上游牧,方便搬迁的蒙古包是他们的不二之选;新疆干旱少雨风沙大,维吾尔族人喜欢把窗户开在屋顶上。还有北京四合院、皖南民居、福建土楼、湘西吊脚楼……都有它们独特的魅力和传奇。

北京四合院

四合院又叫"四合房",就是院子的四边都是房屋,合围在一起组成的一种住宅。这种户型早在西周时期就已经存在,传承了3 000多年。北京四合院是其首席大弟子,多为方方正正的"口"字形、"日"字形、"目"字形,坐北朝南,中正大气。门楼、影壁、廊檐处的巧妙设计,廊柱楹联及一些传统吉祥图案的雕饰,又赋予了它儒雅、温和的书香之气。

四合院一般都是一大家子共住,北面上房有家主长辈坐镇,两边东、西厢房住着儿孙小辈,中间的院落中还可以种种树、栽栽花,关上门来就是一个温馨和睦的小天地。

■据《乾隆京城全图》记载，乾隆年间北京大大小小的四合院就有 26 000 多座，有老百姓住的小门小户，也有"庭院深深深几许"的豪华大宅。大贪官和珅住的就是一套顶级至尊四合院，和珅倒台后这套房子归了恭亲王，就是现在著名的旅游景点——恭王府。铁齿铜牙纪晓岚的阅微草堂也是一座北京四合院，后来被京剧大师梅兰芳买下，在这里培育出了多位戏剧大师。

■美国 PEM 博物馆中有座古色古香的徽派建筑——荫余堂。据说它是从安徽买回去的老宅子。人们把一整栋房子拆分、编号、记录好后运到美国，再按图纸把它拼合复原。这项前无古人、后无来者的工程从 1997 年开始，直到 2003 年才完工，被誉为现实版的"飞屋环游记""世界建筑史上的重要事件"。

徽派民居

"青砖小瓦马头墙，回廊挂落花格窗。"徽派民居是潇洒俊逸的翩翩美少年。马头墙是一种形状很像马头的墙，高高地挡住屋面，不但好看还有防火、防风的作用。粉白的墙、黛黑的瓦、错落有致的马头墙，伫立在青山绿水之间，怎么看都是一幅赏心悦目的水墨画。

福建土楼

福建土楼是闽西南客家人的发明创造，是世界独一无二的大型夯土民居。古时候那里匪盗猖獗，迁居过来的中原汉族人经常被欺负，他们就想了个办法，建座结实的大房子，同乡同族的人家住在一起，抱团取暖。

他们用泥土、石灰、细沙、糯米等夯出厚达一米的"铜墙铁壁"，把整栋楼建成一座铁桶般的大碉堡，十几户甚至几十户人家一起居住。一座楼就像一个村子，楼里储存上足够的粮食，几个月不外出也没关系，再也不怕有人来骚扰了。另外，福建地处东南沿海地震带，气候暖热多雨。厚实的土墙既能防震防潮，又可保暖隔热，一举多得。

湘西吊脚楼

湘西吊脚楼是南方少数民族特有的一种长脚的房子。它们的"脚"就是支撑楼房的大木桩，有的深深地插在江水中，有的稳稳站在山坡上。吊脚楼在建房时尽量不动土，不找平。不管地面坡度多大，它都能靠调整脚的高低，站稳站平，做到"地不平我身平"，创造了没有地基也能建房的神话。

吊脚楼楼上住人，楼下多用来圈养牲畜，储存农具、杂物。它们的整体造型灵巧别致，细节处也很有讲究，楼上三面有走廊、栏杆，栏杆、窗棂上雕刻着寓意吉祥美好的图案，古朴雅秀，很有民族特色。

■这么多户人家进进出出，却只有一个大门可以出入。每天晚上，最后一个回家的人要负责关门。那么多户人家，他怎么知道自己是最后一个回家的呢？原来他们有个暗号，夜里家家户户都要给没回家的家人留灯，谁家的人齐了，就会把灯灭掉。这样晚归的人，四处一张望，如果发现别人家的灯都灭了，只剩自己家的灯还亮着，就知道自己是最后一个回家的，就要把大门关上了。

■相传很早以前，湘西一带的土家人住的也是普通的茅草屋。当地气候湿热，蛇虫蚂蚁多，经常往屋里钻，特别烦人。有位老人想了个主意，在树上绑起架子，搭个离地半人高的草棚在上面居住。果然虫子不容易爬上来了，而且凉爽舒适。这个办法很快就流行起来，后来逐渐演变成了现在的"吊脚楼"。

那时车马慢
——古代的代步工具

现在的交通工具五花八门，为我们的生活提供了极大的方便。可是你知道古人是怎么出行的吗？他们都有哪些代步工具？下面就让我们一起来盘点盘点。

马车｜牛车

传说黄帝造车、奚仲造车……车的起源扑朔迷离。不过可以肯定的是，早在商代，我们的祖先就已经在使用车子了，而且他们还"雇佣"了动物朋友。

先秦时期，马车除了战备需要，主要供王公贵族乘坐，是权力和身份的象征。后来马车慢慢走进民间，唐代有了私家马车和出租马车，元代时人们还给马车安上了车厢。直到清末民初，马车在交通运输中依然起着举足轻重的作用。

牛车据说是商代一个叫王亥的人发明的。它也曾经风光

一时，做过官员的配车。不过牛的身价没有马高，牛车也没有马车威风，但它胜在稳当、力气大、有耐力，"客运"不占优势，后来就主要往"货运"上发展了。人们也管牛车叫"大车"，管马车叫"小车"。也就是"大货车"和"小轿车"的区别。

> 魏晋南北朝时期人们追求个性，出现了很多奇葩的车。宋文帝喜欢乘坐羊车，羊力气小，体格弱，车子拉得颤颤巍巍，在当时却被认为很有格调。还有一些社会名流专挑老弱病残的牛、奇形怪状的车子招摇过市，来彰显自己的与众不同。

> 据史料记载，明朝首辅张居正在任期间，很受万历皇帝器重，可以说是权倾朝野。张居正曾特地让人给他造了一顶超级豪华的大轿子，里面卧室、客厅、洗手间一应俱全，堪比房车，需要32个人抬着。当时张居正乘轿子出行，老百姓们都涌上街头，来见识这庞然大物，可谓风光无限。不过后来张居正倒台的时候，这顶轿子也成了他的一大罪证。

轿子

轿子是一种用人抬着走的交通工具，它还有个名字叫"肩舆"。轿跟车有血缘关系，是根据车演化来的。轿子有官轿、民轿、喜轿之分。官轿是政府给官员配置的公车。民轿是富裕人家的代步工具。喜轿当然是娶媳妇接新娘用的，俗称"花轿"。

另外轿子的配置也分好几个档次：两人抬的"小轿"是经济型基础版；四人抬的属于中档款；八抬大轿就是百万豪车了。

骑驴

除了乘坐车、轿，古人还会直接骑坐动物，一个人出行更方便快捷。

动物坐骑中，高头大马是最帅气、最威风的。马有个"穷亲戚"叫驴，无论长相、气质还是脚力都没法跟马比，但皮实、耐用，是很亲民的交通工具。如果说马是摩托车，那么驴就是轻便实用的电动自行车。

397

🔸《唐才子传》里有个故事：一次李白骑驴游华山，路过华阴县衙，没按规定下驴，被押进大堂。县令质问他是什么人，让他写供词认错。李白笔走龙蛇："曾令龙巾拭吐，御手调羹，贵妃捧砚，力士脱靴。天子门前，尚容走马；华阴县里，不得骑驴？"县令大惊，这才知道自己有眼不识泰山，怠慢了诗仙，赶紧道歉。诗仙莞尔一笑，骑上毛驴潇洒而去。

🔸坐不起车马、轿子的老太太、小媳妇走亲戚、回娘家时，会把自家拉磨耕田的小毛驴牵出来。此外，《三国演义》里诸葛亮的师父兼岳父黄老爷子的代步工具就是驴，八仙之一的张果老标志性的动作就是倒骑毛驴。

文人也喜欢骑驴，著名大诗人李白、杜甫、孟浩然、李商隐、李贺、贾岛、王安石、苏轼、陆游等都曾经为"驴摩"代言。杜甫"骑驴十三载，旅食京华春"，陆游"细雨骑驴入剑门"，苏东坡"路长人困蹇（jiǎn）驴嘶"，贾岛在驴背上"推""敲"诗句，王安石外出游玩"去哪儿全凭驴高兴"……我们可以看出驴在古代文人坐骑中的普及率有多高。

车辚辚，马萧萧
——古代军用车马

"车辚辚，马萧萧，行人弓箭各在腰。"这是大诗人杜甫为我们描摹的一幅古代出征图。看来，车、马不仅是人们主要的交通工具，也是重要的军事装备。

战车

据史料记载，两轮马车是大禹的儿子夏启当政期间被用于战争中的。它在夏启巩固王位的甘之役中，一战成名。在那个短兵相接的年代，这样一个大家伙冲入敌营，是绝对的碾压。所以后来，诸侯列国都把它当成是国之重器。战车的拥有量成了一个国家国防力量、经济实力，甚至国际地位的直接体现。

■秦国的先祖就是因为擅长养马、驾驭马匹被提拔，实现阶级跨越的。后来，他们利用自己的这一优势，慢慢地发展成了拥有"车千乘，骑万匹"的强大国家。终于在秦始皇这一辈，力压群雄，一统天下。可见战车为大秦的崛起，立下了汗马功劳。

我国古代的战车大多由四匹马"驱动"。《诗经》中说："戎车既驾，四牡业业。"四牡就是四匹雄壮的骏马。

■每辆战车由一个3名武士组成的战斗小组操控：中间一位是"司机"；左边是狙击手，手持弓箭负责远程射击；右边的举着长矛或长戟直接"单挑"敌兵、敌将，还要在战车出现故障时，跳下马车应急抢修。另外每辆战车后面还会跟随若干步兵，一辆战车就是一支小型的机动部队。

古代的战车也分好几种，有专门冲锋陷阵的冲车、"装甲侦察车"巢车、小坦克一样的偏箱车、攻城用的洞屋车和云梯车、死守城门的塞门车……

补给车

俗话说："兵马未动，粮草先行。"除了战车，古代军队中还有一种运送粮草的后勤补给车叫"辎车"。辎车有马拉的、牛拉的，也有人力"驱动"的。

■据史料记载，三国时期，诸葛亮率军出征，由于蜀国山路狭窄崎岖，马车、牛车很难行进，运送粮草成了大问题。诸葛亮就亲自研发了一种叫"木牛流马"的车子。这车子一次能装四百多斤粮食，日行数十里，解决了蜀汉十万大军的吃饭问题。木牛流马到底长什么样？史册上的描述不是很详细，大家猜测它大概和现在的独轮手推车有些相似。

战马

"胡服骑射"是战国时期的"时尚达人"赵武灵王从匈奴引进中原的。到了西汉，匈奴屡屡来犯，汉武帝为了把他们彻底打服，大力发展骑兵部队。骑兵比战车机动灵活，杀伤力更强，所以很快就取代了战车的地位，成了古战场上的主力军。

要想拥有一支所向披靡的骑兵队伍，首先要有性能优良的战马。汉武帝两次派小舅子李广利远征大宛去夺取汗血宝马，为的是回来后与中原的马配种出能征善战的新种马。

■历史上、传说中有很多雄霸沙场的战马。"赤兔"陪着关羽"过五关斩六将"，留下了千古美名；曹操的坐骑"绝影"撒开四蹄，后面的人连它的影子都看不到；刘备的爱马"的卢"纵身一跃能跳过数丈宽的檀溪；还有为唐太宗立下赫赫战功的六骏……

古代顶流车马
——皇帝的座驾和仪仗队

封建帝王们也乘坐车马、轿子,当然跟普通人坐的不同,是顶配中的顶配,精品中的精品。

銮驾

古籍上讲"天子驾六",意思是说皇帝乘坐用六匹骏马"驱动"的马车。当然为了彰显皇家气派,这些座驾还会被雕刻上精美的花纹,镶嵌上亮闪闪的金银珠玉。用玉片装饰的叫玉辂,带金饰的叫金辂,用象牙、皮革等材料装饰的是象辂、革辂、木辂。皇帝们会根据不同的场合,选用不同的"辂"乘坐。另外这些车辆上还会悬挂一种叫銮铃的装饰物,所以人们也管天子乘坐的车叫"銮驾"。

东汉末年有位奇葩皇帝叫汉灵帝,他不按常理出牌,制作了一种比马车更新潮的驴车,经常在上林苑中自驾游。京城的纨绔子弟竞相效仿,结果掀起了一股驴车热,让驴子的身价一路飙升,差点超过了骏马。

辇

"辇"字上面两个"夫",底下是个"车"字,看字形就能知道,它最初是一种人力拉动的车子。"出则以车,入则以辇。"皇帝、皇后们在"自家院子"里活动都乘辇车。皇帝坐的叫"龙辇",皇后坐的叫"凤辇"。

辇车后来又衍生出了没有轮子的步辇,其实就是敞篷的轿子。古时候的车子都是木头轱辘,路面稍有不平就会颠簸,还会吱吱扭扭"唱歌",乘坐的体验并不像看上去那么美好。步辇颤颤悠悠就舒适多了。

帝、后们出席各种典礼、

活动,也都有专门的步辇,从8抬到20抬不等。抬辇的人数越多,规格越高。宋太祖还曾经用过一顶64人抬的步辇,把皇家气势发挥到了极致。

> 据说唐太宗喜欢让美女给他抬辇,传世名画《步辇图》画的就是当时的情景。元朝的皇帝们研究出了一种用四头大象抬的巨无霸大辇——象辇。每逢重大活动,坐着象辇出席,那气势、那派头无出其右。

大驾

皇帝的出行场面会根据出行的目的而定,级别、档次都有严格规定,一般分为大驾、法驾、小驾三种模式。

大驾最隆重豪华,由公卿主持,大将军随行,赶车的也都是交通部的大官。光是皇帝所在的中心区域就配备81辆马车。另外还有随行车辆千乘,护卫骑兵万人。有大象开路,有军乐队伴奏,各级地方官员随行,旗、伞、盖不计其数……据史料记载,宋代宣和年间一次大驾的参与人数达到了20 061人。

> 秦始皇统一中国后,开启了5次说走就走的旅行。始皇帝出巡的车队浩浩荡荡,十分壮观,让在路边看热闹的项羽、刘邦羡慕得不得了。

大驾是皇帝祭天等活动的专用仪仗。不常用。平日里皇帝出宫,都用规模小一些的法驾和小驾。

> 古时候,"大驾""驾"是皇帝的专用词,别人不能用。皇帝来了叫"驾到",皇帝出去打仗叫"大驾亲征""御驾亲征",皇帝去世叫"驾崩"……

"制造"这些宏大场面的是一支叫卤簿的专业队伍,用现在的话来讲就是皇家仪仗队。他们的祖师爷是周代的虎贲(bēn)军,职责就是出行时保护天子的人身安全。

古代的船有多先进？
——霸气十足的中国船

我们的祖先勤劳智慧，早在远古时期就"剖木为舟"解锁了"水上漂"神技；殷商时代就用上了低碳环保的大帆船；汉代就分出了术有专攻的八种战船；"火烧赤壁"让我们见识了波澜壮阔的"水上三国"；唐代中国海船是阿拉伯商人的定心丸……一直到清代前期，"中国船"乘风破浪，领航世界数千年。

■ 2002年在浙江跨湖桥遗址发现的史前独木舟，距今约8 000~7 000年，是现存世界上发现的最早的独木舟。阿拉伯商人苏莱曼在《东游记》中记述，唐代的海船特别大，波斯湾风高浪急，只有中国海船能畅行无阻。

楼船（汉）

楼船是一种高大威猛的战船，船上起"楼"，所以叫楼船。其实楼船并非汉代"特产"，它诞生于春秋战国，也曾经"辅佐"过千古一帝秦始皇，但真正让它名扬天下的是汉武帝。

汉武帝建造过一艘能乘载一万多人的豫章楼船，像皇宫一样豪华。他以海上寻仙为名，先后7次乘坐此船出海巡游。就这样，楼船摇身一变又成了至尊旅游观光船，据说它是现代多层豪华客轮的老祖宗。

■东汉时还出现了"十层赤楼帛兰船",船的栏杆用精美的丝帛装饰,十分讲究。三国争霸时,楼船也经常露脸。东吴楼船高5层,可载3 000名士兵。而晋武帝为灭吴,在四川秘密建造了当时世界上最大的战船。

俞大娘船(唐)

唐代水上运输界的老大,是一位叫俞大娘的女企业家。她的船运载能力全国第一,人称"俞大娘船"。别的船最多能载八九千石货物,俞大娘船能载一万多石。光船工就有几百名,大家以船为家,吃喝拉撒、生老病死、婚丧嫁娶……全在船上,甚至还在船上种植瓜果蔬菜。这简直就是一座飘在水上的小镇子,跟在陆地上过日子没什么区别。

龙舟(隋)

■龙舟航行在隋炀帝亲自策划开凿的南北大运河上。为了修凿这条运河,隋炀帝强征暴掠,把老百姓折腾得苦不堪言。不过以现在的角度来看,大运河沟通了海河、黄河、淮河、长江、钱塘江五大水系,打通了南北交通,是件功在千秋的大好事。

隋炀帝也曾经修造过一款超级豪华"私人游艇"——龙舟。此龙舟高45尺,长200尺,有4层雕梁画栋的宫殿。正殿、内殿,东西朝堂……一应俱全。光中间两层的宫室就有160个房间,每个房间都装饰得金碧辉煌。这简直就是一座移动的皇宫!

隋炀帝乘坐龙舟,率领着由数千艘船只组成的"旅行天团",浩浩荡荡,一路南下,延绵二百多里,蔚为壮观。

郑和宝船（明）

明代郑和船队是一支由200多艘巨船组成的联合舰队。船队主力队员是63艘宝船，另外还有担负着船队的后勤补给、护卫等工作的马船、粮船、坐船、战船等"助手船"若干。

宝船们底尖面阔，首尾高昂，长得高大威猛，仪表堂堂。船上耸立着9根桅杆，可挂12张帆。泊船用的铁锚据说重达几千斤，要动用200人才能拉起来。

■当时除了我国，没有谁能造出那样的庞然大物。比郑和晚87年出海的哥伦布发现美洲大陆时，率领的不过是3条排水量不足百吨的帆船，在当时的欧洲已经非常了不起了。如果把它们搬到郑和宝船面前，就是3个小朋友。

郑和率船队七下"西洋"，先后到访过30多个国家。他们所到之处万人空巷，大家呼朋结伴跑来围观宝船，大明王朝的威名因此远扬海外。

■500年后诞生的世界上第一艘航空母舰——日本"凤翔"号，也只比它略长一点点，但身板太单薄，宽度还不到它的一半。

古人如何传递信息?
——人工快递

如今的通信方式多种多样，视频电话可以让我们和远方的朋友"面对面"交流，电子邮件能让我们秒收千里、万里之外的文件。甚至只要动动手指，一则消息就能传遍全世界。可你知道古人是怎么传递信息的吗？

钟鼓楼 | 烽火台

古时候几乎每座都城都耸立着两座威武雄壮的建筑，一座叫钟楼，一座叫鼓楼。除了晨钟暮鼓日常报时外，它们还有一项特殊任务——群发报警消息。遇到重大事情，比如敌寇入侵或是灾难来袭，钟、鼓一响，消息瞬间传遍整座城。

其实早在文明开化之前，人类就学会了利用声音和光亮传递消息，至今很多少数民族还保留着点火把、击鼓聚众的风俗。

"烽火"是我国古代传递边疆军事情报的通信系统。那时，从边境到国都，每隔一定距离都有一座烽火台，里面堆满柴草。一旦发现敌人入侵，侦察兵就会燃起烽火。然后相邻的烽火台发现信号，依次点燃，很快就会把消息传到千里之外，传到"中央政府"。各路诸侯见到烽火，也会马上派兵相助，共同抵抗敌人。

相传昏庸的周幽王为了把他的宠妃褒姒逗乐，竟让人燃起烽火。诸侯们看到了，急急忙忙赶来"救驾"，结果发现被愚弄了，都非常气愤。后来真有敌兵入侵，诸侯看到烽火也不来了。结果周幽王被敌人杀死，西周王朝也灰飞烟灭了。

邮驿(官府专用)

我国的邮政事业起步很早，西周时候就已经有了一系列比较完整的制度。大小官员、"邮递员"各就其位，各司其职。他们的主要任务就是给政府部门递送文书，把中央的文件下达到地方，再把地方的汇报上传给中央。

由于古代的交通工具时速有限，送一封信往往要走很多天。所以驿路上每隔一段距离就会安排一个"服务区"，为邮递员和他们的"马队友"提供"加油充电"服务。驿站里还有替补马匹，可以让马儿接力跑，遇到六百里、八百里加急的时候，换马不换人，能最大限度地节约时间，提高效率。

> 据说安禄山起兵造反时，"邮政工作者们"仅用6天就把消息从范阳送到了3000多里外的长安城，为平定叛乱争取了宝贵时间。除了邮递员尽职尽责外，大唐王朝星罗棋布的驿站也功不可没。"一骑红尘妃子笑，无人知是荔枝来。"把荔枝从蜀地运到长安，一路上累坏多少马咱们就不得而知了。

唐以后增加了水上驿道，有了"陆驿""急驿""水陆连驿"的分工。宋代设有"急递铺"军邮，主要传递紧急军令。元朝更是百花齐放，还在冰天雪地的东北地区设立了狗拉爬犁的狗驿。而且随着海上国际贸易的发展，中国邮政还把业务拓展到了海外。

民信局（民间）

古时候的驿站都是"官"字号，不经营民间业务。普通老百姓传递信息，只能托人捎带。那时车马慢，交通不便利，长路漫漫归期难定，很容易延误、遗失。从"家书抵万金""书回已是明年事"这些诗句里不难看出，古代民间通信有多么艰难。

大唐经济繁荣，生活富足，人们的通信需求明显增多，尤其是在外经商的商旅们。于是长安、洛阳两个大都市之间，诞生了为商人服务的"驿驴"。这是民间通信行业的萌芽。到了明朝万历年间，为老百姓投递信件、汇款和邮包的民信局诞生了。

> 相传明末清初，很多湖北麻城县的农民被迁往四川开垦荒地。大家非常思念家乡，就相约每年推派代表回乡探望，带回些土特产和信件，人称"麻乡约"。清代咸丰年间，"迁二代"陈洪义正式成立了一个叫"麻乡约"的民信局，专门做这件事。他们的业务范围遍及整个西南地区。凡托交的信件，只要有名有姓，再偏僻的地方也能送到。

飞鸽真的可以传书吗？
—— 古代的特色快递

古时候还有一些别具特色的快递，如"青鸟快递""鲤鱼快递""风筝快递""飞鸽快递"……

青鸟快递

"青鸟快递"也叫"青鸟传书"，是上古大神西王母的独资企业。快递员是三只青鸟。千古奇书《山海经》上讲，西王母有三只青鸟使者，能够飞越千山万水传递信息。

民间传说，西王母曾经给汉武帝写过一封信，约他见面，信就是青鸟送达的。于是南唐诗人皇帝李璟发出了"青鸟不传云外信"的感慨，大才子李商隐吟出了"蓬山此去无多路，青鸟殷勤为探看"的佳句……

风筝快递

风筝是我们祖先的一项伟大发明。它们最初的身份是快递员，可不是给人们当娱乐消遣的玩具。

🍃《新唐书》有个故事：公元782年，唐朝节度使田悦造反，包围了临洺城。朝廷派兵去救援，可临洺城被围得铁桶一样，守军和援军根本联系不上。这时城里有人想出一个办法，让人把信件绑在风筝上，向援军驻扎的方向放飞。他们联系上后，里应外合，很快打退了叛军。

飞鸽快递

"飞鸽快递"又叫"飞鸽传书"。一些古装剧里经常会出现这样的场景：一只鸽子落下，主人从它的脚上取出一张小纸条，看完迅速销毁。或者某人打开窗户，神秘地放出一只鸽子……其实这些鸽子都是经过专门培训的快递员。它们在承担重任之前都经过了严格的考核、筛选，身体素质过硬，聪明机警，各个方面都非常优秀。不过即便这样，也不敢保证信息一定能送达。所以人们通常会安排多只信鸽执行同一任务，这只失踪了，还有那只替补。

🍃唐代时，飞鸽传书就已经很普遍了。据史料记载，大文学家、一代名相张九龄家里就养了一群信鸽，用来和亲朋好友通信。

鲤鱼快递

"鲤鱼快递"可不是鲤鱼当快递员,而是指专门的鲤鱼快递袋。东汉以前,纸张还没有诞生,更没有信封。人们把信写在绢帛上,叫"尺素"。为了确保送信途中信件不会被私拆开,尺素会夹在刻成了鲤鱼形状的两块木板之间,用绳子捆绑好,再封上盖着印玺的"封泥",人们也把这叫作"鱼传尺素"。

鸿雁快递

"鸿雁传书"这个词我们经常听到,其实"鸿雁快递"特别小众,好像只与持节不屈的西汉名臣苏武有关。

相传西汉时,苏武奉命出使匈奴,匈奴首领觉得他是个人才,威胁利诱用尽了招数想把他招降。苏大人宁死不从,结果被扣留,流放到北海苦寒之地。后来汉朝听说苏武还活着,但苦于匈奴不肯承认,只好假称因收到"鸿雁传书"而得知的。最终朝廷据此通过外交途径把他接了回来。

黄耳快递

人类最忠诚的朋友狗狗们也很适合做快递员。有个"黄耳传书"的成语就来自一段黄犬为主人快递家书的传奇故事。

西晋时期,著名文学家陆机离开家乡到京城做官,很久没收到家里的消息,很挂念。他写了封信装入竹筒挂在爱犬黄耳的脖子上,让它替自己回去看看。聪明的黄耳不负所托,历经千辛万苦,赶回了老家,还给陆机带回了家里的回信。就这样,黄耳传书的故事在洛阳和苏州两地代代相传,成了一段佳话。

索 引

第一章 神 话

世界是怎么来的？——创世神话 034
盘古开天辟地　　034
女娲补天　　　　035

上古三个大神——三皇神话 037
伏羲　　037
炎帝　　038
黄帝　　039

神异的三朝祖先——始祖神话 040
大禹　　040
契　　　041
后稷　　041

来自自然界的神们——自然神话 043
羲和浴日　　043
雷公电母　　044

**那些和太阳较劲的上古英雄们
——英雄神话 045**
夸父逐日　　045
羿射九日　　046

宗教里的神仙——宗教神话 047
观音得道　　047
八仙过海　　048

民间神话多虐心——民间神话 049
《天仙配》　　049
《白蛇传》　　050

不可一世的小霸王——文学神话 051
《大闹天宫》　　051
《哪吒闹海》　　052

第二章 图 腾

流行色大不同——不同朝代的崇尚色 054
商白周红　　　　　　054
春秋"五颜六色"　　054
秦尚黑　　　　　　　055
汉代变化多　　　　　055
唐定明黄，宋崇红　　056
明代朱红，清为黄　　056

皇帝的龙袍上都有什么？——细说十二章纹 057
日｜月｜星辰　　057
龙　　　　　　　058
山｜华虫　　　　058
宗彝｜藻｜火　　058

粉｜黼｜黻　　059

站在屋檐上跳舞——屋脊兽 060
屋脊兽的诞生　060
屋脊兽大家族　061
故宫的屋脊兽　062

吉祥物圈顶级大佬大揭秘——祥瑞四灵 063
龙　063
凤凰　064
麒麟　065
龟　065

龙二代的别样人生——龙之九子 066
囚牛　066
睚眦　066
嘲风　067
蒲牢　067
狻猊　067
霸下　067
狴犴　068
负屃　068
螭吻　068

担当星宿代表的那些年——四方之神 069
青龙　069
白虎　069
朱雀　070
玄武　070

斩妖除魔是副业——辟邪灵兽 071
石狮子　071
貔貅　072
金蟾　072

我靠卖萌走遍天下——国宝大熊猫 073
戴着"猫"面具的熊　073
千变万化都是你　074
卖萌的"外交家"　074

双喜临门——报喜鸟 075
喜鹊　075
燕子　076

有关名声的那点事——毁誉参半的乌鸦 077
高光时刻　077
跌入凡间　078
黑化之路　078

四大名鸟之爱的魔力转圈圈——爱情鸟 079
鸳鸯　079
大雁　079
雎鸠　080
比翼鸟　081

鸡有哪些光环?
——中国人为什么那么喜欢鸡? 082
神话象征　　　082
励志代表　　　083
五德君子　　　083

动物界最强选拔赛——十二生肖 084
生肖的起源　　　　　　　084
生肖的作用　　　　　　　085
其他国家和民族的生肖成员　086

第三章 汉　字

追寻汉字的前世记忆——汉字的起源 090
起源传说　　　　　　　090
与骨头共存的甲骨文　　090
在青铜上钻研的金文　　091

汉字是怎么造出来的?——造字的六种方法 092
象形（照着物体画出来）　　　　092
指事（加点装饰）　　　　　　　093
会意（按照意思组合）　　　　　093
形声（形旁表意，声旁表音）　　093
假借（旧字翻新，借而不还）　　094
转注（形转，义转，音转?）　　094

优雅与庸俗齐飞——语言的艺术 095
成语　　095
谚语　　096
歇后语　097

第四章 时　令

现在的日历是怎么来的?——不同的日历 100
夏历　100
阴历　100
阳历　101
农历　101

古人是怎么计时的?
——说说计时背后的大学问 102
天干地支　102
漏刻　　　103
日晷　　　103
圭表　　　104

极简版的"气候百科全书"——二十四节气 105
春天的节气　105
夏天的节气　106
秋天的节气　107
冬天的节气　108

"夏至三庚入伏，冬至逢壬数九"
——说说三伏与三九 109

三伏 109

三九 110

第五章 书 籍

千奇百怪的"书"——古代书籍进化史 112

书籍的前世　　　112

简牍的辉煌时代　　112

一生精致的帛书　　113

经典是这样炼成的——五部经书 114

《诗经》　　114

《尚书》　　114

《礼记》　　115

《周易》　　115

《春秋》　　116

九九八十一变　　116

写文章离不开的那些书——字典和百科全书 117

《说文解字》　　117

《康熙字典》　　117

《永乐大典》　　118

《四库全书》　　119

史家之绝唱——史学双璧 120

《史记》　　120

《资治通鉴》　　121

好书藏哪儿了？——四大藏书阁 122

北京文渊阁　　122

承德文津阁　　123

沈阳文溯阁　　123

杭州文澜阁　　124

第六章 艺 术

古代公务员的必备技能——常说的六艺 126

礼　　126

乐　　126

射　　127

御　　127

书　　128

数　　128

古代文艺青年的自我修养——文人四友 129

琴　　129

棋　　130

书　　130

画　　131

文化还是本土的好——中国的四大国粹 132

武术　　132

中医　　133

京剧　　134

书法　　134

古代常用字体——书法五体 135

篆书（更像一幅画）　　135

隶书（古今过渡的桥梁）　　136

楷书（方正而精致）　　136

行书（写字也要一鼓作气）　　137

草书（仿佛一阵风）　　137

组建古风乐队需要什么乐器？
——古人用什么演奏曲子？138

宫商角徵羽（五音走天下）　　138

编钟（乐器中的皇亲国戚）　　138

琴｜瑟（它俩在一起才和谐）　　139

箜篌（躺着站着都能弹）　　140

排箫（人多力量大）　　140

琵琶｜羌笛（"混血儿"）　　141

古代流行金曲榜——十大名曲 142

《高山流水》（兄弟友谊曲）　　142

《广陵散》（悲壮复仇曲）　　143

《平沙落雁》（自然景色曲）　　143

《梅花三弄》（植物之曲）　　144

《十面埋伏》（战场背景音乐）145

《夕阳箫鼓》（浪漫进行曲）　　145

《渔樵问答》（躺平曲）　　146

《胡笳十八拍》（思乡曲）　　146

《汉宫秋月》（哀怨曲）　　147

《阳春白雪》（高冷曲）　　147

国画中的偶像天团——国画四君子 148

梅　　148

兰　　149

竹　　149

菊　　150

传世名画的自我修养——聊聊十大名画 151

洛神赋图（长卷绘画的老祖宗）　　151

清明上河图（伪装成画作的谏）　　152

富春山居图（因为太美而身世坎坷）　　152

汉宫春晓图（宫女生活一瞥）　　153

百骏图（中西合璧的大乘之作）　　153

步辇图（大型相亲现场）　　154

唐宫仕女图（唐代贵妇的生活百态）　　154

五牛图（神气活现，牛气冲天）　　155

韩熙载夜宴图（达官贵人的夜生活）　　155

千里江山图（少年天才的传世佳作）　　156

在悬崖山壁上普度众生
——石刻浮雕中的瑰宝 157
大足石刻（佛｜儒｜道齐聚一堂） 157
乐山大佛（弥勒佛治水） 157
莫高窟（民族之殇） 158
云冈石窟（开启中国特色） 159
龙门石窟（中国石窟艺术最高峰） 159
麦积山石窟（泥塑艺术的集大成者） 159

唐诗圈里的大佬——无人不晓的诗坛三杰 160
诗仙李白 160
诗圣杜甫 161
诗佛王维 162

叹为观止的古文出自谁手？——唐宋八大家 163
韩愈｜柳宗元（唐代古文运动） 163
欧阳修｜"三苏"｜王安石｜曾巩（宋代古文运动） 165

在戏曲圈当大佬——戏曲五大剧种 166
京剧（多种戏剧融合的精华） 166
越剧（江南吴越的钟灵毓秀） 167
黄梅戏（轻松愉悦，朗朗上口） 167
评剧（融合北方乡土气息的说唱艺术） 168
豫剧（东方咏叹调） 168

中国戏曲的老祖宗——昆曲 169
发源地（苏州昆山） 169

美似一场梦 170
盛极一时，人人喜欢 170

元明清戏剧四座大山——四大古典戏曲 171
《窦娥冤》 171
《西厢记》 172
《牡丹亭》 172
《长生殿》 173

古典小说界的扛把子——四大古典名著 174
《水浒传》 174
《三国演义》 175
《西游记》 176
《红楼梦》 177

传承至今的手艺活儿"姊妹花"
——民间艺术的代表 178
刺绣 178
剪纸 179

古代读书人常用四件套——文房四宝 180
笔 180
墨 181
纸 181
砚 182

美好的代名词——古人敬重的玉 183
玉玺 183

礼玉　　　　　　　　184
玉饰和玉器　　　　　185

有故事的宝玉——说说它们背后的故事 187
和氏璧　　　　　　　187
渎山大玉海　　　　　188
大禹治水图玉山　　　188
翠玉白菜　　　　　　189
一捧雪　　　　　　　189

石头家族的佼佼者——四大名石 190
寿山石　　　　　　　190
青田石　　　　　　　191
昌化石丨巴林石　　　192

中国名片——瓷器 193
陶瓷的由来　　　　　194
四大名窑　　　　　　194
瓷器之王元青花　　　196

品茶的高级感从哪儿来？
——那些名满江湖的茶壶、茶杯 197
宜兴紫砂壶　　　　　197
嘉兴锡壶　　　　　　198
盖碗　　　　　　　　199
建盏　　　　　　　　199

古代饮酒神器
——"品貌双全"的传奇酒杯 200
青田核　　　　　　　201
金叵罗　　　　　　　201
鹦鹉杯　　　　　　　201
夜光杯　　　　　　　201
九龙公道杯　　　　　202
斗彩鸡缸杯　　　　　202
金瓯永固杯　　　　　203

放在家里好养眼——美翻天的古代家具 204
屏风　　　　　　　　204
跋步床　　　　　　　205
罗汉床　　　　　　　206
美人榻　　　　　　　206
燕几丨蝶几丨七巧桌　206
鲁班枕　　　　　　　207

闻名天下的殉葬品——兵马俑和唐三彩 208
兵马俑　　208
唐三彩　　209

第七章 职　官

拼爹时代——子承父业没商量 212
世卿世禄制　　212
九品中正制　　213

草根也能当大官
——人穷志不短，我命由我不由天 214
管仲　　214
百里奚　215
孙叔敖　216

官大一级压死人——爵位和官位 217
五爵　　　　217
三公九卿　　218
三省六部制　218
九品十八阶　219

怎么分辨谁的官大，谁的官小？
——区分官员等级的窍门 220
服色　　　　220
补服的图案　220
绶带　　　　221
鱼符｜鱼袋　222
笏板　　　　222
牙牌　　　　223
帽饰　　　　223

读书人要经历哪些"考"？
——明清考试进阶之路 224
县试　224
府试　225
院试　225

乡试　　　　　225
会试　　　　　226
殿试　　　　　226
小三元和大三元　226

选官不容易，贬官不由你
——仕途一路多坎坷 227
察举制（在科举选官之前）　227
铨选（挂号排队）　　　　　227
党争（拉帮结派）　　　　　228
弹劾（离被贬不远了）　　　228

"我们的工作就是挑毛病！"
——让人讨厌让人忧的谏官 229
董仲舒（惹怒了汉武帝）　　　229
白居易（唐宪宗不听他的）　　230
杜甫（帮人求情，自己倒霉）　230

人在官场，身不由己
——能不能回老家，自己说了不算 231
想当官，那就离你家远远的　231
三年一届任满轮换　　　　　232
父母去世，辞官回家　　　　232

激动人心的休假——不同朝代公务员的假期 233
秦朝没有假期　　　　　233
汉朝有休假啦　　　　　233
隋唐皇帝生日也可以休假　234

宋代休假最多　234
明朝好惨　235
清朝直接用明朝的　235

古代公务员挣钱多吗？
——论不同朝代的公务员待遇 236
商朝和周朝（家产和官位一起继承）　236
秦朝（上班领工资）　236
汉朝（有了正式的年终奖）　237
隋唐（我们发"钱"，还有工资条）　237
宋朝（福利待遇最好）　238
明朝（活儿多，钱少，还挨骂）　238
清朝（待遇比明朝好些了）　239

贪官污吏难逃厄运——反腐大戏 240
设置监察机构　240
五花八门的惩治　240

第八章 礼 制

皇帝祭祀那些事
——祭天、祭地、祭祖、祭圣贤 244
封禅　244
祭天　245
告庙　245
丁祭　246
其他祭祀　246

帝王家也得讲规矩
——怎么挑选太子和皇后？ 247
天选之子的继承人　247
后宫选秀，谁是主角？　248

认祖归宗不含糊
——宗族成员必须要知道的事儿 249
祠堂　249
族谱　250
族规　250

出生也要隆重点——大大小小的诞生礼 251
报喜礼　251
三朝礼　251
满月礼　252
百日礼　252
周岁礼　253

跪拜不是你想怎么拜就怎么拜
——隆重的跪拜礼 254
跪拜礼　254
长跪　254
正拜　255
四拜　255
八拜　256
三跪　256

顶礼　257

不握手更卫生——优雅的见面礼 258
拱手（打招呼的万能礼节）　258
抱拳（习武之人常用）　259
叉手（谦虚又恭敬）　259
万福（女子打招呼）　259

吃饭的规矩也太多了吧？
——中国传统餐桌礼仪 260
席不正不坐　260
地位越高，吃得越多　261
串门吃饭要注意　261
喝酒的礼节　261

你说的姓不是姓，他说的氏是什么氏
——混为一谈的姓与氏 262
姓（母系社会的产物）　262
氏（宗族的代号）　262
百家姓（中华姓氏大合集）　263

问君能有几多名？——古人的名字咋分清 264
名（老爸取的本名）　264
表字（长辈取的别名）　264
号（名字以外的称号）　265
年号（君王的专属）　265

庙号（君王死后才能用）　266
谥号（去世后别人的评价）　266

一张嘴就知道你是不是个文化人
——大有讲究的称呼 267
谦称　267
尊称　268

称呼要避哪些坑？——聊聊避讳的解决方案 270
哪些人的名字要避讳？　270
古人是怎么避讳的？　271

第九章 风　俗

🍃 节　庆

过年习俗知多少？——过了腊八就是年 274
腊八粥　274
糖瓜粘　274
贴年红　274
年夜饭　275
守岁　276
放鞭炮　276
压岁钱　276

节日最多的那个月——正月里的特殊节日 277
元日　277

开年日　277
赤狗日　278
破五　278
人日　279
上元　279

古今同庆的节日——传统节日的前世今生　280
清明　280
端午　281
七夕　282
中秋　282
重阳　283

被遗忘的节日——古代人很在意的节日　284
中和节　284
花朝节　284
上巳节　285
浴佛节　286
寒食节　287
寒衣节　287

少数民族过什么节？——春夏之际节日多　288
火把节　288
泼水节　289
查白歌节　290

🍃 嫁　娶

花式招亲——选对人很重要　291
指腹为婚　291
东床快婿　291
雀屏中选　292
榜下择婿　293
抛绣球　293
比武招亲　294

古人求婚分几步？——六礼　295
纳采　295
问名　295
纳吉　296
纳征　296
请期　297
亲迎　297

婚礼当天真热闹——成亲啦！　298
拜堂　298
洞房花烛　299
挑盖头　299
坐帐｜撒帐　299
合卺　299
结发　299
点花烛　300
闹洞房　300

第一次回娘家——归宁 301

离婚不是你想离就能离
——什么情况才能离婚？ 302

七出　　　　　　302
不顺父母　　　　302
无法生育　　　　302
乱族　　　　　　303
嫉妒　　　　　　303
身患重病　　　　303
多嘴多舌　　　　303
盗窃　　　　　　304
义绝　　　　　　304
协离　　　　　　304

服　丧

人死之后的几件大事
——一个步骤不能少的吊丧 305

报丧　　305
奔丧　　306
入殓　　306
吊丧　　307
出殡　　307
下葬　　308

千奇百怪的"葬"——墓葬方式好多种 309

天葬　　309
火葬　　309
水葬　　310
树葬　　310
悬棺葬　310
殉葬　　311

守孝大不易——居丧期间要注意 312

粗茶淡饭　　　　　　　312
住茅草屋　　　　　　　312
不准嫁娶　　　　　　　313
不准参加科举考试　　　313
周年祭　　　　　　　　313

第十章　衣食住行

衣　饰

衣料往事知多少？
——古人的衣服是用什么做的？ 316

葛　　316
麻　　316
丝绸　317
棉花　318
毛纺　318

穿越五千年的服装秀
——古代老百姓都穿什么？319

衣｜裳｜深衣　　319
直裰　　　　　319
襕衫　　　　　320
褙子｜比甲　　321
襦｜袄　　　　322
亵衣｜绔　　　322
长袍马褂　　　323
霞帔｜罗裙　　323

以"帽"取人——古代帽子花样多 325

冠　　　　　　325
冕｜弁　　　　325
头巾　　　　　326
名人代言过的头巾　326

戴上它就是官？——有意思的乌纱帽 328

乌纱帽的由来　　328
晋升为官帽　　　328
没有乌纱的"乌纱帽"　329

男女都爱妆——古人化妆有多拼 330

敷粉　　　　　330
抹胭脂　　　　331
染额黄　　　　331
描斜红　　　　331

画眉　　　　　332
点唇　　　　　332

头发还能这么梳——古代女子的发型 333

仙气飘飘的发髻　　333
个性另类的发髻　　334
娇俏可爱的发髻　　335

争奇斗艳的头——好听又好看的首饰 336

步摇　　　　　　　336
花钿　　　　　　　336
华胜｜幡胜｜方胜　337
雪柳｜玉梅｜闹蛾　338

走出不一样的人生——各式各样的鞋子 339

舄　　　　339
履　　　　339
皂靴　　　340
木屐　　　341
弓鞋　　　342
睡鞋　　　342
花盆底　　342

古人玩剩下的花样——时髦的文身 343

护身符和身份证　　343
耻辱和印记　　　　344
时尚潮流　　　　　344

刻字明志　　　　　　345

古人出门必备神器——古代的钱包、香水 346
荷包　346

香囊　348

他们这样穿——有趣的民族服装 349
藏族服装　　　349

蒙古族服装　　350

苗族服装　　　351

彝族服装　　　351

白族服装　　　352

🍃 美　食

花样主食——风靡至今的小吃 353
馒头｜包子　　353

油条　　　　　354

饺子　　　　　354

馄饨　　　　　355

米线｜米粉　　356

年糕　　　　　356

让人垂涎三尺的风味鱼——年年有鱼 357
五柳鱼　　　　　　357

东坡墨鱼　　　　　358

松鼠鳜鱼｜糖醋鲤鱼　358

西湖醋鱼　　　358

清蒸鲈鱼　　　359

剁椒鱼头　　　359

酱汁凹鼻鲤　　359

酒糟鱼　　　　360

臭鳜鱼　　　　360

酸汤鱼　　　　360

为什么古代的酒不醉人？
——说不尽的酒文化 361
酒是怎么被发明出来的？　　361

黄酒｜甜米酒　　　　　　　362

果酒　　　　　　　　　　　362

仪式感满满的特种酒　　　　363

舌尖上的精灵——盐、醋、糖 364
盐　364

醋　365

糖　366

一盏茶里的故事——文人最爱的茶 367
煎茶　　　　367

点茶｜斗茶　368

下午茶　　　368

古人也爱"喜涮涮"——火锅 369
老北京涮羊肉　　　369

四川火锅｜重庆火锅　370

425

湖南腊味火锅　　　370
滇味火锅　　　370
菊花火锅　　　371
东北酸菜白肉火锅　　　371

中华美食大PK——八大菜系 372

鲁菜　　　372
粤菜　　　373
闽菜　　　373
苏菜　　　374
浙菜　　　374
川菜　　　374
湘菜　　　375
徽菜　　　375

建　筑

宛若仙境的中国古典园林——四大名园 376

颐和园　　　376
避暑山庄　　　377
拙政园　　　377
留园　　　378

"远嫁"海外的中国园林——苏式园林海外热 379

逸园　　　379
寄兴园　　　380
兰苏园　　　380

江湖之畔翘首望——四大名楼 381

滕王阁　　　381
黄鹤楼　　　382
岳阳楼　　　382
鹳雀楼　　　383

独具中国特色的佛塔——四大名塔 384

嵩岳寺塔　　　384
千寻塔　　　385
释迦塔　　　385
飞虹塔　　　386

叱咤风云的寺庙——四大名刹 387

灵岩寺　　　387
栖霞寺　　　388
国清寺　　　389
玉泉寺　　　389

领先世界的中国桥——四大名桥 390

广济桥　　　390
赵州桥　　　391
洛阳桥　　　391
卢沟桥　　　392

有个性的房子——特色民居 393

北京四合院　　　393

徽派民居	394	古人如何传递信息？——人工快递 406		
福建土楼	394	钟鼓楼｜烽火台	406	
湘西吊脚楼	395	邮驿（官府专用）	407	
		民信局（民间）	408	

🍃 车 马

那时车马慢——古代的代步工具 396

飞鸽真的可以传书吗？——古代的特色快递 409

马车｜牛车	396	青鸟快递	409
轿子	397	风筝快递	409
骑驴	397	飞鸽快递	410
		鲤鱼快递	411
		鸿雁快递	411
		黄耳快递	411

车辚辚，马萧萧——古代军用车马 399

战车　399
补给车　400
战马　400

古代顶流车马——皇帝的座驾和仪仗队 401

銮驾　401
辇　401
大驾　402

古代的船有多先进？——霸气十足的中国船 403

楼船（汉）　403
龙舟（隋）　404
俞大娘船（唐）　404
郑和宝船（明）　405